# साहित्य-विचार

**वाणी प्रकाशन**

21-ए, दरियागंज, नई दिल्ली-110002

फोन : 011-23273167, 23275710, 51562622

फैक्स : 01123275710

e-mail : vani_prakashan@yahoo.com,
amaheshwari_del@touchtelindia.net

# साहित्य-विचार

महावीर प्रसाद द्विवेदी

*सम्पादक*

भारत यायावर

वाणी प्रकाशन का लोगो
विख्यात चित्रकार मकबूल फिदा हुसेन
की कूची से

ISBN : 978-81-7055-386-1

वाणी प्रकाशन
21-ए, दरियागंज, नयी दिल्ली-110002
द्वारा प्रकाशित

प्रथम संस्करण : 1995
द्वितीय संस्करण : 2005



मूल्य : 175.00

आवरण : वाणी चित्रांकन

एस. एन. प्रिंटर्स, दिल्ली-110032
द्वारा मुद्रित

---

SAHITYA-VICHAR
*by* Mahavir Prasad Divedi
*Edited by* Bharat Yayawar

# सम्पादकीय

महावीर प्रसाद द्विवेदी आलोचना और समीक्षा विधा को हिन्दी में स्थापित करने वाले पहले लेखक थे। उनके पूर्व भारतेन्दु युग के लेखकों ने उसका बीज-वपन कर दिया था, पर उसे पुष्पित-पल्लवित और स्थापित करने के लिए जो संघर्ष महावीर प्रसाद द्विवेदी ने किया, उसका एक गौरवशाली इतिहास है। द्विवेदीजी ने अपने आलोचनात्मक लेखन के द्वारा अपने युग के लेखकों के सामने साहित्य की अधिकांश महत्त्वपूर्ण विधाओं पर अपने क्रांतिकारी विचार प्रस्तुत किये और उन्हें एक सही दिशा दी, जिस पर चलकर हिन्दी साहित्य अपनी गरिमा को प्राप्त कर सका।

साहित्य सम्बन्धी द्विवेदीजी के कुछ विचारों एवं मान्यताओं को प्रस्तुत करने वाली यह पुस्तक ऐतिहासिक महत्त्व की है। द्विवेदीजी ने सबसे अधिक कविता-विधा पर (कई निबंधों के द्वारा) अपने विचार प्रकट किये हैं। कविता-विषयक इन निबंधों में कविता के शास्त्रीय पहलुओं पर विचार करने के साथ-साथ वे आधुनिक कविता का वैचारिक आधार भी प्रस्तुत करते हैं, जिनसे बल पाकर उनके समय के कवियों ने कविता को नायिका-भेद, समस्या-पूर्ति और ब्रजभाषा की रीतिवादी कविता के दलदल से निकालकर आधुनिक स्वरूप प्रदान किया, जिसमें राष्ट्रीय चेतना भी है और अपने समय की समस्याओं का विशद् विवेचन भी। द्विवेदीजी 1901 ई. में ही कविता के गद्य में भी संभव होने की बात कर रहे थे तथा अतुकांत कविता लिखे जाने पर भी जोर दे रहे थे। द्विवेदीजी ने स्वयं अतुकांत और गद्य में कविता लिखकर कवियों के सामने एक आदर्श रखा। 'कविता का भविष्य' निबंध में उन्होंने भावी स्वच्छंदतावादी कविता अर्थात् छायावादी कविता की आधारशिला रखी तथा भविष्य में कविता किसानों-मजदूरों पर लिखी जाएगी, इसकी स्पष्ट घोषणा की।

'सुकवि-किंकर' छद्म नाम से मई, 1927 की 'सरस्वती' में उन्होंने 'छायावाद'

नाम से प्रचलित रहस्यवादी कविता का तीव्र विरोध किया, जिसकी चर्चा आज भी आम होती है। 'कवियों की उर्मिला-विषयक उदासीनता' भुजंगभूषण भट्टाचार्य के नाम से लिखा गया द्विवेदीजी का प्रसिद्ध निबन्ध है, जिसने कवियों को अतीत के उपेक्षित पात्रों पर रचना करने की प्रेरणा दी और मैथिलीशरण गुप्त के 'साकेत' महाकाव्य की मुख्य आधारभूमि बना।

'उपन्यास-रहस्य' उपन्यास विधा पर लिखा गया द्विवेदीजी का एक महत्त्वपूर्ण निबन्ध है। 'कालिदास' नामक पुस्तक की समालोचना के सन्दर्भ में उन्होंने आलोचक को कैसा होना चाहिए एवं कृतियों की समीक्षा करते समय किन बातों पर विचार करना चाहिए, आदि बातों पर विस्तार से विचार किया है। 'समालोचना का सत्कार' से उनके समय की आलोचना के स्वरूप का पता चलता है। द्विवेदीजी ने मिश्र बन्धुओं की पुस्तक 'हिन्दी-नवरत्न' की जो समीक्षा लिखी है, वह एक प्रकार से मील का पत्थर है। इसके द्वारा वे भक्त कवियों को रीतिकाल के कवियों से अलगाते हैं। उन्हें ऐतिहासिक सन्दर्भ में किस तरह समझा जाये, हिन्दी साहित्य के इतिहास का काल-विभाजन किस तरह किया जाये, इन विषयों पर हिन्दी में पहली बार विचार प्रस्तुत किये।

'नाट्य-शास्त्र' द्विवेदीजी द्वारा लिखित एक लम्बा लेख है, जो 1903 में लिखा गया था, जिसका प्रकाशन 1910ई. में इंडियन प्रेस, इलाहाबाद से स्वतंत्र पुस्तक-रूप में हुआ। इस निबन्ध के पूर्व नाटक-विधा पर भारतेन्दु हरिश्चन्द्र ने सिर्फ एक लेख लिखा था। द्विवेदीजी ने नाटक की भारतीय परम्परा का उल्लेख करते हुए उसके शास्त्रीय पक्षों पर विचार किया है। वे इस निबन्ध में भारतीय परंपरा के सुखांत नाटकों के साथ-साथ यूरोपीय परम्परा के दुखांत नाटकों की भी चर्चा करते हैं और नाटककारों से आग्रह करते हैं कि दुखांत नाटक भी लिखें।

द्विवेदीजी का सम्पूर्ण साहित्य लम्बे समय से अनुपलब्ध रहा है, इसीलिए हिन्दी जनता धीरे-धीरे उनके ऐतिहासिक महत्त्व को भूलती जा रही है। यह पुस्तक तथा इसके साथ ही संकलित-संपादित और प्रकाशित की जा रहीं द्विवेदीजी की अन्य पुस्तकें, उनके ऐतिहासिक योगदान को जानने-समझने और धरोहर के रूप में सँजोने का विनम्र प्रयास हैं।

आशा है, हिन्दी जगत् इन पुस्तकों का स्वागत करेगा।

—भारत यायावर

हिन्दी विभाग,
चास महाविद्यालय, चास
बोकारो स्टील सिटी

# क्रम

# कवि-कर्त्तव्य

## [1]

कवि-कर्त्तव्य से हमारा अभिप्राय हिन्दी के कवियों के कर्त्तव्य से है। समय और समाज की रुचि के अनुसार सब बातों का विचार करके हम यह लिखना चाहते हैं कि कवि का कर्त्तव्य क्या है। अपने मनोगत विचारों को हमें थोड़े ही में लिखना है।

अतः इस लेख को हम चार ही भागों में विभक्त करेंगे, अर्थात्—छन्द, भाषा, अर्थ और विषय। इन्हीं की, यथाक्रम हम समीक्षा आरम्भ करते हैं।

### छन्द

गद्य और पद्य दोनों ही में कविता हो सकती है। यह समझना अज्ञानता की पराकाष्ठा है कि जो कुछ छन्दोबद्ध है, सभी काव्य है। कविता का लक्षण जहाँ कहीं पाया जाय, चाहे वह गद्य में हो चाहे पद्य में, वही काव्य है। लक्षण-हीन होने से कोई भी छन्दोबद्ध लेख काव्य नहीं कहलाये जा सकते और लक्षण-युक्त होने से सभी गद्य-बन्ध काव्य-कक्ष में सन्निविष्ट किये जा सकते हैं। गद्य के विषय में कोई विशेष निर्दिष्ट करने की उतनी आवश्यकता नहीं जितनी पद्य के विषय में है। इसलिए हम यहाँ पर, पद्य ही का विचार करेंगे। भाषा, अर्थ और विषय के सम्बन्ध में जो कुछ हम कहेंगे यह गद्य के सम्बन्ध में भी, प्रायः समान-भाव से प्रयुक्त हो सकेगा।

जिन पंक्तियों से वर्णों या मात्राओं की संख्या नियमित होती है, वे छन्द कहलाती हैं, और छन्द में जो कुछ कहा जाता है, वह पद्य कहलाता है। कोई-कोई छन्द और पद्य दोनों को एक ही अर्थ का वाचक मानते हैं।

जो सिद्ध कवि हैं वे चाहे जिस छन्द का प्रयोग करें, उनका पद्य अच्छा ही होता है, परन्तु सामान्य कवियों को विषय के अनुकूल छन्द योजना करनी चाहिए।

जैसे समय विशेष में राग विशेष के गाये जाने से चित्त अधिक चमत्कृत होता है, वैसे ही वर्णन के अनुकूल वृत्त-प्रयोग करने से कविता का आस्वादन करने वालों को अधिक आनन्द मिलता है। गले में डाली हुई मेखला के समान वृत्त-रूपिणी हार-लता को अनुचित स्थान में विनिवेशित करने से कवि को अज्ञानता दर्शित होती है। इस लेख में हम इस बात का विवेचन नहीं करना चाहते कि किस विषय के लिए कौन-सा छन्द प्रयोग में लाना चाहिए। काव्य के मर्मज्ञ निपुण कवि स्वयमेव जान सकते हैं कि कौन छन्द कहाँ विशेष शोभावर्धक होगा। प्राचीन संस्कृत कवि इसका पूरा-पूरा विचार रखते थे। उन्होंने ऋतुओं का वर्णन प्रायः उपजाति छन्द में किया है, नीति का वंशस्थ में किया है, चन्द्रोदयादि का रथोद्धता में किया है, वर्षा और प्रवास का मन्दाक्रान्ता में किया है। और स्तुति, शौर्य आदि का शार्दूल-विक्रीड़ित और शिखरिणी में किया है। यही नहीं, किन्तु वृत्त-रचना में छन्द-शास्त्र के नियमों के अतिरिक्त वे लोग और-और विषयों का भी ध्यान रखते थे। दोधक-वृत्त का लक्षण तीन भगण और दो गुरू हैं। इस नियम का प्रतिपालन करते हुए वे तीन ही तीन अक्षर वाले शब्द-प्रयोग करते थे, जिससे छन्द की शोभा विशेष बढ़ जाती थी। तोटक में वे रूखे अक्षर वाले ही शब्द रखते थे; क्योंकि ऐसे अक्षर वाले शब्दों से संगठित हुआ तोटक, ताल की द्रुतगति के समान, मन को सविशेष आनन्दित करता है। हिन्दी के कवियों को भी इन बातों का विचार करना चाहिए।

दोहा, चौपाई, सोरठा, घनाक्षरी, छप्पय और सवैया आदि का प्रयोग हिन्दी में बहुत हो चुका। कवियों को चाहिए कि यदि वे लिख सकते हैं, तो इनके अतिरिक्त और-और छन्द भी लिखा करें। हम यह नहीं कहते कि ये छन्द नितान्त परित्यक्त ही कर दिये जायें। हमारा अभिप्राय यह है कि इनके साथ-साथ संस्कृत-काव्यों में प्रयोग किये गये वृत्तों में से दो-चार उत्तमोत्तम वृत्तों का भी प्रचार हिन्दी में किया जाय। इन वृत्तों में से द्रुतविलम्बित, वंशस्थ और बसन्ततिलका आदि वृत्त ऐसे हैं जिनका प्रचार हिन्दी में होने से हिन्दी-काव्य की विशेष शोभा बढ़ेगी। किसी-किसी ने इन वृत्तों का प्रयोग भी आरम्भ कर दिया है। यह सूचना उन्हीं लोगों के लिए है जो सब प्रकार के छन्द लिखने में समर्थ हैं, जो घनाक्षरी और दोहे अथवा चौपाई की सीमा उल्लंघन करने में असमर्थ हैं, उनके लिए नहीं।

आजकल की बोलचाल की हिन्दी की कविता उर्दू के विशेष प्रकार के छन्दों में अधिक खुलती है, अतः ऐसी कविता लिखने में तदनुकूल छन्द प्रयुक्त होने चाहिए।

कुछ-कुछ कवियों को एक ही प्रकार का छन्द सध जाता है; उसे ही वे अच्छा लिख सकते हैं। उनको दूसरे प्रकार का छन्द लिखने का प्रयत्न भी नहीं करना चाहिए। यदि कविता सरस और मनोहारिणी है, तो चाहे वह एक ही अथवा बुरे से बुरे छन्द में क्यों न हो उससे आनन्द अवश्य ही मिलता है। तुलसीदास ने चौपाई और बिहारीलाल ने दोहा लिखकर ही इतनी कीर्ति सम्पादन की है। प्राचीन कवियों को

भी किसी-किसी वृत्त से सर्वाधिक स्नेह था; वे अपने आदृत वृत्त को ही अधिक काम में लाते थे और उसमें उनकी कविता खुलती भी अधिक थी। भारवि का वंशस्थ, रत्नाकार की बसन्ततिलका, भवभूति और जगन्नाथराय की शिखरिणी, कालिदास की मन्दाक्रान्ता और राजशेखर का शार्दूल-विक्रीड़ित इस विषय में प्रमाण हैं।

पादान्त में अनुप्रास-हीन छन्द भी हिन्दी में लिखे जाने चाहिए। इस प्रकार के छन्द जब संस्कृत, अंग्रेजी और बँगला में विद्यमान हैं तब, कोई कारण नहीं कि हमारी भाषा में वे न लिखे जायँ। संस्कृत ही हिन्दी की माता है। संस्कृत का सारा कविता-साहित्य इस तुकबन्दी के बखेड़े से बहिर्गत-सा है। अतएव इस विषय में यदि हम संस्कृत का अनुकरण करें, तो सफलता की पूरी-पूरी आशा है। अनुप्रास-युक्त पादान्त सुनते-सुनते हमारे कान इस प्रकार की पंक्तियों के पक्षपाती हो गये हैं। इसलिए अनुप्रास-हीन रचना अच्छी नहीं लगती। बिना तुक वाली कविता के लिखने अथवा सुनने का अभ्यास होते ही वह भी अच्छी लगने लगेगी, इसमें कोई सन्देह नहीं। अनुप्रास और यमक आदि शब्दाडम्बर कविता के आधार नहीं, जो उनके न होने से कविता निर्जीव हो जाय, या उससे कोई अपरिमेय हानि पहुँचे, कविता का अच्छा और बुरा होना विशेषतः अच्छे अर्थ और रस-बाहुल्य पर अवलम्बित है। परन्तु अनुप्रासों के ढूँढ़ने का प्रयास उठाने में समुचित शब्द न मिलने से अर्थांश की हानि हो जाया करती है, इससे कविता की चारुता नष्ट हो जाती है। अनुप्रासों का विचार न करने से कविता लिखने में सुगमता भी होती है और मनोऽभिलषित अर्थ व्यक्त करने में विशेष कठिनाई भी नहीं पड़ती। अतएव पादान्त में अनुप्रास-हीन छन्द हिन्दी में लिखे जाने की बड़ी आवश्यकता है। संस्कृत में प्रयोग किये गये शिखरिणी, वंशस्थ और बसन्ततिलका आदि वृत्त ऐसे हैं, जिनमें अनुप्रास का न होना काव्य-रसिकों को बहुत ही कम खटकेगा। पहले-पहल इन्हीं वृत्तों का प्रयोग होना चाहिए।

किसी भी प्रचलित परिपाटी का क्रम-भंग होता देख प्राचीनता के पक्षपाती बिगड़ खड़े होते हैं और नई चाल के विषय में नाना प्रकार की कुचेष्टायें और दोषोद्भावनायें करने लगते हैं, यह स्वाभाविक बात है। परन्तु यदि इस प्रकार की टीकाओं से लोग डरते, तो संसार से नवीनता का लोप हो जाता। हमारा यह मतलब नहीं कि पादान्त में अनुप्रास वाले छन्द लिखे ही न जाया करें।

हमारा कथन इतना ही है कि इस प्रकार के छन्दों के साथ अनुप्रासहीन छन्द भी लिखे जायँ, बस !

## भाषा

कवि को ऐसी भाषा लिखनी चाहिए जिसे सब कोई सहज में समझ ले और अर्थ को हृदयंगम कर सके। पद्य पढ़ते ही उसका अर्थ बुद्धिस्थ हो जाने से विशेष आनन्द प्राप्त होता है और पढ़ने में जी लगता है। परन्तु जिस काव्य का भावार्थ कठिनता

से समझ में आता है, उसके अवलोकन में जी नहीं लगता और बराबर अर्थ का विचार करते-करते उससे विरक्ति हो जाती है। जो कुछ लिखा जाता है, वह इसी अभिप्राय से लिखा जाता है कि लेखक का हृद्गत भाव दूसरे समझ जायँ। यदि इस उद्देश्य ही की सफलता न हुई, तो लिखना ही व्यर्थ हुआ। अतएव क्लिष्ट की अपेक्षा सरल लिखना ही सब प्रकार वांछनीय है। कालिदास, भवभूति और तुलसीदास के काव्य सरलता के आकर हैं, परम विद्वान् होकर भी उन्होंने सरलता ही को विशेष मान दिया है इसीलिए उनके काव्यों का इतना आदर है। जो काव्य सर्वसाधारण की समझ के बाहर होता है, वह बहुत कम लोकमान्य होता है। कवियों को इसका सदैव ध्यान रखना चाहिए।

कविता लिखने में व्याकरण के नियमों की अवहेलना न करनी चाहिए। शुद्ध भाषा का जितना मान होता है अशुद्ध का उतना नहीं होता। व्याकरण का विचार न करना कवि की तद्विषयक अज्ञानता का सूचक है। कोई-कोई कवि व्याकरण के नियमों की ओर दृक्पात तक नहीं करते। यह बड़े खेद और लज्जा की बात है। ब्रजभाषा की कविता में कविजन मनमानी निरंकुशता दिखलाते हैं। यह उचित नहीं। जहाँ तक सम्भव हो शब्दों का मूल रूप न बिगड़ना चाहिए।

मुहाविरे का भी विचार रखना चाहिए। बेमुहाविरा-भाषा अच्छी नहीं लगती। 'क्रोध क्षमा कीजिए' इत्यादि वाक्य कान को अतिशय पीड़ा पहुँचाते हैं। मुहाविरा ही भाषा का प्राण है; उसे जिसने नहीं जाना, उसने कुछ नहीं जाना। उसकी भाषा कदापि आदरणीय नहीं हो सकती।

विषय के अनुकूल शब्द-स्थापना करनी चाहिए। कविता एक अपूर्व रसायन है। उसके रस की सिद्धि के लिए बड़ी सावधानी, बड़ी मनोयोगिता और बड़ी चतुराई आवश्यक होती है। रसायन सिद्ध करने में आँच के न्यूनाधिक होने से जैसे रस बिगड़ जाता है, वैसे ही यथोचित शब्दों का उपयोग न करने से काव्यरूपी रस भी बिगड़ जाता है। किसी-किसी स्थल-विशेष पर रूक्षाक्षर वाले शब्द अच्छे लगते हैं, परन्तु और सर्वत्र ललित और मधुर शब्दों का ही प्रयोग करना उचित है। शब्द चुनने में अक्षर-मैत्री का विशेष विचार रखना चाहिए। अच्छे अर्थ का द्योतक न होकर भी कोई-कोई पद्य केवल अपनी मधुरता ही से पढ़ने वालों के अन्तःकरण को द्रवीभूत कर देता है। 'टूटत अइड बैठे तरु जाई' इत्यादि वाक्य लिखना हिन्दी की कविता को कलंकित करना है।

शब्दों को यथा-स्थान रखना चाहिए। शब्द-स्थापना ठीक न होने से कविता की दुर्दशा होती है और अर्थांश में जो क्लिष्टता आ जाती है, उसके उदाहरण 'हिन्दी-कालिदास की समालोचना' में दिये जा चुके हैं।

गद्य और पद्य की भाषा पृथक्-पृथक् न होनी चाहिए। हिन्दी ही एक ऐसी भाषा है, जिसके गद्य में एक प्रकार की और पद्य में दूसरे प्रकार की भाषा लिखी

जाती है। सभ्य-समाज की जो भाषा हो उसी भाषा में गद्य-पद्यात्मक साहित्य होना चाहिए। गद्य का प्रचार हिन्दी में थोड़े दिनों से हुआ है। पहले गद्य प्रायः न था; हमारा साहित्य केवल पद्यमय था। गद्य-साहित्य की उत्पत्ति के पहले पद्य में ब्रजभाषा ही का सार्वदेशिक प्रयोग होता था। अब कुछ अन्तर होने लगा है। पद्य की इस समय उन्नति हो रही है। अतएव अब यह सम्भव नहीं कि गद्य की भाषा का प्रभाव पद्य पर न पड़े। जो प्रबल होता है वह निर्बल को अवश्य अपने वशीभूत कर लेता है। यह बात भाषा के सम्बन्ध में भी तद्वत् पाई जाती है। पचास वर्ष पहले के कवियों की भाषा इस समय के कवियों की भाषा से मिलाकर देखिए। देखने से तत्काल विदित हो जायेगा कि आधुनिक कवियों पर बोल-चाल की हिन्दी भाषा ने अपना प्रभाव डालना आरम्भ कर दिया है; उनकी लिखी ब्रजभाषा की कविता में बोल-चाल (खड़ी बोली) के जितने शब्द और मुहाविरे मिलेंगे उतने 50 वर्ष पहले के कवियों की कविता में कदापि न मिलेंगे। यह निश्चित है कि किसी समय बोल-चाल की हिन्दी-भाषा, ब्रजभाषा की कविता के स्थान को अवश्य छीन लेगी। इसलिए कवियों को चाहिए कि वे क्रम-क्रम से गद्य की भाषा में भी कविता करना आरम्भ करें—बोलना एक भाषा और कविता में प्रयोग करना दूसरी भाषा, प्राकृतिक नियमों के विरुद्ध है। जो लोग हिन्दी बोलते हैं और हिन्दी के ही गद्य-साहित्य की सेवा करते हैं, उनके पद्य में ब्रज की भाषा का आधिपत्य बहुत दिनों तक नहीं रह सकता।

## अर्थ

अर्थ-सौरस्य ही कविता का प्राण है। जिस पद्य में अर्थ का चमत्कार नहीं, वह कविता नहीं। कवि जिस विषय का वर्णन करे उस विषय से उसका तादात्म्य हो जाना चाहिए। ऐसा न होने से अर्थ-सौरस्य नहीं आ सकता। विलाप वर्णन करने में कवि के मन में यह भावना होनी चाहिए कि वह स्वयं विलाप कर रहा है और वर्णित दुःख का स्वयं अनुभव कर रहा है। प्राकृतिक वर्णन लिखने के समय उसके अन्तःकरण में यह दृढ़ संस्कार होना चाहिए कि वर्ण्यमान नदी, पर्वत अथवा वन के सम्मुख वह स्वयं उपस्थित होकर उनकी शोभा देख रहा है। जब कवि की आत्मा का वर्ण्य विषयों से इस प्रकार निकट सम्बन्ध हो जाता है, तभी उसका किया हुआ वर्णन यथार्थ होता है और तभी उसकी कविता पढ़कर पढ़ने वालों के हृदय पर तद्वत् भावनाएँ उत्पन्न होती हैं। कविता करने में, हमारी समझ में, अलंकारों को बलात् लाने का प्रयत्न न करना चाहिए। विषय-वर्णन के झोके में जो कुछ मुख से निकले उसे ही रहने देना चाहिए। बलात् किसी अर्थ के लाने की चेष्टा करने की अपेक्षा प्रकृति भाव से जो कुछ आ जाय उसे ही पद्य-बद्ध कर देना अधिक सरस और आह्लादकारक होता है। अपने मनोनीत अर्थ को इस प्रकार व्यक्त करना चाहिए कि पद्य पढ़ते ही पढ़ने वाले

उसे तत्क्षण हृदयंगम कर सकें, क्लिष्ट कल्पना अथवा सोच विचार करने की आवश्यकता न पड़े।

बहुत से शब्द ऐसे हैं जो सामान्य रीति से सब एक ही अर्थ के व्यंजक हैं, परन्तु विशेष ध्यानपूर्वक देखने अथवा धातु के अर्थ का विचार करने से पृथक्-पृथक् शब्दों में पृथक्-पृथक् शक्तियों का गर्भित रहना प्रकट होता है। 'तन्वी' शब्द का सामान्य अर्थ स्थल-विशेष में स्त्री होता है। परन्तु 'तनु' शब्द का अर्थ कृश होने के कारण 'तन्वी' का विशेष अर्थ दुर्बल है। यदि कहें कि "यह 'तन्वी' अपने पति के साथ सुख से अपने घर में रहती है" तो यहाँ 'तन्वी' शब्द उस अर्थ का व्यंजक नहीं हो सकता जो अर्थ 'वामा' इत्यादि शब्दों का होता है। परन्तु यदि कहें कि "तन्वी अपने प्रियतम का वियोग बड़े धैर्य से सहन कर रही है" तो यहाँ 'तन्वी' शब्द की गर्भित शक्ति से वियोग उद्योत अर्थ को सहायता पहुँचती है। अतः ऐसे स्थल पर इस शब्द का प्रयोग बहुत प्रशस्त है। अर्थ-सौरस्य के लिए, जहाँ तक सम्भव हो, ऐसे ही ऐसे शक्तिमान् शब्दों का प्रयोग करना चाहिए।

घनाक्षरी और सवैया आदि लिखने वाले कुछ कवियों की कविता में कभी-कभी अनेक निरर्थक शब्द आ जाते हैं। कभी-कभी शब्दों के ऐसे विकृत रूप प्रयुक्त हो जाते हैं कि उनका अर्थ ही समझ में नहीं आता। कभी-कभी पादान्त में समान अक्षर लाने ही के लिए निरर्थक अथवा अपभ्रंश शब्द लाये जाते हैं। ब्रजभाषा की कविता, अथवा घनाक्षरी या सवैया के हम प्रतिकूल नहीं, परन्तु हमारा मत यह है कि अर्थ के सौरस्य ही की ओर कवियों का ध्यान अधिक होना चाहिए, शब्दों के आडम्बर की ओर नहीं। अर्थ-हीन अथवा अनुपयोगी शब्द न लिखे जाने चाहिए और न शब्दों के प्रकृत रूप को बिगाड़ना ही चाहिए। शब्दों के बिगाड़ने से उनके बिगड़े हुए रूप पढ़ने वालों के कान को खटकते हैं और जिस अर्थ में वे प्रयुक्त होते हैं, उस अर्थ की वे कभी-कभी पोषकता भी नहीं करते।

अश्लीलता और ग्राम्यता-गर्भित अर्थों से कविता को कभी न दूषित करना चाहिए और न देश, काल तथा लोक आदि के विरुद्ध कोई बात कहनी चाहिए। कविता को सरस बनाने का प्रयत्न करना चाहिए। नीरस पद्यों का कभी आदर नहीं होता। जिसे पढ़ते ही पढ़ने वाले के मुख से 'वाह' न निकले, अथवा उसका मस्तक न हिलने लगे, अथवा उसकी दन्त-पंक्ति न दिखलाई देने लगे, अथवा जिस रस की कविता है, उस रस के अनुकूल वह व्यापार न करने लगे, तो वह कविता, कविता ही नहीं, वह तुकबन्दी मात्र है। कविता के सरस होने ही से ये उपर्युक्त बातें हो सकती हैं, अन्यथा नहीं। रस ही कविता का सबसे बड़ा गुण है। श्रीकण्ठ-चरित के कर्ता ने ठीक कहा है–

तैस्तैरलंकृतिशतैरवतंसितोऽपि
रूढ़ो महत्यपि पदे धृतसौष्टवोऽपि।

नूनं बिना घनरस प्रसराभिषेकं
काव्याधिराजपद मर्हति न प्रबन्धः।।

अर्थात् सैकड़ों अलंकारों से अलंकृत होकर भी, शब्द-शास्त्र के उच्चासन पर अधिरूढ़ होकर भी और सब प्रकार सौष्ठव को धारण करके भी, रस-रूपी अभिषेक के बिना, कोई भी प्रबन्ध काव्याधिराज पदवी को नहीं पहुँचता।

## विषय

कविता का विषय मनोरंजक और उपदेश-जनक होना चाहिए। यमुना के किनारे-किनारे केलि-कौतूहल का अद्भुत-अद्भुत वर्णन बहुत हो चुका। न परकीयाओं पर प्रबन्ध लिखने की अब कोई आवश्यकता है और न स्वकीयाओं के 'गतागत' की पहेली बुझाने की। चींटी से लेकर हाथी पर्यन्त पशु; भिक्षुक से लेकर राजा पर्यन्त मनुष्य; बिन्दु से लेकर समुद्र पर्यन्त जल; अनन्त आकाश; अनन्त पृथ्वी; अनन्त पर्वत–सभी पर कविता हो सकती है; सभी से उपदेश मिल सकता है और सभी के वर्णन से मनोरंजन हो सकता है। फिर क्या कारण है कि इन विषयों को छोड़ कर कोई-कोई कवि स्त्रियों की चेष्टाओं का वर्णन करना ही कविता की चरम सीमा समझते हैं ? केवल अविचार और अन्ध-परम्परा ! यदि 'मेघनाद-वध' अथवा 'यशवन्तराव महाकाव्य' वे लिख नहीं सकते, तो उनको ईश्वर की निःसीम सृष्टि में से छोटे-छोटे सजीव अथवा निर्जीव पदार्थों को चुन कर उन्हीं पर छोटी-छोटी कविताएँ करनी चाहिए। अभ्यास करते-करते शायद, कभी, किसी समय, वे इससे अधिक योग्यता दिखलाने में समर्थ हों और दण्डी कवि के कथनानुसार[1] शायद कभी वाग्देवी उन पर सचमुच ही प्रसन्न हो जायें। नायिका के हाव-भावादि के वर्णन का अभ्यास करने वालों पर भी सरस्वती की कृपा हो सकती है; परन्तु तदर्थ उसकी उपासना न करना ही अच्छा है।

संस्कृत में सहस्रशः उत्तमोत्तम काव्य विद्यमान हैं। अतः उस भाषा में काव्यप्रकाश, ध्वन्यालोक, कुबलयानन्द, रसतरंगिणी आदि साहित्य के अनेक लक्षण-ग्रन्थों का होना अनुचित नहीं। परन्तु हिन्दी भाषा में सत्काव्य का प्रायः अभाव है। इस कारण अलंकार और रस-विवेचन के झगड़ों से जटिल ग्रन्थों के बनने की हम कोई आवश्यकता नहीं देखते। 'हेला' हाव का लक्षण और उसका चित्र देखने से क्या लाभ ? अथवा दीपक अलंकार व उसके सूक्ष्म से भी सूक्ष्म भेदों को जानने का क्या

---

1. न विद्यते यद्यपि पूर्व वासना गुणानुबन्धि प्रतिभानुमद्भुतम्।
श्रुतेन यत्नेन च वागुपासिता ध्रुवं करोत्येव क्रमप्यनुग्रहम्।।

–काव्यादर्श

अर्थात्–पूर्ववासना और अद्भुत प्रतिभा न होने पर भी शास्त्र के अनुशीलन और यत्न के अभिनिवेश द्वारा उपासना की गई सरस्वती अनुग्रह अवश्य ही करती है।

उपयोग ? हिन्दी में ऐसे कितने काव्य हैं जिनमें ये भेद पाये जाते हैं ? हमारी अल्प-बुद्धि के अनुसार रस-कुसुमाकर और जसवन्तजसी (!) भूषण के समान ग्रन्थों की इस समय, आवश्यकता नहीं। इनके स्थान में यदि कोई कवि किसी आदर्श-पुरुष के चरित्र का अवलम्बन करके एक अच्छा काव्य लिखता तो उससे हिन्दी-साहित्य को अलभ्य लाभ होता। कनिष्ठा और ज्येष्ठा का भेद और उनके चित्र देखे तो क्या और न देखे तो क्या ? और उत्प्रेक्षा अलंकार का लक्षण नामानुसार सिद्ध हो गया तो क्या और न सिद्ध हुआ तो क्या ? नायिकाओं के भी झगड़ों में उलझने से हानि के अतिरिक्त लाभ की कोई सम्भावना नहीं। हिन्दी काव्य की हीन दशा को देख कर कवियों को चाहिए कि वे अपनी विद्या, अपनी बुद्धि और अपनी प्रतिभा का दुरुपयोग इस प्रकार के ग्रन्थ लिखने में न करें। अच्छे काव्य लिखने का इन्हें प्रयत्न करना चाहिए। अलंकार, रस और नायिका-निरूपण बहुत हो चुका।

इस समय, कवियों का एक दल कवि-समाजों और कवि-मण्डलों में बद्ध होकर समस्या-पूर्ति करने में व्यग्र हो रहा है। इन पूर्तिकारों में से कुछ को छोड़ कर शेष, कविता के नाम की भी बड़ी ही अवहेलना कर रहे हैं। इनको चाहिए कि बिना योग्यता सम्पादन किये समस्यापूर्ति करने के झगड़े में न पड़ें। अच्छी समस्यापूर्ति करना असाधारण प्रतिभावान का काम है। एक साधारण कवि अपने मनोऽनुकूल विषय पर एक ही घड़ी में चाहे 50 पद्य लिख डाले और वे सब चाहे अच्छे भी हों; परन्तु किसी समस्या के टुकड़े पर अच्छी कविता करने में वह शायद ही सफल मनोरथ होगा। समस्यापूर्ति के लिए असामान्य कौशल और प्रबल प्रतिभा की आवश्यकता है। इस समय प्रतिभा का पूरा-पूरा विकास बहुत कम देखा जाता है; इसलिए समस्याओं की पूर्ति भी प्रायः अच्छी नहीं होती। हमारी यह सम्मति है कि समस्या-पूर्ति के विषय को छोड़कर अपनी-अपनी इच्छा के अनुसार विषयों को चुन कर, कवि को यदि बड़ी न हो सके, तो छोटी ही छोटी स्वतन्त्र कविता करनी चाहिए; क्योंकि इस प्रकार की कविताओं का हिन्दी में अभाव है।

संस्कृत और अँग्रेजी काव्यों का अनुवाद हिन्दी में करने की ओर भी कवियों की रुचि बढ़ने लगी है। परन्तु स्वतन्त्र कविता करने की अपेक्षा दूसरे की कविता का अनुवाद अन्य भाषा में करना बड़ा कठिन काम है। एक शीशी में भरे हुए इत्र को जब दूसरी शीशी में डालने लगते हैं तब डालने ही में पहले कठिनता उपस्थित होती है; और यदि बिना दो-चार बूँद इधर-उधर टपके वह शीशी में चला भी गया, तो इस उलट-फेर में उसके सुवास का विशेषांग अवश्य उड़ जाता है। एक भाषा की कविता का दूसरी भाषा में अनुवाद करना मूल कवि का अपमान करना है; क्योंकि अनुवाद के द्वारा उनके गुणों का ठीक-ठीक परिचय न होने के कारण पढ़ने वालों की दृष्टि में वह हीन हो जाता है। इसलिए किसी पुस्तक का अनुवाद आरम्भ करने के पहले अनुवादक को अपनी योग्यता का विचार कर लेना नितान्त आवश्यक है।

सच है कि जो अच्छा कवि है वही अच्छा अनुवाद करने में समर्थ हो सकता है; दूसरा नहीं। परन्तु अच्छा कवि होना भी दुर्लभ है। महाकवि मंखक ने ठीक कहा है–

> तान्यर्थ रत्नानि न सन्ति येषां सुवर्णसंघेन च ये न पूर्णाः।
> ते रीतिमात्रेण दरिद्र कल्पा यात्तीश्वरत्वं हि कथं कवीनाम्।।

अर्थात्–अर्थ-रत्न और स्वर्ण-समूह से जो परिपूर्ण नहीं हैं, वे महादरिद्री लोग केवल रीति-मात्रा का अवलम्बन करके कवीश्वर की पदवी कदापि नहीं पा सकते।

काव्य के गुणों और दोषों की विवेचना संस्कृत की जिन पुस्तकों में है, उनमें कवियों के कर्त्तव्य और अकर्त्तव्य पर बहुत कुछ कहा गया है। परन्तु उन सब बातों का विचार हम यहाँ पर नहीं कर सकते। केवल स्थूल-स्थूल बातों ही के विचार की इच्छा से हमने यह लेख आरम्भ किया था। अतएव, अब हम इसे यहीं समाप्त करते हैं।

**[जुलाई, 1901 की 'सरस्वती' में प्रकाशित]**

## [2]

संसार में ईश्वर या देवताओं का अवतार कई प्रकार का और कई कामों के लिए होता है। अलौकिक कार्य करने वाले प्रतिभाशाली मनुष्य ही अवतार हैं। स्वाभाविक कवि भी एक प्रकार के अवतार हैं। इस पर कदाचित् कोई प्रश्न करे कि अकेले कवि ही क्यों अवतार माने गये, और लेखक इस पर क्यों न बिठाये गये ? तो यह कहा जा सकता है कि लेखक का समावेश कवि में है, पर कवियों में कुछ ऐसी विशेष शक्ति होती है, जिसके कारण उनका प्रभाव लोगों पर बहुत पड़ता है। अब मुख्य प्रश्न यह है कि कवि का अवतार होता ही क्यों है ? पहुँचे हुए पण्डितों का कथन है कि कवि भी 'धर्मसंस्थापनार्थाय' उत्पन्न होते हैं। उनका काम केवल तुक मिलाना या 'पावस-पचासा' लिखना ही नहीं। तुलसीदास ने कवि होकर वैष्णव-धर्म की स्थापना की है; मत-मतान्तरों का भेद मिटाया है और 'ज्ञान के पन्थ को कृपाण की धार' बताया है। प्रायः उसी प्रकार का काम, दूसरे रूप में सूरदास, कबीर और लल्लूलाल ने किया है। हरिश्चन्द्र ने शूरता, स्वदेश-भक्ति और सत्य, प्रेम का धर्म चलाया है। जिन कवियों ने केवल संस्कृत भाषा ही का भाण्डार भरा है वे भी, किसी न किसी रूप में, लोगों के उपदेशक थे। हिन्दी के जितने कवि प्रसिद्ध हैं उन्होंने देश, काल, अवस्था और पात्र के अनुसार ही कविता की है। दूसरे देशों और दूसरी भाषाओं के कवियों का नाम लेने की यहाँ आवश्यकता नहीं, क्योंकि हिन्दी के पूर्ववर्ती कवियों ने, समय-समय पर अपने कर्त्तव्य को समझा है और उसका पालन भी किया है।

राजा शिवप्रसाद-सदृश इतिहासकारों ने भी अवतार का काम किया है, यद्यपि उनके विचारों को लोग मानते नहीं। सारांश यह कि कवियों को ऐसा करना पड़ता है–वे स्वभाव ही से ऐसा करते हैं–कि संसार का कल्याण हो और इस प्रकार उनका नाम आप ही आप अमर हो जाय। भूषण के समान कवियों ने तो राजनीतिक आन्दोलन तक उपस्थित कर दिया है। 'पूर्ण'* कवि ने हमें यह उपदेश दिया है कि जो लोग बोलचाल की भाषा से किसी प्रकार अप्रसन्न हैं वे भी अपनी पुरानी ब्रज (कविता) की बोली को बिना तोड़े-मरोड़े काम में ला सकते हैं, और यदि वे चाहें तो बोलचाल की भाषा में कविता कर सकते हैं। सारांश यह है कि कविता लिखते समय कवि के सामने एक ऊँचा उद्देश्य अवश्य रहना चाहिए। केवल कविता ही के लिए कविता करना एक तमाशा है। हिन्दी में कविता-सम्बन्धी इस प्रकार के लेख पढ़कर बाहर के लोग यह अनुमान कर सकते हैं कि कदाचित् हिन्दी के कवि अपना कर्त्तव्य नहीं जानते, नहीं तो उनके लिए ऐसा लेख न लिखा जाता। यदि कोई मराठी या बंगला के समाचार-पत्र या मासिक-पत्र पढ़े, तो उसे उनमें ऐसे लेख न मिलेंगे। ऐसे लेख उन भाषाओं में कम से कम चालीस वर्ष पहले निकल चुके हैं। और उन लेखों के अनुसार उन भाषाओं की कविता इतने समय में इतनी ऊँची हो गई है कि समालोचकों के लिए जन्म भर विचार करने की सामग्री तैयार है। भाषा या साहित्य की जब जैसी अवस्था होती है, तब उसमें उसी प्रकार के लेख निकलते हैं। हम यहाँ पर इस विषय का एक उदाहरण देते हैं। एक बार 'छतीसगढ़-मित्र' में हिन्दी-व्याकरण के विषय में कुछ लेख निकले थे। उस पर एक महाराष्ट्र सज्जन ने बम्बई से (सम्पादक से) पूछा कि क्या हिन्दी में व्याकरण नहीं है ? इस पर सुनने में आया के सम्पादक ने उनको यह उत्तर दिया कि और-और भाषाओं के समान हिन्दी में कोई व्याकरण है। परन्तु इस विषय का निरूपण विदेशियों ने किया है। हिन्दुस्तानी लोग न उसे खोज सके हैं और न खोज हो जाने पर भी उसकी ओर ध्यान देते हैं।

कवि की कल्पना-शक्ति तीव्र होती है। इस कल्पना-शक्ति के द्वारा वह कठिन बातों को ऐसे अनोखे ढंग से सबके सामने रखता है कि वे सहज ही समझ में आ जाती हैं। इसी शक्ति से वह अनजाने हुए पदार्थों या दृश्यों का चित्र इतना मनोहर खींचता है कि पढ़ने या सुनने वाले एकाग्रचित्त हो जाते हैं और उस बात पर प्रेम-पूर्वक विचार करते हैं। फिर कवि अपने अवलोकन और अपनी कल्पना से ऐसी शिक्षा देते हैं कि वह न तो आज्ञा का रूप धारण करती है, और न अपना स्वाभविक रूखापन ही प्रकट करती है, किन्तु भीतर ही भीतर मन को उकसा देती है। ताजमहल का वर्णन करते समय वह इस बात पर ध्यान न देगा कि यह किस सन् में बना था,

* यहाँ 'पूर्ण' कवि से तात्पर्य द्विवेदी-युग के महत्त्वपूर्ण कवि राय देवी प्रसाद 'पूर्ण' से है। ये कानपुर में वकालत करते थे और द्विवेदीजी के काफी घनिष्ठ थे।–सम्पादक

इसकी लम्बाई-चौड़ाई कितनी है, या इसका पत्थर कहाँ से आया है ? इमारत को देखकर उसका मन कदाचित् उसके मीनार से भी ऊँचा बढ़ जायेगा और वह उस समय की कल्पना करने लगेगा जब बादशाह की बेगम, मरते समय, रोजे की वसीयत कर रही थी। उसके मन में पुराने और नये समय के मिलान का भी चित्र खिंच जायेगा और वह समय के फेर की घटनाओं को सोचने लगेगा। मनोहर वर्णन और शिक्षा के साथ-साथ कवि अपने शब्द और वाक्य भी ऐसे मनोहर बनाता है कि पढ़ने वाले के आनन्द की सीमा नहीं रहती। कविता लिखते समय जो-जो भाव कवि के हृदय में उदित होते हैं, वही भाव पढ़ने वाले के हृदय में उत्पन्न हो सकते हैं। इसके लिए पढ़ने वाला सहृदय होना चाहिए, नहीं तो भैंस के आगे बीन बजने लगेगी। यदि स्वतः कवि में सहृदयता न हो तो फिर उसका श्रम ही वृथा है। मनोविज्ञानी लोग कदाचित् किसी समय हमको यह बता सकेंगे कि मनोविकार प्रकट करने के लिए छन्द ही का उपयोग क्यों होता है ? गद्य में भी कोई-कोई लेखक–विशेषकर उपन्यास-लेखक–ऐसा मनोहर वर्णन करते हैं और ऐसे भाव प्रकट करते हैं कि उनका गद्य पद्य हो जाता है। जो हो अभी तो कवि लोग ही विशेषकर यह काम करते हैं और उसके लिए छन्द काम में लाते हैं।

आज कल हिन्दी संक्रान्ति की अवस्था में है। हिन्दी-कवि का कर्त्तव्य यह है कि वह लोगों की रुचि का विचार रखकर अपनी कविता ऐसी सहज और मनोहर रचे कि साधारण पढ़े-लिखे लोगों में भी पुरानी कविता के साथ-साथ नई कविता पढ़ने का अनुराग उत्पन्न हो जाय। पढ़ने वालों के मन में नई-नई उपमाओं को, नये-नये शब्दों को और नये-नये विचारों को समझने की योग्यता उत्पन्न करना कवि ही का कर्त्तव्य है। जब लोगों का झुकाव इस ओर होने लगे तब, समय-समय पर, कल्पित अथवा सत्य आख्यानों के द्वारा सामाजिक, नैतिक और धार्मिक विषयों की मनोहर शिक्षा दे। जब जो विषय उसके अवलोकन में आवे, तभी उस पर अपनी स्वाभाविक शक्ति से कविता लिख कर लोगों को परोक्ष रूप से सचेत करे। कविता के प्रभाव का एक छोटा-सा उदाहरण सुनिए। पद्माकर कवि के घराने के लोगों में विवाह के समय कवित्त पढ़ने की चाल है। उनकी जाति के लोग कहते हैं कि यह चाल पद्माकर के समय से चली है और वह अब तक चली जाती है। क्या यह बात आजकल के कवियों में नहीं हो सकती ? जान पड़ता है कि "अब के कवि खद्योत समय जहँ तहँ करहिं प्रकाश"–जिसने यह दोहा लिखा है उसको बड़ी दूर की सूझी है। बोल-चाल की भाषा में आज तक कोई कविता ऐसी नहीं बनी, जिसका प्रचार 'चन्द्रकान्ता'[1] के समान साधारण पढ़े-लिखे लोगों में भी हुआ हो। सदोष होने पर भी इस उपन्यास के कारण पुरुषों और स्त्रियों में उपन्यास पढ़ने की रुचि उत्पन्न हुई है। इसी प्रकार

1. यह आसन अब 'भारत-भारती' और 'जयद्रथ-वध' को मिल गया है। 1918–म. प्र. द्विवेदी

जब बोलचाल की भाषा की कविता को, या आजकल के और दूसरे पद्यों को साधारण लोग भी पढ़ने लगें, तब समझना चाहिए कि कविता और कवि लोक-प्रिय है। आजकल की संस्कृत-भरी कविता का रचा जाना और भी अधिक हानिकारक है।

सारांश यह कि यदि आजकल की कविता में शास्त्रोक्त गुणों को छोड़कर नीचे लिखे हुए गुण हों तो सम्भव है कि वह लोकप्रिय होगी–

(1) कविता में साधारण लोगों की अवस्था, विचार और मनोविकारों का वर्णन हो।

(2) उसमें धीरज, साहस, प्रेम और दया आदि गुणों के उदाहरण रहें।

(3) कल्पना सूक्ष्म और उपमादिक अलंकार गूढ़ न हों।

(4) भाषा सहज, स्वाभाविक और मनोहर हो।

(5) छन्द सीधा, परिचित, सुहावना और वर्णन के अनुकूल हो।

**[जनवरी, 1911 में 'विद्यानाथ' नाम से प्रकाशित तथा 'रसज्ञ-रंजन' में संकलित।]**

# कवि और कविता

इस पुस्तक के आरम्भ में 'कवि-कर्त्तव्य' नाम का एक लेख आ चुका है। उसमें यह दिखलाया गया है कि कविता को सरस, मनोरंजक और हृदय-ग्राहिणी बनाने के लिए कवि को किन-किन बातों का ख्याल रखना चाहिए। क्योंकि अच्छी कविता लिखना सबका काम नहीं। पर इस बात का विचार आज-कल के कितने ही पद्य-रचना-कर्त्ता बहुत कम करते हैं। उन्होंने कविता लिखना बहुत सहज काम समझ लिया है। वे शायद तुली हुई पंक्तियों को ही कविता समझते हैं। यह भ्रम है। कविता एक चीज है, तुली हुई शब्दस्थापना दूसरी चीज।

उर्दू का साहित्य समूह हिन्दी से बढ़ा-चढ़ा है। इस बात को कबूल करना ही चाहिए। हिन्दी के हितैषियों को उचित है कि हिन्दी-साहित्य को उन्नत करके उसकी लाज रक्खें। उर्दू में इस समय अनेक विषयों के कितने ही ऐसे-ऐसे ग्रन्थ विद्यमान हैं जिनका नाम तक हिन्दी में नहीं। उर्दू-लेखकों में शम्स-उल-उलमा हाली, आजाद, ज़काउल्ला, नजीर, अहमद आदि की बराबरी करने वाला हिन्दी में शायद ही कोई हो। इन साहित्य-सेवियों ने उर्दू के ज्ञानाकार को खूब समृद्धशाली कर दिया है। हिन्दी वालों को चाहिए कि वे इन लोगों की पुस्तकें पढ़ें और वैसी पुस्तकें हिन्दी में लिखने की कोशिश करें। इनमें से आज हमें हाली के विषय में कुछ कहना है।

शम्स-उल-उलमा मौलाना अल्ताफहुसैन हाली उर्दू के बहुत बड़े कवि हैं। आपने उर्दू में नई तरह की कविता की नींव डाली है। आपकी 'मुसद्दस' नाम की कविता गज़ब की है। जिन्होंने इसे न पढ़ा हो, जरूर पढ़ें। आप देहली के पास, पानीपत के रहने वाले हैं। देहली के प्रसिद्ध कवि (असदुल्ला खाँ गालिब) की कृपा से आपने कविता सीखी। पहले आप लाहौर में मुलाजिम थे। वहाँ से देहली आये। अब आप शायद पानीपत में मकान पर ही रहते हैं।[1] बूढ़े हो गये हैं। आपने कई अच्छी-अच्छी

1. खेद है, आपका देहान्त हो गया। 1919—म. प्र. द्विवेदी

पुस्तकें लिखी हैं। कविता में आपका बड़ा नाम है। आपने 'मुकद्दमा' नाम का एक लेख लिखा है। यह लेख आपके 'दीवान' के साथ छपा है। इस लेख में आपने कवि और कविता पर अपने विचार बड़ी योग्यता से प्रकट किये हैं। प्रायः उसी के आधार पर हम ये लेख लिखते हैं।

यह बात सिद्ध समझी गई है कि अच्छी कविता अभ्यास से नहीं आती। जिसमें कविता करने का स्वाभाविक माद्दा होता है वही कविता कर सकता है। देखा गया है कि जिस विषय पर बड़े-बड़े विद्वान् अच्छी कविता नहीं कर सकते उसी पर अपढ़ और कम उम्र के लड़के कभी-कभी अच्छी कविता लिख देते हैं। इससे स्पष्ट है कि किसी-किसी में कविता लिखने की इम्तेदाद स्वाभाविक होती है। ईश्वरदत्त होती है। जो चीज ईश्वरदत्त है वह अवश्य लाभदायक होगी। वह निरर्थक नहीं हो सकती। उससे समाज को कुछ-न-कुछ लाभ अवश्य पहुँचता है। अतएव यदि कोई यह समझता हो कि कविता करना व्यर्थ है तो यह उसकी भूल है। हाँ, कविता के लक्षणों से च्युत, तुले हुए वर्णों या मात्राओं की पद्य मालिकाओं का प्राचुर्य है। इससे यदि कविता को कोई व्यर्थ समझे तो आश्चर्य नहीं।

कविता यदि यथार्थ में कविता है तो सम्भव नहीं कि उसे सुनकर सुनने वाले पर कुछ असर न हो। कविता से दुनिया में आज तक बहुत बड़े-बड़े काम हुए हैं। इस बात के प्रमाण मौजूद हैं। अच्छी कविता सुनकर कविता-गत रस के अनुसार दुःख, शोक, क्रोध, करुणा और जोश आदि भाव पैदा हुए बिना नहीं रहते। जैसा भाव मन में पैदा होता है, कार्य के रूप में फल भी वैसा ही होता है। हम लोगों में पुराने जमाने में, भाट, चारण आदि अपनी-अपनी कविता ही की बदौलत वीरों में वीरता का संचार कर देते थे। पुराणादि में कारुणिक प्रसंगों का वर्णन सुनने और उत्तर रामचरित आदि दृश्य-काव्यों का अभिनय देखने में जो अश्रुपात होने लगता है वह क्या है ? वह अच्छी कविता ही का प्रभाव है। पुराने जमाने में ग्रीस के एथेन्स नगर वाले मेगारा वालों से वैरभाव रखते थे। एक टापू के लिए उनमें कई दफे लड़ाइयाँ हुईं। पर हर बार एथेन्स वालों ही की हार हुई। इस पर सोलन नाम के विद्वान् को बड़ा दुःख हुआ। उसने एक कविता लिखी। उसे उसने एक ऊँची जगह पर चढ़कर एथेन्स वालों को सुनाया। कविता का भावार्थ यह था–

"मैं एथेन्स में न पैदा होता तो अच्छा था। मैं किसी ओर देश में क्यों न पैदा हुआ ? मुझे ऐसे देश में पैदा होना था जहाँ के निवासी मेरे देशवासियों से अधिक वीर, अधिक कठोर-हृदय और उनकी विद्या से बिलकुल बेखबर हों। मैं अपनी वर्तमान अवस्था की अपेक्षा उस अवस्था में अधिक संतुष्ट होता। यदि मैं किसी ऐसे देश में पैदा होता तो लोग मुझे देख कर यह तो न कहते कि यह आदमी उसी एथेन्स का रहने वाला है जहाँ वाले मेगारा के निवासियों से लड़ाई में हार गये और लड़ाई के मैदान से भाग निकले। प्यारे देश बन्धु, अपने शत्रुओं से जल्द इसका बदला लो।

अपने इस कलंक को फौरन धो डालो। अपने लज्जा-जनक पराजय के अपयश को दूर कर दो। जब तक अपने अन्यायी शत्रुओं के हाथ से अपना छिना हुआ देश न छुड़ा लो तब तक एक मिनट भी चैन से न बैठो।" लोगों के दिल पर इस कविता का इतना असर हुआ कि फौरन मेगारा वालों पर फिर चढ़ाई कर दी गयी और जिस टापू के लिए यह बखेड़ा हुआ था उसे एथेन्स वालों ने लेकर ही चैन लिया। इस चढ़ाई में सोलन ही सेनापति बनाया गया था।

रोम, इंग्लैण्ड, अरब, फारस, आदि देशों में इस बात के सैकड़ों उदाहरण मौजूद हैं कि कवियों ने असम्भव बातें सम्भव कर दिखाई हैं। जहाँ पस्तहिम्मती का दौर-दौरा था वहाँ जोश पैदा कर दिया है। जहाँ शान्ति थी वहाँ गदर मचा दिया है। अतएव कविता एक असाधारण चीज है। परन्तु विरले ही को सत्कवि होने का सौभाग्य प्राप्त होता है।

जब तक ज्ञान-वृद्धि नहीं होती–जब तक सभ्यता का जमाना नहीं आता–तभी तक कविता की उन्नति होती है क्योंकि सभ्यता और कविता में परस्पर विरोध है। सभ्यता और विद्या की वृद्धि होने से कविता का असर कम हो जाता है। कविता में कुछ न कुछ झूठ का अंश जरूर रहता है। असभ्य अथवा अर्द्ध-सभ्य लोगों को यह अंश कम खटकता है, शिक्षित और सभ्य लोगों को बहुत। तुलसीदास की रामायण के खास-खास स्थलों का जितना प्रभाव स्त्रियों पर पड़ता है उतना पढ़े-लिखे आदमियों पर नहीं। पुराने काव्यों को पढ़ने से लोगों का चित्त जितना पहले आकृष्ट होता था, उतना अब नहीं होता। हजारों वर्ष से कविता का क्रम जारी है। जिन प्राकृतिक बातों का वर्णन कवि करते हैं उनका वर्णन बहुत कुछ अब तक हो चुका। जो नये कवि होते हैं वे भी उलट-फेर से प्रायः उन्हीं बातों का वर्णन करते हैं। इसी से अब कविता कम हृदय-ग्राहिणी होती है।

संसार में जो बात जैसी देख पड़े कवि को उसे वैसी ही वर्णन करना चाहिए। उसके लिए किसी तरह की रोक या पाबन्दी का होना अच्छा नहीं। दबाव से कवि का जोश दब जाता है। उसके मन में जो भाव आप ही आप पैदा होते हैं उन्हें जब वह निडर होकर अपनी कविता में प्रकट करता है तभी उसका असर लोगों पर पूरा-पूरा पड़ता है। बनावट से कविता बिगड़ जाती है। किसी राजा या किसी व्यक्ति-विशेष के गुण-दोषों को देखकर कवि के मन में जो भाव उद्भूत हों उन्हें यदि वह बेरोक-टोक प्रकट कर दे तो उसकी कविता हृदयद्रावक हुए बिना न रहे। परन्तु परतंत्रता या पुरस्कार-प्राप्ति या और किसी कारण से, सच बात कहने में किसी तरह की रुकावट पैदा हो जाने से यदि उसे अपने मन की बात कहने का साहस नहीं होता तो कविता का रस जरूर कम हो जाता है। इस दशा में अच्छे कवियों की भी कविता नीरस, अतएव प्रभावहीन हो जाती है। सामाजिक और राजनैतिक विषयों में, कटु होने के कारण, सच कहना भी जहाँ मना है, वहाँ इन विषयों पर कविता करने वाले कवियों

की उक्तियों का प्रभाव क्षीण हुए बिना नहीं रहता। कवि के लिए कोई रोक नहीं होनी चाहिए अथवा जिस विषय में रोक हो उस विषय पर कविता ही न लिखनी चाहिए। नदी, तालाब, बन, पर्वत, फूल, पत्ती, गरमी, सरदी आदि ही के वर्णन से उसे सन्तोष करना उचित है।

खुशामद के जमाने में कविता की बुरी हालत होती है। जो कवि राजों, नवाबों या बादशाहों के आश्रय में रहते हैं, अथवा उनको खुश करने के इरादे से कविता करते हैं, उनको खुशामद करनी पड़ती है। वे अपने आश्रयदाताओं की इतनी प्रशंसा करते हैं, इतनी स्तुति करते हैं कि उनकी उक्तियाँ असलियत से बहुत दूर जा पड़ती हैं। इससे कविता को बहुत हानि पहुँचती है। विशेष करके शिक्षित और सभ्य देशों में कवि का काम, प्रभावोत्पादक रीति से, यथार्थ घटनाओं का वर्णन करना है, आकाश-कुसुम के गुलदस्ते तैयार करना नहीं। अलंकार शास्त्र के आचार्यों ने अतिशयोक्ति एक अलंकार जरूर माना है। परन्तु अभावोक्तियाँ भी क्या कोई अलंकार है ? किसी कवि की बेसिर-पैर की बातें सुनकर किस समझदार आदमी को आनन्द की प्राप्ति हो सकती है ? जिस समाज के लोग अपनी झूठी प्रशंसा सुनकर प्रसन्न होते हैं वह समाज कभी प्रशंसनीय नहीं समझा जाता। काबुल के अमीर हबीबुल्लाखाँ ने अपनी कविताबद्ध निराधार प्रशंसा सुनने से, अभी कुछ ही दिन हुए, इनकार कर दिया। खुशामद-पसन्द आदमी कभी आदर की दृष्टि से नहीं देखे जाते।

कारण-वश अमीरों की झूठी प्रशंसा करने अथवा किसी एक ही विषय की कविता में कवि-समुदाय के आमरण लगे रहने से कविता की सीमा कट-छँट कर बहुत थोड़ी रह जाती है। इस तरह की कविता उर्दू में बहुत अधिक है। यदि यह कहें कि आशिकाना (शृंगारिक) कविता के सिवा और तरह की कविता उर्दू में है ही नहीं, तो बहुत बड़ी अत्युक्ति न होगी। किसी दीवान को उठाइये, किसी मसनवी को उठाइए, आशिक-माशूकों के रंगीन रहस्यों से आप उसे आरम्भ से अन्त तक रंगी हुई पाइएगा। इश्क भी यदि सच्चा हो तो कविता में कुछ असलियत आ सकती है। पर क्या कोई कह सकता है कि आशिकाना शेर कहने वालों का सारा रोना, कराहना, ठण्डी साँसें लेना, जीते ही अपनी कब्रों पर चिराग जलाना सब सच है ? सब न सही, उसके प्रलापों का क्या थोड़ा-सा भी अंश सच है ? फिर इस तरह की कविता सैकड़ों वर्षों से होती आ रही है। अनेक कवि हो चुके, जिन्होंने इस विषय पर न मालूम क्या-क्या लिख डाला है। इस दशा में नये कवि अपनी कविता में नयापन कैसे ला सकते हैं ? वही तुक, वही छन्द, वही शब्द, वही उपमा, वही रूपक ! इस पर भी लोग पुरानी लकीर को बराबर पीटते जाते हैं। कवित्त, सवैये, घनाक्षरी, दोहे, सोरठे लिखने से बाज नहीं आते। नखशिख, नायिका भेद, अलंकार शास्त्र पर पुस्तकों पर पुस्तकें लिखते चले जाते हैं। अपनी व्यर्थ बनावटी बातों से देवी-देवताओं तक को बदनाम करने से नहीं सकुचाते। फल इसका यह हुआ कि कवियों की असलियत काफूर हो गई है। उसे

सुनकर सुनने वाले के चित्त पर कुछ भी असर नहीं होता, उलटी कभी मन में घृणा का उद्रेक अवश्य उत्पन्न हो जाता है।

कविता के बिगड़ने और उसकी सीमा परिमित हो जाने से साहित्य पर भारी आघात होता है। वह बरबाद हो जाती है। भाषा में दोष आ जाता है। जब कविता की प्रणाली बिगड़ जाती है, तब उसका असर सारे ग्रंथकारों पर पड़ता है। यही क्यों, सर्वसाधारण की बोलचाल तक में कविता के दोष आ जाते हैं। जिन शब्दों, जिन भावों, जिन उक्तियों का प्रयोग कवि करते हैं उन्हीं का प्रयोग और लोग भी करने लगते हैं। भाषा और बोलचाल के सम्बन्ध में कवि ही प्रमाण माने जाते हैं। कवियों ही के प्रयुक्त शब्दों और मुहावरों को कोशकार अपने कोशों में रखते हैं। मतलब यह है कि भाषा और बोलचाल का बनाना या बिगाड़ना प्रायः कवियों ही के हाथ में रहता है। जिस भाषा के कवि अपनी कविता में बुरे शब्द और बुरे भाव भरते रहते हैं, उस भाषा की उन्नति तो होती नहीं उलटी अवनति होती जाती है।

कविता-प्रणाली के बिगड़ जाने पर यदि कोई नये तरह की स्वाभाविक कविता करने लगता है तो लोग उसकी निन्दा करते हैं। कुछ नासमझ और नादान आदमी कहते हैं, यह बड़ी भद्दी कविता है। कुछ कहते हैं, यह कविता ही नहीं। कुछ कहते हैं कि यह कविता तो 'छन्दोदिवाकर' में दिये गये लक्षणें से च्युत है; अतएव यह निर्दोष नहीं। बात यह है कि जिसे अब तक कविता कहते आये हैं, वही उनकी समझ में कविता है और सब कोरी काँव-काँव ! इसी तरह की नुकताचीनी से तंग आकर अँग्रेजी के प्रसिद्ध कवि गोल्डस्मिथ ने अपनी कविता को सम्बोधन करके उसकी सान्त्वना की है। वह कहता है "कविते ! यह बेकदरी का जमाना है। लोगों के चित्त को तेरी तरफ खींचना तो दूर रहा, उलटी सब कहीं तेरी निन्दा होती है। तेरी बदौलत सभा-समाजों और जलसों में मुझे लज्जित होना पड़ता है। पर जब मैं अकेला रहता हूँ तब तुझ पर मैं घमण्ड करता हूँ। याद रख तेरी उत्पत्ति स्वाभाविक है। जो लोग अपने प्राकृतिक बल पर भरोसा रखते हैं, वे निर्धन होकर भी आनन्द से रह सकते हैं। पर अप्राकृतिक बल पर किया गया गर्व कुछ दिन बाद जरूर चूर्ण हो जाता है।"

गोल्डस्मिथ ने इस विषय में बहुत कुछ कहा है, पर हमने उसके कथन का सारांश बहुत ही थोड़े शब्दों में दे दिया है। इससे प्रकट है कि नई कविता प्रणाली पर भृकुटी टेढ़ी करने वाले कवि प्रकाण्डों के कहने की कुछ भी परवाह न करके अपने स्वीकृत पथ से जरा भी इधर-उधर होना उचित नहीं। नई बातों से घबराना और उनके पक्षपातियों की निन्दा करना मनुष्य का स्वभाव ही हो गया है। अतएव नई भाषा और नई कविता पर यदि कोई नुकताचीनी करे तो आश्चर्य नहीं।

आजकल लोगों ने कविता और पद्य को एक ही चीज समझ रक्खा है। यह भ्रम है। कविता और पद्य में वही भेद है जो अँग्रेजी की पोइट्री (Poetry) और वर्स (verse) में है। किसी प्रभावोत्पादक और मनोरंजक लेख, बात या वक्तृता का नाम

कविता है और नियमानुसार तुली हुई सतरों का नाम पद्य है। जिस पद्य के पढ़ने या सुनने से चित्त पर असर नहीं होता, वह कविता नहीं। वह नपी-तुली शब्द स्थापना मात्र है। गद्य और पद्य दोनों में कविता हो सकती है। तुकबन्दी और अनुप्रास कविता के लिए अपरिहार्य नहीं। संस्कृत का प्रायः सारा पद्य समूह बिना तुकबन्दी का है और संस्कृत से बढ़कर कविता शायद ही किसी और भाषा में हो। अरब में भी सैकड़ों अच्छे-अच्छे कवि हो गये हैं। वहाँ भी शुरू-शुरू में तुकबन्दी का बिलकुल ख्याल न था। अँग्रेजी में भी अनुप्रासहीन बेतुकी कविता होती है। हाँ, एक जरूरी बात है कि वजन और काफिये से कविता अधिक चित्ताकर्षक हो जाती है। पर कविता के लिए ये बातें ऐसी ही हैं जैसे शरीर के लिए वस्त्राभरण। यदि कविता का प्रधान धर्म, मनोरंजकता और प्रभावोत्पादकता उनमें न हो तो इनका होना निष्फल समझना चाहिए। पद्य के लिए काफिये वगैरह की जरूरत है, कविता के लिए नहीं। कविता के लिए तो ये बातें एक प्रकार से उलटी हानिकारक हैं। तुले हुए शब्दों में कविता करने और तुक, अनुप्रास आदि ढूँढ़ने से कवियों के विचार-स्वातन्त्र्य में बड़ी बाधा आती है। पद्य के नियम कवि के लिए एक प्रकार की बेड़ियाँ हैं। उनसे जकड़ जाने से कवियों को अपने स्वाभाविक उड़ान में कठिनाइयों का सामना करना पड़ता है। कवि का काम है कि वह अपने मनोभावों को स्वाधीनतापूर्वक प्रकट करे। पर काफिया और वजन उसकी स्वाधीनता में विघ्न डालते हैं। वे उसे अपने भावों को स्वतन्त्रता-पूर्वक नहीं प्रकट होने देते। काफिये और वजन को पहले ढूँढ़कर कवि को अपने मनोभाव तदनुकूल गढ़ने पड़ते हैं। इसका मतलब यह हुआ कि प्रधान बात अप्रधानता को प्राप्त हो जाती है और एक बहुत ही गौण बात प्रधानता के आसन पर जा बैठती है। इससे कवि अपने भाव स्वतन्त्रतापूर्वक नहीं प्रकट कर सकता। फल यह होता है कि कवि की कविता का असर कम हो जाता है। कभी-कभी तो वह बिल्कुल ही जाता रहता है। अब आप ही कहिये कि जो वजन और काफिया कविता के लक्षण का कोई अंश नहीं उन्हें ही प्रधानता देना भारी भूल है या नहीं ?

जो बात एक असाधारण और निराले ढंग से शब्दों के द्वारा इस तरह प्रकट की जाय कि सुनने वाले पर उसका कुछ न कुछ असर जरूर पड़े उसी का नाम कविता है। आजकल हिन्दी में जो सज्जन पद्य रचना करते हैं और उसे कविता समझ कर छपाने दौड़ते हैं उनको यह बात जरूर याद रखना चाहिए। इन पद्य रचयिताओं में कुछ ऐसे भी हैं जो अपने पद्यों को कालिदास, होमर और बाइरन की कविता से बढ़ कर समझते हैं। यदि कोई सम्पादक उन्हें प्रकाशित करने से इनकार करता है तो वे अपना अपमान समझते हैं और बेचारे सम्पादक के खिलाफ़ नाटक, प्रहसन और व्यंग्य-पूर्ण लेख प्रकाशित करके अपने जी की जलन शान्त करते हैं। वे इस बात को बिल्कुल ही भूल जाते हैं कि यदि उनकी पद्य-रचना अच्छी हो तो कौन ऐसा मूर्ख होगा जो उसे अपने पत्र या पुस्तक में सहर्ष और सधन्यवाद न प्रकाशित करेगा ?

कवि का सबसे बड़ा गुण नई-नई बातों का सूझना है। उसके लिए कल्पना (Imagination) की बड़ी जरूरत है। जिसमें जितनी ही अधिक यह शक्ति होगी वह उतनी ही अधिक अच्छी कविता लिख सकेगा। कविता के लिये उपज चाहिए। नये-नये भावों की उपज जिसके हृदय में नहीं वह कभी अच्छी कविता नहीं लिख सकता। ये बातें प्रतिभा की बदौलत होती हैं। इसीलिए संस्कृत वालों ने प्रतिभा को प्रधानता दी है। प्रतिभा ईश्वरदत्त होती है। अभ्यास से वह नहीं प्राप्त होती। इस शक्ति को कवि माँ के पेट से लेकर पैदा होता है। इसी की बदौलत वह भूत और भविष्य को हस्तामलकवत् देखता है, वर्तमान की तो कोई बात ही नहीं। इसी की कृपा से वह सांसारिक बातों को एक अजीब निराले ढंग से बयान करता है जिसे सुनकर सुनने वाले के हृदयोदधि में नाना प्रकार के सुख, दुःख, आश्चर्य आदि विकारों की लहरें उठने लगती हैं। कवि कभी-कभी ऐसी अद्‌भुत बातें कर देते हैं कि जो कवि नहीं है उनकी पहुँच वहाँ तक कभी हो ही नहीं सकती।

कवि का काम है कि वह प्रकृति-विकास को खूब ध्यान से देखे। प्रकृति की लीला का कोई ओर-छोर नहीं। वह अनन्त है। प्रकृति अद्‌भुत-अद्‌भुत खेल खेला करती है। एक छोटे से फूल में वह अजीब-अजीब कौशल दिखाती है। वे साधारण आदमियों के ध्यान में नहीं आते। वे उनको समझ नहीं सकते। पर कवि अपनी सूक्ष्म दृष्टि से प्रकृति के कौशल अच्छी तरह देख लेता है, उनका वर्णन भी करता है, उनसे नाना प्रकार की शिक्षा भी ग्रहण करता है; और अपनी कविता के द्वारा संसार को लाभ भी पहुँचाता है। जिस कवि में प्राकृतिक दृश्य और प्रकृति के कौशल देखने और समझने का जितना ही अधिक ज्ञान होता है वह उतना ही बड़ा कवि भी होता है।

प्रकृति-पर्य्यालोचन के सिवा कवि को मानव-स्वभाव की आलोचना का भी अभ्यास करना चाहिए। मुनष्य अपने जीवन में अनेक प्रकार के सुख, दुःख आदि का अनुभव करता है। उसकी दशा कभी एक-सी नहीं रहती, अनेक प्रकार के विकार-तरंग उसके मन में उठा ही करते हैं। इन विकारों की जाँच, ज्ञान और अनुभव करना सबका काम नहीं। केवल कवि ही इनके अनुभव करने और कविता द्वारा औरों को इनका अनुभव कराने में समर्थ होता है। जिसे कभी पुत्र-शोक नहीं हुआ उसे उस शोक का यथार्थ ज्ञान होना सम्भव नहीं। पर यदि वह कवि है तो वह पुत्र शोकाकुल माता या पिता की आत्मा में प्रवेश-सा करके उसका अनुभव कर लेता है। उस अनुभव का वह इस तरह वर्णन करता है कि सुनने वाला तन्मनस्क होकर उस दुःख से अभिभूत हो जाता है। उसे ऐसा मालूम होने लगता है कि स्वयं उसी पर वह दुःख पड़ रहा है। जिस कवि को मनोविकारों और प्राकृतिक बातों का यथेष्ट ज्ञान नहीं वह कदापि अच्छा कवि नहीं हो सकता।

हाली के मुकद्दमे को पढ़ कर हमारे एक मित्र महाशय ने कुछ अलंकार-शास्त्र के आचार्यों की राय लिखी है और संक्षेपतया यह दिखलाया है कि हमारे अलंकारिकों

ने कविता के लिए किन-किन बातों की जरूरत समझी है। आपके कथन का आशय हम नीचे देते हैं। पाठक देखेंगे कि हाली की राय संस्कृत-साहित्य के आचार्यों से बहुत कुछ मिलती है। सुनिए–

नैसर्गिकी च प्रतिभा श्रुतंच बहुनिर्मलम्।
अमन्दश्चाभियोगऽस्याः कारणं काव्यसम्पदः।।

(आचार्य दण्डी–काव्यादर्श)

अर्थात् स्वाभाविकी प्रतिभा (1), शब्द-शक्ति, शास्त्रादि तथा लोकाचारादि का विशुद्ध ज्ञान (2), और प्रगाढ़ अभ्यास (3), यह सब मिलकर काव्य-रूप सम्पत्ति का कारण है–'श्रुत' शब्द के अर्थ पण्डित जीवानन्द विद्यासागर ने ये किए हैं–"श्रुत शास्त्रज्ञानं लोकाचारादिज्ञानश्च।" सृष्टि-कार्य और मानव-स्वभाव इन दोनों के ज्ञान का बोध लोकाचारादि ज्ञान है। उसका उल्लेख हाली ने अपनी दूसरी और तीसरी शर्त 'सृष्टिकार्य पर्यालोचना' और 'शब्दविन्यासचातुर्य' में किया है। प्रगाढ़ अभ्यास की आवश्यकता हाली ने 'आमद और आबुर्द में फर्क'–इस विषय पर बहस करते हुए सिद्ध की है।

इसी अभिप्राय का एक श्लोक यह भी है–

शक्तिर्निपुणतःलोकशास्त्रकार्यद्यवेक्षणात्।
काव्यज्ञशिक्षयाभ्यास इति हेतुस्तदुद्भव।।

अर्थात् प्रतिभाशक्ति, काव्यादि शास्त्र तथा लोकाचारादि के अवलोकन से प्राप्त हुई निपुणता और काव्यों की शिक्षा के अनुसार अभ्यास, ये तीनों बातें कविता के उद्भव में हेतु हैं। आचार्यों ने प्रतिभा ही को काव्य का कारण मानकर व्युत्पत्ति को उसकी सुन्दरता और अभ्यास की वृद्धि हेतु माना है। यथा–

कवित्वं जायते शक्तेर्वर्द्धतेऽभ्यासयोगतः।
तस्य चारुत्वनिष्पत्तौ व्युत्पत्तिस्तु गरीयसी।।

इस मत की पुष्टि भी हाली के उस लेख से होती है जो उन्होंने सबसे पहली शर्त 'तखय्युत' (प्रतिभा) पर लिखा है।

इन्हीं सब बातों को हाली ने अपने मुकद्दमे; 37 से 54 पृष्ठ तक उदाहरणादिकों से पल्लवित किया है।

सृष्टि-कार्य-निरीक्षण की आवश्यकता कवि को क्यों है ? इस बात को हाली ने 'मसनवी' पर बहस करते हुए, एक उदाहरण द्वारा समझाया है। वे लिखते हैं–

···इसी प्रकार किस्से में ऐसी छोटी-छोटी प्रासंगिक बातों का बयान करना, जिन्हें तजरबा और मुशारिदा झुटलाते हों, कदापि उचित नहीं। इससे आख्यायिकाकार का इतना बेसलीकापन साबित नहीं होता, जितनी उसकी अज्ञता और लोक-वृत्तान्त से अनभिज्ञता, या जरूरी अनुभव प्राप्त करने से बेपरवाई साबित होती है। जैसा कि 'बदरे मुनीर' में एक खास मौके पर वक्त का समाँ इस तरह बयान किया है–

वो गाने का आलम वो हुस्ने बुताँ,
वो गुलशन की खूबी वो दिन का समाँ।
दरख्तों की कुछ छाँव और कुछ वो धूप,
वो धानों की सब्जी वो सरसों का रूप।।

अखीर मिसरे से साफ प्रतीत होता है कि एक तरफ धान खड़े थे और एक तरफ सरसों फूल रही थी। मगर यह बात बाकै के खिलाफ हैं, क्योंकि धान खरीफ में होते हैं और सरसों रबी में गेहुँओं के साथ बोई जाती है।

कवि-कुल-गुरु कालिदास के विश्व-विख्यात काव्य, तथा कविवर बिहारीलाल की सतसई से इसी विषय का, एक-एक प्रत्युदाहरण सुनिए–

इक्षुच्छायनिषादिन्यस्तस्य गोप्तुर्गुणोदयम्।
आकुमारकथोद्घातं शालिगोप्या जगुर्यशः।। –रघुवंश

रघु की दिग्विजयार्थ यात्रा के उपोद्घात में शरद ऋतु का वर्णन करते हुए कवि कहता है कि ईख की छाया में बैठी हुई धान रखाने वाली स्त्रियाँ रघु का यश गाती थीं। शरद्-काल में जब धान के खेत पकते हैं तब ईख इतनी-इतनी बड़ी हो जाती है कि उसकी छाया में बैठ कर खेत रखा सकें। ईख और धान के खेत भी प्रायः पास ही पास हुआ करते हैं। कवि को ये सब बातें विदित थीं। श्लोक में इस दशा का–इस वास्तविक घटना का–चित्र सा खींच दिया गया है। श्लोक पढ़ते ही वह समाँ आँखों में फिरने लगता है।

महाराजाधिराज विक्रमादित्य के सखा, राजसी ठाठ से रहने वाले कालिदास ने गरीब किसानों की, नगर से दूर जंगल से सम्बन्ध रखने वाली एक वास्तविक घटना का कैसा मनोहर चित्र उतारा है, यह उनके प्रकृति-पर्यालोचक होने का दृढ़ प्रमाण है। दूसरा प्रत्युदाहरण–

सन सूख्यौ बीत्यौ बनौ, ऊखौ लई उखारि।
हरी-हरी अरहर अजौ, घर घर हर हिय नारि।। –सतसई

पहले सन सूखता है, फिर बनवाड़ी या कपास के खेत की बहार खतम होती है। पुनः ईख के उखड़ने की बारी आती है। और इन सबसे पीछे गेहुँओं के साथ तक अरहर हरी-भरी खड़ी रहती है।

ये सब बातें कवि ने कैसे सुन्दर और सरल ढंग से क्रम-पूर्वक इस दोहे में बयान की हैं। इसमें अनुप्रास की छटा आदि अन्य काव्य गुणों पर ध्यान दिलाने का यह अवसर नहीं। यहाँ तक पूर्वोक्त महाशय की राय हुई।

कविता को प्रभावोत्पादक बनाने के लिए उचित शब्द-स्थापना की भी बड़ी जरूरत है। किसी मनोविकार के दृश्य के वर्णन में ढूँढ़-ढूँढ़ कर ऐसे शब्द रखने चाहिए जो सुनने वाले की आँखों के सामने वर्ण्य-विषय का चित्र सा खींच दें। मनोभाव चाहे कैसा ही अच्छा क्यों न हो यदि वह तदनुकूल शब्दों में प्रकट किया गया तो

इसका असर यदि जाता नहीं रहता तो कम जरूर हो जाता है। इसीलिए कवि को चुन-चुन कर ऐसे शब्द रखने चाहिए, और इस क्रम से रखने चाहिए जिससे उसके मन का भाव पूरे तौर पर व्यक्त हो जाय। उसमें कसर न पड़े। मनोभाव शब्दों ही के द्वारा व्यक्त होता है। अतएव युक्ति संगत शब्द-स्थापना के बिना कवि की कविता तादृश हृदय-हारिणी नहीं हो सकती। जो कवि अच्छी शब्द-स्थापना करना नहीं जानता, अथवा यों कहिए कि जिसके पास काफी शब्द-समूह नहीं है, उसे कविता करने का परिश्रम ही न करना चाहिए। जो सुकवि हैं उन्हें एक-एक शब्द की योग्यता ज्ञात रहती है। वे खूब जानते हैं कि किस शब्द में क्या प्रभाव है। अतएव जिस शब्द में उनका भाव प्रकट करने की एक बाल भर भी कमी होती है उसका कभी प्रयोग नहीं करते। आजकल के पद्य रचना-कर्त्ता महाशयों को इस बात का बहुत कम ख्याल रहता है। इसी से उनकी कविता यदि अच्छे भाव से भरी हुई हो तो भी, बहुत कम असर पैदा करती है। जो कवि प्रति पंक्ति में, निरर्थक 'सु' 'जु' और 'रु' का प्रयोग करता है वह मानो इस बात का खुद ही सर्टीफिकेट दे रहा है कि मेरे अधिकृत शब्दकोश में शब्दों की कमी है। ऐसे कवियों की कविता कदापि सर्वसम्मत और प्रभावोत्पादक नहीं हो सकती।

अँग्रेजी के प्रसिद्ध कवि मिल्टन ने कविता के तीन गुण वर्णन किए हैं। उनकी राय है कि कविता सादी हो, जोश से भरी हुई हो, और असलियत से गिरी हुई न हो।

सादगी से यह मतलब नहीं कि सिर्फ शब्द-समूह ही सादा हो, किन्तु विचार-परम्परा भी सादी हो। भाव और विचार ऐसे सूक्ष्म और छिपे हुए न हों कि उनका मतलब समझ में न आवे, या देर से समझ में आवे। यदि कविता में कोई ध्वनि हो तो इतनी दूर की न हो जो उसे समझने में गहरे विचार की जरूरत हो। कविता पढ़ने या सुनने वाले को ऐसी साफ-सुथरी सड़क मिलनी चाहिए जिस पर कंकड़, पत्थर, टीले, खन्दक, काँटे और झाड़ियों का नाम न हो। वह साफ और हमवार हो, जिससे उस पर चलने वाला आराम से चला जाय। जिस तरह सड़क जरा भी ऊँची-नीची होने से बाईसिकल (पैरगाड़ी) के सवार को दचके लगते हैं उसी तरह कविता की सड़क यदि थोड़ी भी नाहमवार हुई तो पढ़नेवाले के हृदय पर धक्का लगे बिना नहीं रहता। कविता-रूपी सड़क के इधर-उधर स्वच्छ पानी के नदी-नाले बहते हों, दोनों तरफ फलों-फूलों से लदे हुए पेड़ हों; जगह-जगह पर विश्राम करने योग्य स्थान बने हों, प्राकृतिक दृश्यों की नई-नई झाँकियाँ आँखों को लुभाती हों। दुनिया में आज तक जितने अच्छे-अच्छे कवि हुए हैं उनकी कविता ऐसी ही देखी गई है। अटपटे भाव और अटपटे शब्द प्रयोग करने वाले कवियों की कभी कद्र नहीं हुई। यदि कभी किसी की कुछ हुई भी है तो थोड़े ही दिनों तक। ऐसे कवि विस्मृति के अन्धकार में ऐसे छिप गए हैं कि इस समय उनका कोई नाम तक नहीं जानता। एक मात्र सूनी शब्द झंकार ही जिन कवियों की करामात है उन्हें चाहिए कि वे एक दम ही

बोलना बन्द कर दें।

भाव चाहे कैसा ही ऊँचा क्यों न हो, पेचीदा न होना चाहिए। वह ऐसे शब्दों के द्वारा प्रकट किया जाना चाहिए जिनसे सब लोग परिचित हों। मतलब यह कि भाषा बोलचाल की हो। क्योंकि कविता की भाषा बोलचाल से जितनी ही अधिक दूर जा पड़ती है, उतनी ही उसकी सादगी कम हो जाती है। बोलचाल से मतलब उस भाषा से है जिसे खास और आम सब बोलते हैं, विद्वान् और अविद्वान् दोनों जिसे काम में लाते हैं। इसी तरह कवि का भी ख्याल रखना चाहिए। जो मुहाविरे सर्वसम्मत हैं उन्हीं का प्रयोग करना चाहिए। हिन्दी और उर्दू में कुछ शब्द अन्य भाषाओं के भी आ गये हैं। वे यदि बोलचाल के हैं तो उनका प्रयोग सदोष नहीं माना जा सकता। उन्हें त्याज्य नहीं समझना चाहिए। कोई-कोई ऐसे शब्दों को उनके मूल-रूप में लिखना ही सही समझते हैं। पर यह उनकी भूल है। जब अन्य भाषा का कोई शब्द किसी और भाषा में आ जाता है तब वह उसी भाषा का हो जाता है। अतएव उसे उसकी मूल भाषा के रूप में लिखते जाना भाषाविज्ञान के नियमों के खिलाफ है। खुद 'मुहावरा' शब्द ही को देखिए। जब उसे अनेक लोग हिन्दी में 'मुहावरा' लिखने और बोलने लगे तब उसका असली रूप जाता रहा। वह हिन्दी का शब्द हो गया। यदि अन्य भाषाओं के बहु-प्रयुक्त शब्दों का मूल रूप ही शुद्ध माना जायगा तो घर, घड़ा, हाथ, पाँव, नाक और गश, मुसलमान, कुरान, मैगजीन, एडमिरल, लालटेन आदि शब्दों को भी उसके पूर्व में ले जाना पड़ेगा। एशियाटिक सोसाइटी के जनवरी 1907 के जर्नल में फ्रेंच और अँग्रेजी आदि यूरोपियन भाषाओं के 138 शब्द ऐसे दिये गये हैं जो फारस के फारसी अखबारों में प्रयुक्त हैं। इनमें कितने ही शब्दों का रूपान्तर हो गया है। अब यदि इस तरह के शब्द अपने मूल रूप में लिखे जायेंगे तो भाषा में इस तरह गड़बड़ पैदा हो जायेगी।

असलियत से मतलब यह नहीं कि कविता एक प्रकार का इतिहास समझा जाय और हर बात में सचाई का ख्याल रक्खा जाय। यह नहीं कि सचाई की कसौटी पर कसने पर यदि कुछ भी कसर मालूम हो तो कविता का कवितापन जाता रहे। असलियत से सिर्फ इतना ही मतलब है कि कविता बेबुनियाद न हो, उसमें जो उक्ति हो वह मानवी मनोविकारों और प्राकृतिक नियम के आधार पर कही गई हो, स्वाभाविकता से उसका लगाव न छूटा हो। कवि यदि अपनी या और किसी की तारीफ करने लगे और यदि वह उसे सचमुच ही सच समझे, अर्थात् यदि उसकी भावना वैसी ही हो, तो वह भी असलियत से खाली नहीं, फिर चाहे और लोग उसे उलटा क्यों न समझते हों। परन्तु इन बातों में भी स्वाभाविकता से दूर न जाना चाहिए। क्योंकि स्वाभाविक अर्थात् 'नेचुरल' (Natural) उक्तियाँ ही सुनने वाले के हृदय पर असर कर सकती हैं, अस्वाभाविक नहीं। असलियत को लिये हुए कवि स्वतन्त्रतापूर्वक जो चाहे कह सकता है; असल बात को एक नये साँचे में ढाल कर कुछ दूर तक

इधर-उधर भी उड़ान कर सकता है; पर असलियत के लगाव को वह नहीं छोड़ता। असलियत को हाथ से जाने देना मानो कविता को प्रायः निर्जीव कर डालना है। शब्द और अर्थ दोनों ही के सम्बन्ध में उसे स्वाभाविकता का अनुधावन करना चाहिए। जिस बात के कहने में लोग स्वाभाविक रीति पर जैसे और जिस क्रम से शब्द-प्रयोग करते हैं वैसे ही कवि को भी करना चाहिए। कविता में उसे कोई बात ऐसी न कहनी चाहिए जो दुनिया में न होती हो। जो बातें हमेशा हुआ करती हैं अथवा उन बातों का होना सम्भव है, वही स्वाभाविक हैं। अर्थ की स्वाभाविकता से मतलब ऐसी ही बातों से है। हम इन बातों को उदाहरण देकर अधिक स्पष्ट कर देते, पर लेख बढ़ जाने के डर से वैसा नहीं करते।

जोश से यह मतलब है कि कवि जो कुछ कहे, इस तरह कहे मानो उसके प्रयुक्त शब्द आप ही आप उसके मुँह से निकल गये हैं। उनसे बनावट न जाहिर हो। यह न मालूम हो कि कवि ने कोशिश करके ये बातें कही हैं; किन्तु यह मालूम हो कि उसके हृदयगत भावों ने कविता के रूप में अपने को प्रकट कराने के लिए उसे विवश किया है। जो कवि है उसमें जोश स्वाभाविक होता है। वर्ण्य वस्तु को देखकर, किसी अदृश्य-शक्ति की प्रेरणा से, वह उस पर कविता करने के लिए विवश-सा हो जाता है। उसमें एक अलौकिक शक्ति पैदा हो जाती है। इसी शक्ति के बल से वह सजीव ही नहीं, निर्जीव चीजों तक का वर्णन ऐसे प्रभावोत्पादक ढंग से करता है कि यदि उन चीजों में बोलने की शक्ति होती तो खुद वे भी इससे अच्छा वर्णन कर सकतीं। जोश से यह भी मतलब नहीं कि कविता के शब्द खूब जोरदार और जोशीले हों। सम्भव है, शब्द जोरदार न हों, पर जोश उनमें छिपा हुआ हो। धीमे शब्दों में भी जोश रह सकता है और पढ़ने या सुनने वाले के हृदय पर चोट कर सकता है। परन्तु ऐसे शब्दों का प्रयोग करना ऐसे-वैसे कवि का काम नहीं। जो लोग मोटी छुरी से तेज तलवार का काम लेना चाहते हैं, वही धीमे शब्दों में जोश भर सकते हैं।

सादगी, असलियत और जोश यदि ये तीनों गुण कविता में हों तो कहना ही क्या है। परन्तु बहुधा अच्छी कविता में भी इनमें से एक आध गुण की कमी पाई जाती है। कभी-कभी देखा जाता है कि कविता में केवल जोश रहता है, सादगी और असलियत नहीं। परन्तु बिना असलियत के जोश का होना बहुत कठिन है। अतएव कवि को असलियत का सबसे अधिक ध्यान रखना चाहिए।

अच्छी कविता की सबसे बड़ी परीक्षा यह है कि उसे सुनते ही लोग बोल उठें कि सच कहा। वही सच्चे कवि हैं जिनकी कविता सुनकर लोगों के मुँह से सहसा यह उक्ति निकलती है। ऐसे कवि धन्य हैं; और जिस देश में ऐसे कवि पैदा होते हैं वह देश भी धन्य है। ऐसे कवियों की कविता चिरकाल तक जीवित रहती है।

**[जुलाई, 1907 की 'सरस्वती' में प्रकाशित। 'रसज्ञ-रंजन में संकलित]**

# कविता

हँसना, रोना, क्रोध करना और विस्मित होना आदि व्यापार मनुष्यों में आप ही आप उत्पन्न होते हैं। उन व्यापारों के लिए जो सामग्री दरकार होती है उस सामग्री के यथा समय प्राप्त होते ही वे व्यापार आप ही आप आविर्भूत हो जाते हैं। इसके लिए और कोई प्रयत्न नहीं करना पड़ता। कविता का भी प्रकार ऐसा ही है। अन्तःकरण की वृत्तियों के चित्र का नाम कविता है। नाना प्रकार के विकारों के योग से उत्पन्न हुए मनोभाव जब मन में नहीं समाते तब वे आप ही आप मुख के मार्ग से बाहर निकलने लगते हैं, अर्थात् मनोभाव शब्दों का स्वरूप धारण करते हैं। वही कविता है। चाहे वह पद्यात्मक हो, चाहे गद्यात्मक। शब्दात्मक मनोभाव अपनी शक्ति के अनुसार सुनने वाले पर अपना प्रभाव जमाते हैं। कथा, पुराण अथवा संकीर्तन आदि के समय भक्ति-भावपूर्ण पदों को सुनकर कोई-कोई प्रेमी आनन्द में लीन हो जाते हैं। उनकी आँखों से आँसुओं की धारा बहने लगती है, यहाँ तक कि वे अपने को भूल जाते हैं। परन्तु वहीं पर, उनके पास बैठे हुए कोई महात्मा, निकटस्थ नटखट लड़कों की शरारत देख कर हँसते रहते हैं; किंवा ऊँघा करते हैं। इसका यह कारण है कि उन पदों में भरे हुए भक्तिरस को स्वीकार अथवा उपभोग करने की सामर्थ्य उनमें नहीं होती। यह कोई आश्चर्य की बात नहीं। खून के समान भारी घटनायें जिस जगह हो जाती हैं, उस जगह सब समंजस मनुष्य घबरा उठते हैं; परन्तु तीन-चार वर्ष के छोटे-छोटे लड़के वहीं आनन्द से खेला करते हैं। उन पर उस घटना का कुछ भी असर नहीं होता। अज्ञानता के कारण खून के समान भयानक घटनाओं की भयंकरता का विचार ही जब उन लड़कों के मन में नहीं आता तब उनको उस विषय में भय कैसे मालूम हो सकता है।

कवियों का यह काम है कि वे जिस पात्र अथवा जिस वस्तु का वर्णन करते हैं, उसका रस अपने अन्तःकरण में लेकर उसे ऐसा शब्द-स्वरूप दे देते हैं कि उन

शब्दों को सुनने से वह रस सुनने वालों के हृदय में जागृत हो उठता है। ऐसा होना बहुत कठिन है। सच तो यह है कि काव्य-रचना में सबसे बड़ी कठिनता जो है वह यही है। रामचन्द्र और सीता को हुए कई युग हुए। तुलसीदास को भी आज कई सौ वर्ष हुए। परन्तु उनके काव्य में किसी-किसी स्थान पर इतना रस भरा हुआ है कि उस रस के प्रवाह में पड़कर बहे बिना सहृदय मनुष्य कदापि नहीं बच सकते। रामचन्द्र के वन-गमन-समय सीता कहती हैं—

प्राणनाथ करुणायतन, सुन्दर सुखद सुजान।
तुम बिनु रघुकुल-कुमुद-विधु, सुरपुर, नरक-समान।।

मातु पिता भगिनी प्रिय भाई।
प्रिय परिवार सुहृद समुदाई।।
सासु ससुर गुरु सजन सहाई।
सुठि सुन्दर सुशील सुखदाई।।
जहँ लगि नाथ नेह अरु नाते।
पिय-बिनु तियहि तरणि ते ताते।।
तनु धन धाम धरणि पुर राजू।
पति-विहीन सब शोक समाजू।।
भोग रोग सम भूषण भारू।
यम-यातना सरिस संसारू।।
प्राणनाथ तुम बिनु जग माहीं।।
मो कहँ सुखद कबहुँ कोउ नाहीं।।
जिय बिनु देह नदी बिनु बारी।
तैसेहि नाथ पुरुष बिनु नारी।।
नाथ सकल सुख साथ तुम्हारे।
शरद–विमल–बिधु–बदन–निहारे।।

खग मृग परिजन नगर बन, बलकल बसन दुकूल।
नाथ साथ सुर-सदन-सम, पर्णशाल सुखमूल।।

बनदेवी बनदेव उदारा।
कहिहें सासु ससुर सम सारा।।
कुस-किसलय साथरी सुहाई।
प्रभु संग मंजु मनोज तुराई।।
कन्द-मूल फल अमिय अहारू।
अबध सहस सुख सरिस पहारू।।
क्षण-क्षण प्रभु-पद कमल विलोकी।
रहिहौं मुदित दिवस जिमि कोकी।।

वन दुख नाथ कहेउ बहुतेरे।
भय विषाद परिताप घनेरे।।
प्रभु-वियोग लवलेश समाना।
सब मिलि होंहिं न कृपानिधाना।।
अस जिय जान सुजान-शिरोमनि।
लेइय संग मोहि छाड़िय जनि।।
विनती बहुत करौं का स्वामी।
करुणामय उर अन्तरयामी।।
राखिय अवध जो अवधि लगि, रहित जानिये प्रान।
दीन बन्धु सुन्दर सुखद, शील-सनेह-निधान।।
मोहि मग चलत न होइहि हारी।
क्षण-क्षण चरण-सरोज निहारी।।
सबहिं भाँति प्रिय-सेवा करिहौं।
मारग-जनित सकल श्रम हरिहौं।।
पाँव पखारि बैठि तरु छाँहीं।
करिहौं वायु मुदित मन माहीं।।
श्रमकण-सहित श्याम तनु देखे।
का दुख समय प्राणपति लेखे।।
मग महि तृण-तरु-पल्लव डासी।
पाय पलोटहि सब निसि दासी।।
बार बार मृदु मूरति जोही।
लागिहि ताति बयारि न मोही।।
को प्रभु संग मोहि चितवनि हारा।
सिंह बुधहि जिमि शशक सियारा।।
मैं सुकुमारि नाथ वन-योगू।।
तुमहिं उचित तप मो कहँ भोगू।।
ऐसेहु वचन कठोर सुनि, जो न हृदय विलगान।
तौ प्रभु विषम वियोग दुख, सहिहै पामर प्रान।।
अस कहि सीय विकल भई भारी।
वचन वियोग न सकी सँभारी।।

यह पढ़ते अथवा सुनते समय सुनने वाले के हृदय में सीता की धर्मनिष्ठा और पतिपरायणता-विषयक भाव थोड़ा बहुत उद्दीपन या जाग्रत हुए बिना कभी नहीं रह सकता।

एक और उदाहरण लीजिए। पण्डित श्रीधर पाठक द्वारा अनुवादित

'एकान्तवासी योगी' में वियोगिनी पथिक-वेश-धारिणी अंजलेना अपने प्रियतम एडविन से उसी के विषय में इस प्रकार कहती है–

पहुँचा उसे खेद इससे अति, हुआ दुखित अत्यन्त उदास,
तज दी अपने मन में उसने, मेरे मिलने की सब आस।
मैं यह दशा देखने पर भी, ऐसी हुई कठोर,
करने लगी अधिक रूखापन, दिन दिन उसकी ओर।
होकर निपट निराश अन्त को, चला गया वह बेचारा;
अपने उस अनुचित घमण्ड का, फल मैंने पाया सारा।
एकाकी में जाकर उसने तोड़ जगत से नेह;
धोकर हाथ प्रीति मेरी से, त्याग दिया निज देह।
किन्तु प्रेमनिधि, प्राणनाथ को भूल नहीं मैं जाऊँगी;
प्राणदान के द्वारा उसका, ऋण मैं आप चुकाऊँगी।
उस एकान्त ठौर को मैं, अब ढूँढ़ूँ हूँ दिन रैन;
दुख की आग बुझाय जहाँ पर दूँ इस मन को चैन।
जाकर वहाँ जगत को मैं भी, उसी भाँति बिसराऊँगी,
देह गेह को देय तिलांजलि, प्रिय से प्रीति निभाऊँगी।
मेरे लिये एडविन ने ज्यों, किया प्रीति का नेम;
त्योंही मैं भी शीघ्र करूँगी, परिचित अपना प्रेम।

इसमें अंजलेना के पवित्र प्रेम और उसकी भूल के पश्चात्ताप सम्बन्धी रस को कवि ने अपने हृदय में लेकर शब्दों के द्वारा बाहर बहाया है। वह रस-प्रभाव सुनने वालों के अन्तःकरण में प्रवेश करके उपरति उत्पन्न करता है, जिसके कारण हृदय गद्गद हो उठता है और किसी-किसी के आँसू तक निकलने लगते हैं। इसका नाम कविता-शक्ति है। ऐसी ही उक्तियों को कविता कहते हैं।

एक तत्त्वज्ञानी ने तो यहाँ तक कहा है कि रस-परिपक्वता ही कविता है। उसे मुख से कहने की आवश्यकता नहीं और कागज पर लिखने की आवश्यकता नहीं। यदि नट रंग-भूमि में उपस्थित होकर, अपना मुँह ऊपर की ओर उठाकर और गर्दन हिलाकर, सभासदों को हँसा दे, तो उसके व्यापार को भी कविता कहना होगा। आजकल के विद्वानों का मत है कि अन्तःकरण में रस को उत्पन्न करके, और थोड़ी देर के लिए और बातों को भुलाकर; उदार विचारों में मन को लीन कर देना ही कविता का सच्चा पर्यवसान है। कविता द्वारा यह भासित होना चाहिए कि जो बात हो गई है वह अभी हो रही है; और जो दूर है वह बहुत निकट दिखलाई देती है।

एक पण्डित का मत है कि कविता एक भ्रम है परन्तु वह सुखदायक है। उसका अच्छी तरह उपभोग लेने के लिए थोड़ी देर तक अपनी सज्ञानता भूल जानी चाहिए। जो कुछ सीखा है उसका विस्मरण कर डालना चाहिए, और कुछ काल के लिए बालक

बन जाना चाहिए। कमल के समान आँख नहीं होती; कोकिल का-सा कण्ठ किसी का नहीं होता; जो कुछ इसमें लिखा है, झूठ है—इस प्रकार की बात मन में आते ही कविता का सारा रस जाता रहता है। कविता में जो कुछ कहा गया है उसे ईश्वर वाक्य मानकर उस का रस लेना चाहिए।

आजकल के इतिहासवेत्ताओं का कथन है कि देश में जैसे-जैसे सुधार अधिक होता है और जैसे-जैसे विद्या-बुद्धि बढ़ती जाती है; वैसे ही वैसे कविता-शक्ति भी कम होती जाती है। अब पहले के ऐसे अच्छे कवि नहीं होते। यह इस बात का प्रमाण है। यह बहुत ठीक है कि ज्यों-ज्यों हम प्राचीन काल की ओर देखते हैं त्यों-त्यों कविता विशेष रसाल दिखाई देती है। प्राचीन कवियों का सारा ध्यान अर्थ की ओर रहता था, भाषा की ओर बहुत कम रहता था। इसीलिए उनकी कविता में उनका हृद-गत-भाव बहुत ही अच्छी तरह से ग्रथित हो जाता था। परन्तु उनके अनन्तर होने वाले कवियों में प्रबन्ध, शब्द-रचना और अलंकार आदिकों की ओर ध्यान अधिक जाने से कविता में अर्थ-सम्बन्धी हीनता आ गई। एक बात और भी है। कविता के लिए एक प्रकार की भावुकता, एक प्रकार की सात्विकता और एक प्रकार का भोलापन दरकार होता है। वह समय के परिवर्तन से प्रतिदिन कम हो जाता है, इसीलिए पहले की जैसी कविता अब नहीं होती। और प्राचीन कवियों की कविता के सरस होने का एक कारण यह भी है कि किसी प्रकार की आशा के वशभीूत होकर के वे कविता न करते थे। सत्कृत्य द्वारा कालक्षेप करने, अथवा परमेश्वर को भक्ति-द्वारा प्रसन्न करने ही के लिए वे प्रायः कविता करते थे। यह बात अब बहुत कम पाई जाती है। कविता में हीनता आने का यह भी कारण है।

कविता से विश्रान्ति मिलती है। वह एक प्रकार का विराम-स्थान है। उससे मनोमालिन्य दूर होता है और थकावट कम हो जाती है। चक्की पीसने के समय स्त्रियाँ, काम करने में मजदूर आदि परिश्रम कम होने के लिए, गीत गाते हैं। जैसे मनुष्यों के लिए गाने की जरूरत है वैसे ही देश के लिए कविता की जरूरत है। प्रतिदिन नये-नये गीत बनते हैं और सब कहीं गाये जाते हैं। इसी नियमानुसार देश में समय-समय पर नई-नई कविताएँ हुआ करती हैं। यह स्वाभाविक किंवा नैसर्गिक योजना है।

**[दिसम्बर, 1903 की 'सरस्वती' में प्रकाशित तथा 'रसज्ञ रंजन' पुस्तक में संकलित।]**

# कवि बनने के लिए सापेक्ष साधन

आजकल हिन्दी के कवियों ने बड़ा जोर पकड़ा है। जिधर देखिए उधर कवि ही कवि। जहाँ देखिए वहाँ कविता ही कविता। कवि बनाने के कारखाने भी दिन-रात जारी हैं। कोई कहता है, हमारे पिंगल के प्रचार से गाँव-गाँव में कवि हो सकते हैं, कोई कहता है, हमारा काव्य-कल्पद्रुम पढ़ लेने से सैकड़ों कालिदास पैदा हो सकते हैं। कोई कहता है, हमारा काव्य-भास्कर ही कवि बनने के लिए एक मात्र साधन है। उसकी एक ही झाँकी मनुष्य को कवित्व की प्राप्ति करा सकती है। कोई कहता है, हमारी सभा की दी हुई समस्याओं की पूर्तियाँ करने से अनेक व्यास और वाल्मीकि फिर जन्म ले सकते हैं। शायद इन्हीं लोगों के उद्योग का फल है जो हिन्दी में आजकल इतने कवियों का एक ही साथ प्रादुर्भाव हो गया है। पर, इन कविता-कुबेरों के प्रादुर्भाव से सरस हृदय सज्जन बहुत तंग हो रहे हैं। जो काम बहुत कठिन समझा गया है, वह इन कवियों के लिए खेल हो रहा है। कविता करना अन्य लोग चाहे जैसा सहज समझें हमें तो यह एक तरह दुःसाध्य ही जान पड़ता है। अज्ञता और अविवेक के कारण कुछ दिन हमने भी तुकबन्दी का अभ्यास किया था। पर कुछ समझ में आते ही हमने अपने को इस काम का अनधिकारी समझा। अतएव उस मार्ग से जाना ही प्रायः बन्द कर दिया।

विक्रम के ग्यारहवें शतक में काश्मीर में, अनन्तदेव नामक एक राजा था। उसके शासन-समय में क्षेमेन्द्र नामक एक महाकवि हो गया है। वह बहुश्रुत, बहुज्ञ और बहुदर्शीविद्वान् था। उसकी प्रतिभा बड़ी ही विलक्षण थी। उसकी बुद्धि इतनी व्यापक और सूक्ष्म थी कि प्रत्येक विषय उसके लिए हस्तामलकवत् था। उसने न मालूम, कितने ग्रन्थ बना डाले। उनमें से दस-बीस तो छपकर प्रकाशित भी हो गए हैं। अपने शिष्यों की शिक्षा के लिए छोटे-छोटे ग्रन्थ तो वह हँसते-हँसते बना डालता था। जरा उसकी बुद्धि की व्यापकता तो देखिए। कभी तो आप वेदान्त पर ग्रन्थ लिखते थे,

कभी कुट्टिनियों की लीला का उद्घाटन करने के लिए 'समय मातृका' निर्माण करते थे, कभी 'दशावतार-चरित्र' लिखकर विष्णु भगवान की लीला का वर्णन करते थे, कभी बौद्ध धर्म के तत्त्वों से भरा हुआ महाकाव्य लिखते थे, कभी काव्य और छन्द-: शास्त्र पर ग्रन्थ रचना करते थे और कभी 'कलाविलास' बनाने बैठ जाते थे। इसी से कहते हैं कि क्षेमेन्द्र की प्रतिभा बड़ी प्रखर थी। क्षेमेन्द्र का 'बोधिसत्वाव दान-कल्पलता' नामक एक अपूर्व काव्य है। उसकी भाषा प्रांजल और भाव तथा कवित्व बहुत मनोहारी है। इस ग्रन्थ का एक तिब्बतीय अनुवाद, अभी कुछ ही समय हुआ, प्राप्त हुआ है। इसे बंगाल की एशियाटिक सोसाइटी प्रकाशित कर रही है। श्रीयुत शरच्चन्द्रदास इसके सम्पादक हैं।

क्षेमेन्द्र ने 'कवि कण्ठाभरण' नाम का एक छोटा-सा ग्रन्थ लिखा है। उसमें आपने बताया है कि किन साधनों से मनुष्य कवि हो सकता है और किस तरह उसकी तुकबन्दी, कविता कहलाई जाने योग्य हो सकती है। क्षेमेन्द्र खुद भी महाकवि था। अतएव उसके बताये हुए साधन अवश्य ही बड़े महत्त्व के होने चाहिए। यही समझ कर हम अपने हिन्दी के कवियों के जानने के लिए क्षेमेन्द्र के निर्दिष्ट साधनों का थोड़े में उल्लेख करते हैं।

कवि होने के लिए पाँच बातें अपेक्षित हैं। वे पाँच बातें ये हैं–

(1) कवित्व-शक्ति, (2) शिक्षा, (3) चमत्कारोत्पादन, (4) गुण-दोष-ज्ञान, (5) परिचय-चारुता।

अब इन पाँचों का संक्षिप्त सुनिए–

## कवित्व-शक्ति

किसी-किसी में कवित्व-शक्ति बीज-रूप से रहती है। उसे अंकुरित करना पड़ता है। जिसमें वह नहीं होती वह अच्छा कवि नहीं हो सकता। कवित्व-शक्ति को जागृत करने के दो उपाय हैं–दिव्य और पौरुषेय।

सरस्वती देवी क्रिया मातृका–मन्त्र जप करना, उसकी मूर्ति का ध्यान करना और उसके मन्त्र का पूजन करना इत्यादि दिव्य उपाय।

पौरुषेय उपाय यह है कि किसी अच्छे कवि को गुरु बनाकर उससे यथाविधि काव्य-शास्त्र का अध्ययन करना।

कवि बनने की इच्छा से काव्य-शास्त्र का अध्ययन करने वाले शिष्य तीन प्रकार के होते हैं–अल्प-प्रयत्न-साध्य, कृच्छसाध्य और असाध्य।

थोड़े ही अध्ययन में जो सफल-मनोरथ हो जाएँ वे अल्प-प्रयत्न-साध्य; अध्ययन में विशेष परिश्रम करने से जिन्हें इष्ट लाभ हो वे कृच्छसाध्य; जो बरसों सिर पीटने पर भी कुछ न कर सकें वे असाध्य समझे जाते हैं।

अल्प-प्रयत्न-साध्य शिष्यों के कर्त्तव्य सुनिए।

ऐसे पुरुषों को चाहिए कि वे किसी अच्छे साहित्य-ज्ञाता कवि से अध्ययन करें। जो केवल तार्किक या वैयाकरण हो उससे सदा दूर रहें। जो सरस-हृदय हो, स्वयं कवि हो, व्याकरण भी जानता हो; छन्दों-ग्रन्थों का भी पारगामी हो उसे गुरु बनाना चाहिए। अच्छे-अच्छे काव्यों को उसके मुख से सुनना चाहिए। गाथा प्राकृत तथा अन्यान्य प्रान्तीय भाषाओं के पद्यों का भी सावधान होकर श्रवण करना चाहिए। चमत्कारपूर्ण उक्तियों के विषय में चर्चा करनी चाहिए। प्रत्येक रस के आस्वादन में तन्मय हो जाना चाहिए। जहाँ जिस गुण का प्रकर्ष हो वहाँ अभिनन्दन करके आनन्दित होना चाहिए। विवेक बुद्धि द्वारा भले-बुरे काव्य को पहचानने की चेष्टा करनी चाहिए। ऐसा करते-करते कुछ दिनों में कवित्व-शक्ति अंकुरित हो उठती है और उस शक्ति से सम्पन्न होने पर कविता करने की योग्यता आ जाती है।

कृच्छसाध्य जनों को चाहिए कि कालिदास आदि सत्कवियों के सारे प्रबन्धों को आद्यन्त पढ़ें और खूब विचार-पूर्वक पढ़ें। इतिहासों का भी अध्ययन करें। तार्किकों की उग्रसन्धि से दूर ही रहें। कविता के मधुर सौरभ को उससे नष्ट होने से बचाते रहें। अभ्यास के लिए कोई नया पद्य लिखें तो महा-कवियों की शैली को सदा ध्यान में रक्खें। पुराने कवियों के श्लोकों के पाद, पद और वाक्य आदि को निकाल कर उनकी जगह पर अपने बनाये पाद और वाक्य रक्खें। अभ्यास बढ़ाने के लिए वाक्यार्थ-शून्य पद्य बनावें। कभी-कभी अन्य कवियों की रचना में फेर-फार करके, कुछ अपना कुछ उनका रख कर, नूतन अर्थ का समावेश करने की चेष्टा करें।

जो लोग किसी बड़े रोग से पीड़ित हैं; व्याकरण और तर्क शास्त्र के सतताभ्यास से जिनकी सहृदयता नष्ट हो गई है; अतएव सुकवियों की कविता सुनने से भी जिन्हें कुछ आनंद नहीं प्राप्त होता उन्हें असाध्य समझना चाहिए। उनका हृदय पत्थर के समान कड़ा हो जाता है; उनकी कोमलता बिलकुल ही जाती रहती है–

न तस्य वक्तृत्वसमुद्भवः स्याच्छिक्षाविशेषैरपि सुप्रयुक्तै।
न गर्द्दभो गायति शिक्षितोऽपि संदंशित पश्यति नार्कमन्धः।।

उसे चाहे कैसा ही अच्छा गुरु क्यों न मिले और चाहे कितनी ही अच्छी शिक्षा क्यों न दी जाय वह कवि नहीं हो सकता। सिखलाने से भी क्या गधा कभी गीत गा सकता है और हजार दफे दिखलाने से भी क्या अन्धा कभी सूर्य को देख सकता है।

## शिक्षा

कवित्व-शक्ति स्फुरित हो जाने पर क्या करना चाहिए–किस तरह की शिक्षा से उनकी प्रखरता को बढ़ाना चाहिए–सो भी सुनिए–

प्राप्त-कवित्व-शक्ति कवि को चाहिए कि वह वृत्त पूरण करने का उद्योग करे; समस्यापूर्ति करे; दूसरे की कविताओं का पाठ किया करे; काव्य के अंगों का ज्ञान

प्राप्त करे; सत्कवियों की संगति करे; महाकवियों के काव्यार्थ का विचार किया करे; प्रसन्न चित्त रहे; अच्छे वेश में रहा करे, नाटकों का अभिनय देखे, गाना सुनने का शौक रक्खे, लोकाचार का ज्ञान प्राप्त करे, इतिहास देखे, चित्रकारों के अच्छे-अच्छे चित्रों और शिल्पियों के अच्छे-अच्छे शिल्प कार्यों का अवलोकन करे, वीरों का युद्ध देखे, श्मशान और अरण्य में घूमे और आर्त्त तथा दुःखी मनुष्य के शोक-प्रलाप पूर्ण वचन सुने। इन बातों से शिक्षा प्राप्त करना उसके लिए बहुत जरूरी है।

परन्तु इतनी ही शिक्षा बस नहीं, और भी उसे बहुत कुछ करना चाहिए, उसे मीठा और स्निग्ध भोजन करना चाहिए; धातुओं को सम रखना चाहिए, कभी शोक न करना चाहिए, दिन में कुछ सो लेना चाहिए और थोड़ी रात रहे जाग कर अपनी प्रतिभा को प्रखर करना चाहिए। उस समय कुछ कविता करनी चाहिए; प्राणियों के स्वभाव की परीक्षा करनी चाहिए; समुद्रतट और पर्वतों की सैर करनी चाहिए; सूर्य, चन्द्रमा और तारागणों के स्थान और उनकी गति आदि का ज्ञान प्राप्त करना चाहिए; ऋतुओं की विशेषता और उनका भेद समझना चाहिए; सभाओं में जाना चाहिए; एक बार लिखी हुई कविता का संशोधन दो-तीन बार करके उसे खूब परिमार्जित करना चाहिए।

सुकवि होने की इच्छा रखने वाले के लिए और भी बहुत से काम हैं। उसे पराधीनता में न रहना चाहिए; अपने उत्कर्ष पर गर्व न करना चाहिए; पराये उत्कर्ष को सहने की आदत डालनी चाहिए; दूसरे की श्लाघा सुनकर उसका अभिवादन करना चाहिए, अपनी श्लाघा सुनने में संकोच करना चाहिए; व्युत्पत्ति के लिए–शिक्षा या विद्या-बुद्धि के लिए–सब की शिष्यता स्वीकार करने को तैयार रहना चाहिए, सन्तुष्ट रहना चाहिए, सत्त्वशील बनना चाहिए; किसी से यांचा न करनी चाहिए; ग्राम्या और अश्लील बात मुँह से न निकालनी चाहिए, निर्विकार रहना चाहिए; गाम्भीर्य धारण करना चाहिए; दूसरे के द्वारा किये गये आक्षेप सुनकर बिगड़ना न चाहिए और किसी के सामने दीनता न दिखानी चाहिए।

कवि के लिए क्षेमेन्द्र ने इस तरह की शतशिक्षायें दी हैं; पर उनमें से हमने यहाँ कुछ ही का उल्लेख किया है, सबका नहीं। इन शिक्षाओं या उपदेशों पर विचार करने से पाठकों को मालूम होगा कि कवि कर्म कितना कठिन है। विधाता की सारी सृष्टि का ज्ञान कवि को होना चाहिए–लोक में जो कुछ है सबसे उसे अभिज्ञता प्राप्त करनी चाहिए। प्राकृतिक दृश्यों को खुद देखना और प्राणियों के स्वभाव से भी उसे परिचित होना चाहिए। ये सब बातें इस समय कौन करता है ? फिर कहिए, कोई कवि कैसे हो सकता है ? पिंगल पढ़ लेने और काव्य-भास्कर या काव्य-कल्पतरु देख जाने से यदि कोई कवि हो सकता तो आज-कल कवि गली-गली मारे-मारे फिरते ? तुकबन्दी करना और चीज है, कविता करना और चीज।

## चमत्कारोत्पादन

शिक्षित कवि की उक्तियों में चमत्कार का होना परमावश्यक है। यदि कविता में चमत्कार नहीं कोई विलक्षणता नहीं–तो उससे आनन्द की प्राप्ति नहीं हो सकती। क्षेमेन्द्र की राय है–

"नहिं चमत्कारविरहितस्य कवेःकवित्वं
काव्यस्य वा काव्यत्वम्"।

यदि कवि में चमत्कार पैदा करने की शक्ति नहीं तो वह कवि नहीं। और यदि चमत्कारपूर्ण नहीं तो काव्य का काव्यत्व भी नहीं। अर्थात् जिस गद्य या पद्य में चमत्कार नहीं वह काव्य या कविता कविता की सीमा के भीतर नहीं आ सकता–

एक केनचिदनर्घमणिप्रभेण
काव्यं चमत्कृतिपदेन बिना सुवर्णम।
निर्दोषलेशमपि रोहति कस्य चिते,
लावण्यहीनमिव योवनमंगनानाम्।।

काव्य चाहे कैसा ही निर्दोष क्यों न हो; उसके सुवर्ण चाहे कैसे ही मनोहर क्यों न हों–यदि उसमें अनमोल रत्न के समान कोई चमत्कारपूर्ण पद न हुआ तो वह, स्त्रियों के लावण्यहीन यौवन के समान, चित्त पर नहीं चढ़ता।

कविता में चमत्कार लाना लाख पिंगल पढ़ने और रस, ध्वनि तथा अलंकारादि के निरूपक ग्रन्थों के पारायण से सम्भव नहीं। उसके लिए प्रतिभा, साधन, अभ्यास, अवलोकन और मनन की जरूरत होती है। पिंगल आदि का पढ़ना एक बहुत ही गौण बात है।

एक विरहिणी अशोक को देख कर कहती है–तुम खूब फूल रहे हो; लतायें तुम पर बेतरह छाई हुई हैं; कलियों के गुच्छे सब कहीं लटक रहे हैं, भ्रमर के समूह जहाँ-तहाँ गुंजार कर रहे हैं। परन्तु मुझे तुम्हारा यह आडम्बर पसन्द नहीं। इसे हटाओ। मेरा प्रियतम मेरे पास नहीं। अतएव मेरे प्राण कण्ठगत हो रहे हैं।

इस उक्ति में कोई विशेषता नहीं–इसमें कोई चमत्कार नहीं। अतएव इसे काव्य की पदवी नहीं मिल सकती। अब एक चमत्कारपूर्ण उक्ति सुनिये। कोई वियोगी रक्ताशोक को देखकर कहता है–नवीन पत्तों से तुम रक्त (लाल) हो रहे हो; प्रियतमा के प्रशंसनीय गुणों में भी रक्त (अनुरक्त) हूँ। तुम पर शिलीमुख (भ्रमर) आ रहे हैं; मेरे ऊपर भी मनसिज के धनुष से छूटे हुए शिलीमुख (बाण) आ रहे हैं। कान्ता के चरणों का स्पर्श तुम्हारे आनन्द को बढ़ाता है; उसके स्पर्श से मुझे भी परमानन्द होता है। अतएव हमारी तुम्हारी दोनों की अवस्था में पूरी-पूरी समता है। भेद यदि कुछ है तो इतना ही कि तुम अशोक हो और में सशोक। इस उक्ति में सशोक शब्द रखने से विशेष चमत्कार आ गया। उसने 'अनमोल रत्न' का काम किया। यह चमत्कार

किसी पिंगल-पाठ का प्रसाद नहीं और न किसी काव्यांग-विवेचन ग्रन्थ के नियम-परिपालन ही का फल है।

उस दिन हम एक महायात्रा में कुछ लोगों के साथ गंगातट तक गये थे। यात्री की मृत्यु पंचक में हुई थी। शव चिता पर रक्खा गया। अग्नि संस्कार के समय एक लकड़ी खिसकी, इससे शव का सिर हिल गया। इस पर एक आदमी बोला–लकड़ी खिसकने से सिर हिल गया। यह सुनकर दूसरा बोल उठा–नहीं-नहीं, अमुक चाचा सिर हिलाकर मना कर रहे हैं कि अग्नि संस्कार न करो, हम घनिष्टा पंचक में मरे हैं। यह उक्ति यद्यपि एक ग्रामीण की है तथापि इसमें चमत्कार है। कवि को ऐसे ही चमत्कार लाने का उद्योग करना चाहिए।

क्षेमेन्द्र ने दस प्रकार के चमत्कार बतलाये हैं और सब के उदाहरण भी दिये हैं। पर प्रबन्ध बढ़ जाने के भय से हम उनका निदर्शन नहीं करते।

## गुण-दोष-ज्ञान

काव्य के पाँच प्रकार हैं–सगुण, निर्गुण, सदोष, निर्दोष, और गुण-दोष मिश्रित। गुण तीन प्रकार के हैं–शब्द वैमल्य, अर्थवैमल्य और रसवैमल्य। दोष भी तीन प्रकार के हैं–शब्दकालुष्य, अर्थकालुष्य, रसकालुष्य। इन सबके लक्षण इनके नाम ही से व्यक्त हैं। इसलिए उदाहरण नहीं दिये जाते।

'कालिदास की निरंकुशता'* नाम के लेख में शब्द, अर्थ और रसकालुष्य के कई उदाहरण दिये हैं। काव्य के गुण-दोषों के सम्बन्ध में और भी कितनी ही बातों का विचार उस लेख में किया गया है। उसे देखने से पाठकों को क्षेमेन्द्र का अभिप्राय समझने में बहुत कुछ सहायता मिल सकती है। कवि को निर्दिष्ट दोषों से बचने का यत्न करना चाहिए। परन्तु बचेगा उनसे वही, जो उन्हें जानता होगा। अतएव कविता-विषयक गुण-दोषों का ज्ञान प्राप्त करना भी कवि के लिए आवश्यक है।

## परिचय-चारुता

कवि को सब शास्त्रों, सब विद्याओं और सब कलाओं आदि से परिचित होना चाहिए। क्षेमेन्द्र की आज्ञा है कि तर्क, व्याकरण, नाट्य-शास्त्र, काम-शास्त्र, राजनीति, महाभारत, रामायण, वेद, पुराण, आत्म-ज्ञान, धातुवाद, रतन-परीक्षा, वैदिक, ज्योतिष, धनुर्वेद गज तुरंग, पुरुष परीक्षा, इन्द्रजाल आदि सब विषयों का ज्ञान कवि को सम्पादन करना चाहिए। कवियों को पद-पद पर इनसे काम पड़ता है। जो इनसे परिचय नहीं

---

* 'कालिदास की निरंकुशता' द्विवेदीजी का पुस्तकाकार प्रकाशित लम्बा निबन्ध है।–सम्पादक

रखता वह बहुश्रुत नहीं हो सकता और विद्वानों की सभा में उसे आदर नहीं मिल सकता है। प्राचीन कवियों के काव्यों को देखने से यह साफ मालूम होता है कि वे लोग अनेक शास्त्रों के अभिज्ञ थे। इसका परिचय उन्होंने जगह-जगह पर दिया है।

क्षेमेन्द्र जब ये सब बातें लिख चुके, तब उन्हें शायद सन्देह हुआ कि उनके कथन को कोई असत्य या अतिशयोक्तिपूर्ण न समझे। अतएव उन्होंने पुस्तकान्त में लिखा है–

> कृत्वा निश्चलदैवपौरुषमयोपायं प्रसूत्यै गिरां
> क्षेमेन्द्रण यदर्जितं शुभफलं तेनास्तु काव्यार्थिनाम्।।
> निर्विघ्नप्रतिभा प्रभावसुभगा वाणी प्रमाणीकृता।
> सद्भिर्वाग्भवमन्त्रपूतविततश्रोत्रामृतस्यन्दिनी।।

अर्थात् वाणी की उत्पत्ति के लिए मैंने देव और पौरुषमय दोनों उपायों को किया है और उनसे शुभ फल की प्राप्ति भी मुझे हुई है। मेरी अब यह कामना है कि उस फल की प्रेरणा या प्रसाद से कवि होने की इच्छा रखने वालों को भी पवित्र कविता करना आ जाय। भगवान् करे, क्षेमेन्द्र की शुभकामना हमारे वर्तमान कवियों के विषय में भी फलवती हो। उनसे हमारी एक विनीत प्रार्थना है। वह यह कि यदि वे इस महाकवि के दिये हुए कण्ठाभरण को कण्ठ में न धारण करें, तो उसे फेंक भी न दें और यदि यह कुछ उनसे न हो सके, तो यह निबन्ध लिख कर हमने जो अपराध किया है उसे उदारतापूर्वक क्षमा ही कर दें।

**[जून, 1911 की 'सरस्वती' में प्रकाशित तथा 'रसज्ञ-रंजन' पुस्तक में संकलित।]**

# कविता का भविष्य

संसार परिवर्तनशील है, क्योंकि वह उन्नतिशील है। स्थिरता जड़त्व का सूचक है। जो जड़ नहीं वे जंगम हैं : उनकी गति अवरुद्ध नहीं होती। मानव-जीवन का जो स्रोत अनादि काल से बह रहा है वह उद्देश-हीन नहीं। वह किसी एक लक्ष्य की ओर जा रहा है। परन्तु उसका प्रवाह कभी पहाड़ों, कभी जंगलों और कभी समतल भूमि से होकर बहता है। अब तक असंख्य मनुष्य इस स्रोत में बह कर काल के अनन्त गर्भ में लीन हो गये हैं। परन्तु उनमें से कुछ लोग इस स्रोत में अपना चिह्न छोड़ गये हैं। उनके भाव और विचार भाषा के रूप में अभी तक वर्तमान हैं। जो भाषा आज हम बोल रहे हैं वह हमारी पैतृक सम्पत्ति है–हमारे पूर्वजों की अर्जित की हुई है। ज्यों-ज्यों नये-नये भावों की वृद्धि होती जाती है त्यों-त्यों भाषा के रूप में परिवर्तन होते जाते हैं। अनन्त काल से मनुष्य अपने भावों की अभिव्यक्ति के लिए चेष्टा करते आ रहे हैं। हमारी वर्तमान भाषा उसी का परिणाम है। भविष्य में उसका क्या रूप होगा, यह कोई नहीं कह सकता।

भाषा की उन्नति के साथ ही साथ कविता की उन्नति होती है। कविता है भावों की अभिव्यक्ति। कवि अपने समय का प्रतिनिधि-स्वरूप होता है। इसलिए उसकी कृति में उस समय के भावों का प्रतिबिम्ब लक्षित हो जाता है। अभी जितने काव्य उपलब्ध हैं उनके द्वारा हम यह जान सकते हैं कि किस समय किस भाव की प्रधानता थी। अतीत को देख कर और वर्तमान से उसकी तुलना करके हम भविष्य के विषय में कुछ अनुमान कर सकते हैं। प्राचीन कविता के साथ आधुनिक कविता की तुलना करके हम इतना अवश्य कह सकते हैं कि भविष्य में उसका रूप कैसा होगा। यहाँ हम यह बतलाने की चेष्टा करेंगे कि प्राचीन काल में कविता की गति किधर थी, उसे आधुनिक रूप कैसे प्राप्त हुआ और अब उसकी गति किस ओर है।

संसार में प्रविष्ट होते ही मनुष्य जब बाह्य जगत् पर दृष्टिपात करता है, तब

वह एक बार ही आश्चर्य-सागर में डूब जाता है। अनन्त नभोमण्डल पर देदीप्यमान असंख्येय नक्षत्र-समूह, पृथ्वी पर अभ्रभेदिनी पर्वतमाला, असीम जलराशि, प्रकाण्ड ज्वालामुखी और भीषण जल-प्रपात आदि दृश्यों को देख कर कौन मनुष्य विस्मय-विमुग्ध न होगा ? विधाता ने इतना बड़ा आयोजन किसके लिए किया है ? ये सब हैं क्या ? यह सब जानने के लिए मनुष्यों का मन अवश्य ही उत्सुक हुआ होगा। सबसे पहले उन्होंने इन्हीं भावों को व्यक्त करने की चेष्टा की है। संसार के प्राचीनतम काव्यों में इन्हीं की प्रधानता है।

विस्मय हमें तभी होता है जब हम किसी बात को नहीं समझ सकते। सबसे पहले प्रकृति का पर्यवेक्षण करके मनुष्य विस्मित होता है, क्योंकि उसके लिए प्रकृति रहस्यपूर्ण रहती है। जब यह विश्व के रहस्य का उद्घाटन करने में समर्थ नहीं होता तब वह प्रकृति में एक दिव्य, अनिर्वचनीय शक्ति का अनुभव करने लगता है। इसी समय देवताओं की कल्पना की जाती है। मनुष्य जल में वरुण को प्रत्यक्ष देखता हैं, अनन्त नभोमण्डल में वह मूर्तिमान् इन्द्र का दर्शन करता है और पवन के शीतल स्पर्श में वह दयामय जगदीश्वर के कर-स्पर्श का अनुभव करता है। इस प्रकार प्रकृति को सजीव करके वह उससे अपना घनिष्ठ सम्बन्ध जोड़ लेता है। होमर के काव्यों में देवताओं और मनुष्यों का जो सम्मिलन हुआ है वह ऐसे ही समय में सम्भव जान पड़ता है। उत्तर-पश्चिम योरप में जो प्राचीन गाथाएँ प्रचलित हैं उनमें भी प्रकृति की शक्ति का अनुभव करके देवताओं की कल्पना की गई है।

प्रकृति की दो शक्तियाँ हैं अथवा यह कहना चाहिए कि उसके दो रूप हैं। एक तो दया-पूर्ण, दूसरा भयंकर। प्रकृति उत्पन्न भी करती है और संहार भी। जब मनुष्य उसकी सर्वसंहारिणी शक्ति का अनुभव करता है–जब वह देखता है कि प्रकृति के सामने उसकी शक्ति अगण्य है–तब उसके भावों का रूप बदल जाता है। ग्रीस के देवताओं का जैसा चित्रण किया गया है उससे यह मालूम होता है कि वे मनुष्यों से थोड़ी भी सहानुभूति न रखते थे। संसार उनका क्रीड़ाक्षेत्र था। मनुष्य उनकी क्रीड़ा का एक साधन-मात्र था। मानव-जीवन पर किसी अदृष्ट शक्ति का आधिक्य प्रदर्शित करने के लिए वियोगान्त नाटकों की सृष्टि की गई है। किसी-किसी कवि के दुःखान्त नाटकों में यही भाव स्पष्टतया दिखलाया गया है। मनुष्यों के जीवन में एक शक्ति काम कर रही है। वह अनुलंघनीय है। उससे आहत होकर क्षुद्र मनुष्य पल भर में नष्ट हो जाता है। प्रकृति से मनुष्य का साहचर्य सम्भव नहीं। उससे सर्वदा संग्राम करना पड़ता है।

ज्यों-ज्यों मानव-समाज की वृद्धि होती है त्यों-त्यों उसकी अन्तर्हित शक्ति का स्फुरण होता है। कुछ लोग ऐसे भी पैदा हो जाते हैं जिनकी शक्ति अलौकिक मानी जाती है। वे अपनी इस शक्ति से जगत् का कल्याण-साधन कर जाते हैं। तब उनका भी यशोगान होता है। यही कविता का प्रारम्भिक काल है। भारतवर्ष में

रामायण और महाभारत और योरप में होमर के इलियड और ओडेसी काव्य इसके प्रत्यक्ष प्रमाण हैं।

परन्तु यहाँ हमें एक बात ध्यान में रखनी चाहिए। सभी देशों में, सभी कालों में, कवियों का कार्य-क्षेत्र एक सा नहीं रहता। सच तो यह है कि कवि का कार्य-क्षेत्र क्या है, यह कहना बड़ा कठिन है। आज तक जितने कवि हुए हैं, उन्होंने एक ही पथ का अनुसरण नहीं किया। सबके आदर्श भिन्न-भिन्न थे। महाकवि वाल्मीकि ने अपनी रामायण की रचना में जो आदर्श रक्खा था वह कालिदास और भारवि के महाकाव्यों में नहीं। योरोपीय साहित्य में होमर का जो आदर्श था वह पोप, वर्डस्वर्थ अथवा टेनीसन की रचनाओं में नहीं पाया जाता। यहाँ हम किसी कवि की क्षुद्रता अथवा महत्ता पर विचार नहीं कर रहे। हम तो यहाँ सिर्फ उनके आदर्शों पर विचार कर रहे हैं। इन सब कवियों की कृतियों पर थोड़ा भी ध्यान देने से यह निश्चय हो जाता है कि इन्होंने अपने-अपने देश और काल की रुचि का खयाल करके भिन्न-भिन्न आदर्शों का अनुसरण किया है। यही उचित भी है। कवि को अनुकरण न करना चाहिए; उसे कोई नई बात पैदा करनी चाहिए। जिस पथ पर एक कवि को सफलता हुई है उसी पर चल कर दूसरा भी कवि हो सके, यह सम्भव नहीं। देश-काल में भेद पड़ जाने पर कभी-कभी तो ऐसा करना अत्यन्त उपहासास्पद हो जाता है। अँगरेजी-साहित्य के इतिहास में एक ऐसा उदाहरण है भी। प्रसिद्ध लेखक एडिसन के समय में ड्यूक आफ मार्लबरा के विजय प्राप्त करने पर एक काव्य लिखा गया था। उसमें कवि ने ड्यूक को होमर के वीरोचित गुणों से युक्त करके कवच और सन्नाह धारण करा कर युद्धभूमि में; अग्रगामी योद्धा के वेश में, उपस्थित कराया था। प्राचीन काल में वीरता के आदर्श राम और हेक्टर थे। पर अब तो नेपोलियन के समान मनुष्य ही विश्वविजयी हो सकते हैं। इसलिए होमर अथवा वाल्मीकि के युद्ध-वर्णन का आदर्श आधुनिक कवियों के काम का नहीं। आदर्श तो बदलते ही हैं; विषय भी परिवर्तित होते रहते हैं। जिन विषयों को प्राचीन कवि पद्यबद्ध करने योग्य नहीं समझते थे उन पर आधुनिक कवि काव्य-रचना करते हैं। अतएव यह निर्णय करना बड़ा कठिन है कि कवि का कार्यक्षेत्र क्या है।

कहते हैं कि कल्पना ही कवि का कार्य-क्षेत्र है, सत्य नहीं; सौन्दर्य है, ज्ञान नहीं; हृदय है, मस्तिष्क नहीं; भाव है, विवेक नहीं। भावों की यह प्रधानता सिर्फ काव्य में ही नहीं मानी जाती, किन्तु सभी ललित-कलाओं में भावों का प्राधान्य माना जाता है। भावों के आविष्करण को कला कहते हैं। पर आप किसी भी कला को लीजिए। उसमें विशेषत्व प्राप्त करने के लिए एक विशेष शिक्षा की आवश्यकता होती है। जब तक उसका निर्दिष्ट ज्ञान नहीं होता तब तक उसमें सफलता-प्राप्ति नहीं होती। ज्ञान के विकास से भावों का विकास होता है। यदि यह बात न होती तो कवि अपने बाल्यकाल में ही उत्तमोत्तम कविता लिख डालता और इटली के रैफल नामक प्रसिद्ध

चित्रकार के सबसे उत्तम चित्र उसके बाल्यकाल में ही अंकित हुए होते, क्योंकि बाल्यकाल में भावों का जितना प्राबल्य रहता है उतना प्रौढ़ावस्था में नहीं। सच तो यह है कि ज्ञान की ऊर्जितावस्था में ही कला का सबसे अच्छा विकास होता है। हृदय के साथ मस्तिष्क की पुष्टि होने पर भावों की उत्तम अभिव्यक्ति होती है।

यदि हमारा यह सिद्धान्त ठीक है तो हमें कहना चाहिए कि विज्ञान के विकास से कला का ह्रास नहीं, प्रत्युत वृद्धि होती है। लार्ड मेकाले ने मिल्टन के विषय में कहा है कि मिल्टन उस युग में हुआ जब कविता का समय गुज़र चुका था। पर हम समझते हैं कि मिल्टन का उदय अपने ही उपयुक्त समय में हुआ। उसके काव्यों में भावों की जो गम्भीरता और भाषा की जो प्रौढ़ता है वह उसी के युग के अनुकूल है। भारतीय साहित्य के इतिहास पर एक बार दृष्टि डालिए। वीर-रसात्मक काव्य के अन्तिम कवि व्यास थे। उनके बाद कोई भी कवि वीर-रस की कविता लिखने में यथेष्ट समर्थ नहीं हुआ। इसका कारण यह है कि व्यवसाय की समृद्धि के साथ ही साथ विलासिता की वृद्धि होती है। उसके दो परिणाम होते हैं। एक तो विलासिता से विरक्ति और दूसरी उससे अनुरक्ति। अतएव शान्ति के समय में वैराग्य-रस अथवा शृंगार-रस की ही कविताएँ लिखी जाती हैं। जब जाति में संघर्षण रहता है—परस्पर द्वन्द्व-युद्ध चलता है—तब वीर रस की कविता का समय आता है। मिल्टन के शैतान का व्याख्यान इंग्लैण्ड के विप्लव-युग के लिए उपयुक्त था। चन्द का रासो और भूषण की कविता अपने युग के अनुकूल ही थी। क्षीणशक्ति और राजनैतिक स्वत्व से हीन हिन्दू-जाति भगवान का आश्रय खोजे और भक्ति-रस के काव्यों में तल्लीन हो जाय तो आश्चर्य नहीं है।

हम कह आये हैं कि काव्यों में भावों का आधिपत्य स्वीकृत किया जाता है परन्तु क्या काव्य में और क्या अन्य ललित-कलाओं में, सभी में, भावों के स्पष्टीकरण से चरम सत्य का ही विकास होता है। इसमें सन्देह नहीं कि कविता का सत्य दर्शन-शास्त्र या विज्ञान का सत्य नहीं है और न उसमें वह सत्य है जो किसी धर्म अथवा मत विशेष से स्पष्ट किया जाता है। उसमें सत्य का प्रकाश कुछ दूसरी ही रीति से होता है। कवि किसी भी मत का अनुयायी हो, कोई भी सिद्धान्त मानता हो, पर ज्यों ही वह अपने सिद्धान्तों को पद्यबद्ध करता है अथवा वर्डस्वर्थ या ड्राइडना के समान पद्यों में धार्मिक शिक्षा देना चाहता है त्यों ही वह कवि के उच्च आसन से गिर जाता है। कवि का काम न तो शिक्षा देना है और न दार्शनिक स्थलों की व्याख्या करना है। उसके हृदय से तो वह ज्ञान हृदगत होना चाहिए जिससे समस्त मानव-जाति की हृत्तन्त्री में विश्व-वेदना का स्वर बज उठे।

मनुष्यों में ईश्वरदत्त शक्तियों में से वाणी की महिमा सबसे अधिक है। हिन्दू-मात्र उसे साक्षात् देवी सरस्वती के रूप में उपास्य समझते हैं। संसार के बाल्यकाल से लेकर आज तक इसी वाणी का ही विकास होता जा रहा है। जब भावों

की वृद्धि होती है तब भाषा में रूपान्तर होता है। जब कोई भाषा भाव-ग्रहण करने में असमर्थ होती है तब उसका अन्त हो जाता है और उसका आसन दूसरी भाषा ले लेती है। यही कारण है कि भाषा एक सी कभी नहीं रहती। उन्नतिशील मानव-जाति के लिए भाषा में परिवर्तन होते रहना आवश्यक है। सारांश यह कि सभी भाषाएँ सभी भावों को व्यक्त करने में समर्थ नहीं होतीं। यही कारण है कि भिन्न-भिन्न भाषाओं में भिन्न-भिन्न स्वर प्रकट होते हैं। भारतीय भाषाओं में जो भाव व्यक्त हो सकते हैं वे भाव योरोपीय भाषाओं में भली भाँति व्यक्त नहीं होंगे। तो भी इतना हम अवश्य कहेंगे कि भाव-स्रोत की एक ही धारा एक ही समय में सर्वत्र बहती है। प्राचीन काल में सभी कवि प्रकृति की देदीप्यमान शक्तियों का गान करते हैं। इसके बाद कवि वीरों का यशोगान करते हैं। इसके बाद नाटकों की सृष्टि होती है। फिर शृंगार-रस पर काव्य-रचना होती है, भाषा का माधुर्य बढ़ता है, अलंकारों की ध्वनि सुन पड़ती है और पद-नैपुण्य प्रदर्शित किया जाता है। इसके बाद सांसारिक विषयों से घृणा होती है। भक्ति के उन्मेष में कोई प्रकृति का आश्रय लेता है, कोई प्राचीन आदर्शों का।

बाह्य-प्रकृति के बाद मनुष्य अपने अन्तर्जगत् की ओर दृष्टिपात करता है तब साहित्य में कविता का रूप परिवर्तित हो जाता है। कविता का लक्ष्य 'मनुष्य' हो जाता है। संसार से दृष्टि हटा कर कवि व्यक्ति पर ध्यान देता है। तब उसे आत्मा का रहस्य ज्ञात होता है। वह सान्त में अनन्त का दर्शन करता है और भौतिक पिण्ड में असीम ज्योति का आभास पाता है।

भविष्य कवि का लक्ष्य इधर ही होगा। अभी तक वह मिट्टी में सने हुए किसानों और कारखाने से निकले हुए मैले मज़दूरों को अपने काव्य का नायक बनाना नहीं चाहता था। वह राजस्तुति, वीर-गाथा अथवा प्रकृति-वर्णन में ही लीन रहता था। परन्तु अब वह क्षुद्रों की भी महत्ता देखेगा और तभी जगत् का रहस्य सबको विदित होगा। जगत् का रहस्य क्या है, इस पर एक ने कहा है कि असाधारणता में यह रहस्य नहीं है। जो साधारण है वही रहस्यमय है : वही अनन्त सौन्दर्य से युक्त है। इसी सौन्दर्य को स्पष्ट कर देना भविष्य-कवियों का काम होगा।

**[सितम्बर, 1920 की 'सरस्वती' में प्रकाशित। असंकलित। ]**

# नायिका-भेद

औपन्यासिक पुस्तकों के लिए केवल काशी ही, और तान्त्रिक पुस्तकों के लिए केवल मुरादाबाद ही, इस समय प्रसिद्ध हो रहे हैं। परन्तु नायिका-भेद और नख-शिख वर्णन के लिए यह देश का देश ही, किसी समय प्रसिद्ध था। देश से हमारा अभिप्राय उन प्रान्तों से है जहाँ हिन्दी बोली जाती है और जहाँ हिन्दी में ही कवियों की कविता-स्फूर्ति का प्रकाश होता है। राजाश्रय मिलने की देरी, राजाओं को सब प्रकार की नायिकाओं के रसास्वादन का आनन्द चखाने के लिए कविजी को देरी नहीं। 10 वर्ष की अज्ञात-यौवना से लेकर 50 वर्ष की प्रौढ़ा तक के सूक्ष्म से सूक्ष्म भेद बतलाकर और उनके हाव-भाव, विलास आदि की सारी दिनचर्या वर्णन करके ही कविजन सन्तोष नहीं करते थे। दुराचार में सुकरता होने के लिए दूती कैसी होनी चाहिए, मालिन, नाइन, धोबिन इत्यादि में से इस काम के लिए कौन सबसे अधिक प्रवीण होती है, इन बातों का भी वे निर्णय करते थे। नायक के सहायक बिट और चेटक आदि का भी वर्णन करने में वे नहीं चूकते थे। इस प्रकार की पुस्तकों अथवा कविताओं का बनना अभी बन्द नहीं, वे बराबर बनती जाती हैं। तथापि पहले बहुत बनती थीं इसीलिए हमने भूतकाल का प्रयोग किया है।

सब नायिकाओं में नवोढ़ा अधिक भली होने के कारण किसी ने, अब कुछ ही वर्ष हुए, एक 'नवोढ़ादर्श' नाम की पुस्तक, अकेले नवोढ़ा ही नायिका की महिमा से आद्योपान्त भर कर प्रकाशित की है। समस्या पूर्ति करने वाले कवि समाजों और कवि-मण्डलों का तो नायिका-भेद जीवन सर्वस्व हो रहा है। सुनते हैं 'सुकवि-सरोज-विकास' में भी नायिका-भेद ही है। नवोढ़ाओं और विश्रब्ध नवोढ़ाओं ही की कृपा से हमारी भाषा की कविता-लता सूखने नहीं पाई। कविजन अब तक उसे अपने काव्य-रस से बराबर सींच रहे हैं और मुग्धमति युवक उसकी शीतल छाया में शयन करके विषयाकृष्ट हो रहे हैं।

इस निबन्ध का नाम 'नायिका-भेद' पढ़ कर नायिका-भेद के भक्तों को यदि यह आशा हुई हो कि इसमें नवोढ़ा के सुरतान्त और प्रौढ़ा के पुरुषायित-सम्बन्ध में कोई नवीन युक्ति उन्हें सुनने को मिलेगी तो उनको अवश्य हताश होना पड़ेगा। परन्तु हताश क्यों होना पड़ेगा ? आज तक नायिकाओं का क्या कुछ कम वर्णन हुआ है ? इस विषय में, हिन्दी-साहित्य में, जो कुछ विद्यमान है उससे भी यदि उनकी काव्य-रस पीने की तृषा शान्त हो तो हम यही कहेंगे कि उनके उदर में बड़वानल ने निवास किया है।

ऋषियों के बनाये हुए संस्कृत-ग्रन्थों तक में नायिकाओं के भेद कहे गये हैं, परन्तु पद्माकर और मतिराम आदि के ग्रन्थों का जैसा विस्तार वहाँ नहीं है। नायिकाओं की भेद-भक्ति हमारे यहाँ बहुत प्राचीन काल से चली आई है। कालिदास के काव्यों में भी नायिकाओं के नाम पाये जाते हैं।

निद्रावशेन भवताप्यन वेक्षमाणा
पर्य्युत्सुकत्वमबला निशि खण्डितेव।
लक्ष्मीर्विनोदयति येन दिगन्तलम्बी
सोऽपि त्वदाननरुचिं विजहाति चन्द्रः।

—रघुवंश, सर्ग 5

यहाँ खण्डित नायिका का नाम आया है। संस्कृत में ऐसी अनेक पुस्तकें हैं जिनमें नायिकाओं की विभाग-परम्परा और उनके लक्षणों का विवरण है। तथापि हिन्दी-पुस्तकों की जैसी प्रचुरता संस्कृत में नहीं है। दशरूपक और साहित्य-दर्पण इत्यादि में प्रसंगवश इस विषय का प्रचार हुआ है, परन्तु वे बिचारे गौण हैं, मुख्य नहीं। जिसमें केवल नायिकाओं का ही वर्णन हो, ऐसी पुस्तक संस्कृत में एक 'रस मंजरी' ही हमारे देखने में आई है। मिथिला के रहने वाले पं. भानुदत्त ने उसे बनाया है। भानुदत्त के अनुसार नायिकाओं के 1152 भेद हो सकते हैं। इस पुस्तक में उन्होंने नायिकाओं का यद्यपि बहुत विस्तृत वर्णन किया है; तथापि उनका वर्णन संस्कृत में होने के कारण इतने उद्वेगजनक और हानिकारक नहीं जितना सुरतारम्भ, सुरतान्त और 'विपरीत' में विलग्न होने वाले हमारे हिन्दी-कवियों का है। इस विषय में हिन्दी-पुस्तकों का प्राचुर्य देख कर यही कहना पड़ता है कि इस अल्पोपयोगी नायिका-भेद में संस्कृत-कवियों की अपेक्षा हमारी भाषा के कवियों और भाषा की कविताओं के प्रेमियों की सविशेष रुचि रहती आई है। नगरों की बात जाने दीजिए, छोटे-छोटे गाँवों तक में, साठ-साठ वर्ष के बुड्ढों को भी नायिका-भेद की चर्चा करते और ज्ञात-यौवना और अज्ञात-यौवना के अन्तर के तारतम्य पर वक्तृता देते हमने अपनी आँखों देखा है।

निश्चयात्मकता से हम यह नहीं कह सकते कि नायिका-भेद की उत्पत्ति कब से हुई और क्यों हुई ? वात्स्यायन मुनिकृत 'काम-सूत्र' बहुत प्राचीन ग्रन्थ है। उसमें

नायिका और नायिकाओं के सामान्य भेद कहे गये हैं। ये भेद वैसे ही हैं जैसे इस प्रकार की पुस्तकों में हुआ करते हैं। वह आडम्बर और वह अश्लीलता जो आजकल के नायिका-भेद में पायी जाती है, वहाँ बिलकुल नहीं। जान पड़ता है, इसी प्रकार के ग्रन्थ नायिका-भेद की उत्पत्ति के कारण हैं। सम्भवतः इन्हीं को देखकर नायिकाओं के पक्षपातियों ने इसे पृथक् विषय निश्चित करके पृथक्-पृथक् अनेक ग्रन्थ रच डाले और सैकड़ों, नहीं हजारों, भेद उत्पन्न करके सब रसों का राज विस्तार बहुत ही विशेष बढ़ा दिया। नायिकाएँ ही शृंगार-रस की अवलम्बन हैं, और शृंगार-रस ही सब रसों का राजा है। राजा का जीवन ही जब इन नायिकाओं पर अवलम्बित है, तब कहिए क्यों हमारे पुराने साहित्य में इनकी इतनी प्रतिष्ठा न हो ? इनकी कीर्ति का कीर्तन करके क्यों कविजन अपनी वाणी को सफल न करें ? और इन्हीं की बदौलत नाना प्रकार के पुरस्कार पाकर क्यों न वे अपने को कृत-कृत्य मानें ?

कृष्ण, राधा, गोपिका, वृन्दावन, यमुना, कुंजकुटीर आदि ने नायिका-भेद के वर्णन में विशेष सहायता पहुँचाई है; परन्तु यदि कोई यह कहे कि यह भेद-वर्णन राधा-कृष्ण के उपासनातत्त्व से सम्बन्ध रखता है तो उनका कथन कदापि मान्य नहीं हो सकता। नायिकाओं में 'सामान्य' एक ऐसा भेद है जिसमें कृष्ण का कोई सम्पर्क नहीं, और नायिका-भेद के आचार्यों ने कृष्ण की नायिकओं के भेद नहीं किए, किन्तु सामान्य रीति से नायिका-मात्र को भेद-परम्परा बतलाई है। अतएव कृष्ण के उपासकों के लिए इस विषय पर कृष्ण का सम्बन्ध न बतलाना ही अच्छा है।

जहाँ तक हम देखते हैं स्त्रियों के भेद-वर्णन से कोई लाभ नहीं, हानि अवश्य है; और बहुत भारी हानि है। फिर हम नहीं जानते, क्या समझ कर लोग इस विषय के इतना पीछे पड़े हुए हैं। आश्चर्य इस बात का है कि इस भेद-शक्ति के प्रतिकूल आज तक किसी ने चकार तक मुख से नहीं निकाला। प्रतिकूल कहना तो दूर रहा, नायिकाओं की नई-नई चेष्टाओं का वर्णन करने वालों को प्रोत्साहन और पुरस्कार तक दिया गया है। इस प्रोत्साहन का फल यह हुआ कि नवोढ़ा आदि नायिकाओं के सम्बन्ध में कवियों को अनन्त स्वप्न देखने पड़े हैं। हिन्दी के समान बंगला, मराठी, गुजराती भाषाएँ भी संस्कृत से निकली हैं, परन्तु इन भाषाओं में नायिकाओं का कहीं भी उतना साम्राज्य नहीं, जितना हिन्दी में है। हिन्दी में इनका आधिक्य क्यों ? जान पड़ता है, और कहीं भी ठहरने के लिए सुखदाई स्थान न पाकर बेचारे नायिका-भेद ने विवश होकर, हिन्दी का आश्रय लिया है। इस विस्तृत विश्व में ईश्वर ने इतने प्रकार के मनुष्य, पशु, पक्षी, वन, निर्झर, नदी, तड़ाग आदि निर्माण किये हैं कि यदि सैकड़ों कालिदास उत्पन्न होकर अनन्त काल तक उन सबका वर्णन करते रहें तो भी उनका अन्त न हो। फिर हम नहीं जानते और विषयों को छोड़ कर नायिका-भेद सदृश अनुचित वर्णन क्यों करना चाहिए ? इस प्रकार की कविता करना वाणी की विगर्हणा है।

अब देखिये, इस प्रकार की पुस्तकों में लिखा क्या रहता है। लिखा रहता है परकीया (पर स्त्री) और वेश्याओं की चेष्टा और उनके कलुषित कृत्यों के लक्षण और उदाहरण ! परकीया के अन्तर्गत अविवाहित कन्याओं के पापाचरण की कथा !! पुरुषमात्र में पतिबुद्धि रखने वाली कुलटा स्त्रियों के निर्लज्ज और निरर्गल प्रलाप !!! और भी अनेक बातें रहती हैं। विरह-निवेदन करने अथवा परस्पर मेल करा देने के लिए दूतों और दूतियों की योजना का वर्णन रहता है, वेश्याओं को बाजार में बिठला कर उनके द्वारा हजारों के हृदय-हरण किये जाने की कथा रहती है। परकीयाओं के द्वारा, कबूतर के बच्चे की जैसी कूजित के मिष, पुरुषों के आह्वान की कहानी रहती है। कहीं कोई नायिका अंधेरे में यमुना किनारे दौड़ी जा रही है, कहीं कोई चाँदनी में चाँदनी ही के रंग की साड़ी पहन कर घर से निकल, किसी लता-मण्डप में बैठी हुई किसी के मार्ग की प्रतीक्षा कर रही है, कहीं कोई अपनी सास को अन्धी और अपने पति को विदेश गया बतलाकर द्वार पर आये हुए पथिक को रात भर विश्राम करने के लिए प्रार्थना कर रही है, कहीं कोई अपने प्रेम-पात्र के पास गई हुई सखी के लौटने में विलम्ब होने से कातर होकर आँसुओं की धारा से आँखों का काजल बहा रही है !!! यही बातें विलक्षण उक्तियों के द्वारा, इस प्रकार की पुस्तकों में विस्तारपूर्वक लिखी गई हैं। सदाचरण का सत्यानाश करने के लिए क्या इससे भी बढ़कर कोई शक्ति हो सकती है ? युवकों को कुपथ पर ले जाने के लिए क्या इससे भी अधिक बलवती और कोई आकर्षण युक्ति हो सकती है ? हमारे हिन्दी साहित्य में इस प्रकार की पुस्तकों का आधिक्य होना हानिकारक है; समाज के सच्चरित्र की दुर्बलता का दिव्य चिह्न है। हमारी स्वल्प-बुद्धि के अनुसार इस प्रकार की पुस्तकों का बनना शीघ्र ही बन्द हो जाना चाहिए, और यही नहीं, किन्तु आज तक ऐसी-ऐसी जितनी इस विषय की दूषित पुस्तकें बनी हैं उनका वितरण होना भी बन्द हो जाना चाहिए। इन पुस्तकों के बिना साहित्य को कोई हानि नहीं पहुँचेगी; उलटा लाभ होगा। इसके न होने से भी समाज का कल्याण है। इसके न होने से ही नववयस्क मुग्धमति युवाजनों का कल्याण है। इनके न होने से ही इनके बनाने और बेचने वालों का कल्याण है।

जिस प्रकार नायिका के अनेक भेद कहे गये हैं और भेदानुसार उनकी अनेक चेष्टाएँ वर्णन की गई हैं, उसी प्रकार पुरुषों के भी भेद और चेष्टा-वैलक्षण्य का वर्णन किया जा सकता है। जब नवोढ़ा और विश्रब्ध नवोढ़ा नायिका होती है तब नवोढ़ और विश्रब्ध नवोढ़ नायक भी हो सकते हैं। वासकसज्जा, विप्रलब्ध और कलहान्तरिता नायिका के समान वासकसज्जा, विप्रलब्ध और कलहान्तरित नायक होने में क्या आपत्ति हो सकती है ? कोई नहीं। क्या स्त्री ही अज्ञात यौवना होती है ? पुरुष अज्ञात-यौवना नहीं होता ? 'रसमंजरी' वाले कहते हैं कि स्वभाव भेद से पुरुषों के चार ही भेद होते हैं–अर्थात् अनुकूल, दक्षिण, धृष्ट और शठ, परन्तु

अवस्था-भेद से स्त्रियों के अनेक भेद होते हैं। यह बात हमारी समझ में नहीं आती। मनोविकार दोनों में प्रायः एक ही से होते हैं। जिस प्रकार के लक्षण और उदाहरण नायिकाओं के विषय में लिखे गये हैं, उसी प्रकार के लक्षण और उदाहरण प्रायः पुरुषों के विषय में भी लिखे जा सकते हैं। परन्तु हमारी भाषा के कवियों ने नायकों के ऊपर इस प्रकार की पुस्तकें नहीं लिखीं। इसलिए हम उनको अनेक धन्यवाद देते हैं। यदि कहीं वे इस ओर भी अपनी कवित्व-शक्ति की योजना करते तो हमारा कविता-साहित्य और भी अधिक चौपट हो जाता।

**[जून, 1901 की 'सरस्वती' में प्रकाशित तथा 'रसज्ञ-रंजन' पुस्तक में संकलित।]**

# कवि सम्मेलन

कवित्व शक्ति की प्राप्ति, प्रकृति या परमेश्वर की कृपा ही से होती है। उसे उसका अलौकिक दान कहना चाहिए। आचार्य्यों ने कवि को द्वितीय ब्रह्मदेव माना है। ब्रह्मा के सदृश ही कवि भी अपनी एक जुदा ही सृष्टि की रचना कर सकता है और करता है। वह चाहे तो क्षुद्र जनों के स्वल्प यशःसौरभ को भी सर्वत्र फैला दे और प्रतापियों की प्रताप-राशि पर भी कलंक की कालिमा लगा दे। वह अपनी कवित्व-शक्ति के बल पर राज-राजेश्वरों को भी कुछ नहीं समझता। राजे–और चक्रवर्ती राजे–कुछ सृष्टि-रचना तो कर सकते नहीं। कुछ ही समय तक वे अपने बल और वैभव, यश और प्रताप की कला का चमत्कार दिखाकर इस लोक से तिरोहित हो जाते हैं। और कवि ? कवि की कीर्ति तो अनन्त काल तक बनी रहती है। नद, नदी, देश, महादेश और गगनचुम्बी पर्वत नष्ट हो जाते हैं; परन्तु वह नष्ट नहीं होती। हाँ, वह अनुकूलता की प्राप्ति की मुखापेक्षिणी जरूर होती है।

कवि की शक्ति और प्रभुता की इयत्ता नहीं। प्रकृत कवि क्या नहीं कर सकता ? वह रोते हुओं को हँसा सकता है और हँसते हुओं को रुला सकता है। कायरों की रगों में वह वीरता का संचार कर सकता है, सोते हुओं को जगा सकता है, देश-द्रोहियों को देशभक्त बना सकता है। और मार्गभ्रष्टों को सुमार्ग में ला सकता है। जो मदोन्मत्त नर या नरेश किसी को कुछ समझते ही नहीं उनके दर्प को कवि ही चूर्ण कर सकता है। वह चाहे तो जगद्विजयों भूपालों के कीर्तिकलाप को कलंकित कर दे। वह चाहे तो अज्ञात या अल्प-प्रसिद्ध नरपालों के यशः-शरीर को सदा के लिए नहीं तो चिरकाल के लिए अवश्य ही अमर कर दे। ऐसे विश्वबन्ध कवि की महत्ता को सभी बुधवर स्वीकार करते हैं।

सत्कविता की प्राप्ति बड़े पुण्य से होती है। हृदय में कवित्व-बीज होने ही से मनुष्य सत्कवि हो सकता है। उस बीज की प्राप्ति पूर्व-जन्म के संस्कार और परमेश्वर

की कृपा-विशेष ही से होती है। बीज होने से, थोड़े ही परिश्रम और शिक्षा की बदौलत, वह अंकुरित हो उठता है। फिर उस अंकुर को बढ़ते और अपनी पूर्णमर्य्यादा तक पहुँचते देर नहीं लगती। जिनको यह सौभाग्य प्राप्त होता है वही सुकवि या महाकवि की पदवी पाते हैं और संसार में अपना नाम ही नहीं अमर कर जाते किन्तु समाज को बहुत कुछ लाभान्वित भी कर जाते हैं। तथापि, इससे यह मतलब नहीं कि अन्य जन कवि हो ही नहीं सकते। जिनके हृदय में कवित्व का बीज नहीं वे भी परिश्रम, अध्ययन, अभ्यास और सत्संग की कृपा से कुछ न कुछ कवित्वशक्ति अवश्य ही प्राप्त कर लेते हैं। इसी से आचार्य्य दण्डी लिख गये हैं–

श्रुतेन यत्नेन च वागुपासिता
ध्रुवं करोत्येव कमप्यनुग्रहम्

परन्तु एक बात है। वह यह कि ये बने हुए कवि प्रकृत कवि की समकक्षता नहीं कर सकते। प्रकृत कवि थोड़े ही परिश्रम और परिशीलन से अपनी कवितत्व-शक्ति को विकसित कर सकता है; बना हुआ कवि बहुत परिश्रम और परिशीलन से भी थोड़ी ही कवित्व-शक्ति प्राप्त कर सकता है। पर श्रम, शिक्षा और अध्ययन की आवश्यकता दोनों ही के लिए होती है। बिना इन बातों के प्रकृत कवि के हृदय का बीज अच्छी तरह अंकुरित नहीं होता और अप्रकृत कवि को साधारण कविता करने की भी स्फूर्ति नहीं प्राप्त होती।

कुछ उदाहरण लीजिए। लखनऊ के हरिविलास रस्तोगी, फर्रुखाबाद के गणेशप्रसाद हलवाई और बनारसी नामक लावनी-बाज़ की रचनाओं को देखिए। वे सरस और कवित्वपूर्ण हैं। परन्तु यथेष्ट शिक्षा और परिशीलन के अभाव में इन प्रकृत कवियों की कवित्व-शक्ति यों ही कुछ थोड़ी सी उन्मिषित हो कर रह गई। वह अच्छी तरह बढ़ न सकी। इसके विपरीत अप्रकृत, पर शिक्षित और अभ्यासशील, कवियों के नाम देने की ज़रूरत नहीं, क्योंकि उससे विवाद बढ़ने का डर है। जिन लोगों की रचनायें आजकल समाचार-पत्रों और मासिक पुस्तकों में प्रायः निकलती हैं उनमें से कई ऐसे निकलेंगे जिनकी उक्तियाँ, एक निर्दिष्ट सीमा तक सरस और कवित्व व्यंजक ज़रूर हैं; पर उनमें वह भावप्रवणता और कल्पनाओं का वह उड़ान नहीं जो प्रकृति कवि की रचनाओं में प्रायः सर्वत्र पाया जाता है।

अतएव शिक्षा और अभ्यास की बदौलत कवित्व-बीजविरहित जन भी थोड़ी-बहुत कविता कर सकते हैं। इस दशा में, आज-कल, कवियों की वृद्धि देख कर घबड़ाने की ज़रूरत नहीं। जो सुकवि होंगे वे कुछ कर दिखावेंगे। उनकी रचनाओं का आदर होगा। जो "हठादाकृष्टानां कतिपयपदानां रचयिता" होंगे वे कुछ ही दिनों में थक कर आप ही चुप हो जायँगे और उनकी रचना भी शीघ्र ही लोप को प्राप्त हो जायगी।

कोई 20 वर्ष पहले समस्यापूरक कवियों पर कुछ लोग व्यंग्य वाक्यों की बौछार

करते थे। समस्यापूर्तियों से भरी हुई मासिक पुस्तकों की भी हँसी उड़ाई जाती थी। पर अब उर्दू के कवियों और मुशायरों की देखादेखी हिन्दी के भी कवियों के खूब सम्मेलन हो रहे हैं और समस्यापूर्तियों का भी तूफ़ान सा आ रहा है। कालेजों और स्कूलों के सालाना जलसों में, छात्रालयों में, नुमायशों में, डिस्ट्रिक्टबोर्डों और कहीं-कहीं म्यूनीसिपैलिटियों के अधिवेशनों तक में कवियों की कविताधारा प्रवाहित की जाती है। साहित्य-सम्बन्धिनी सभाओं और कवियों के स्वनिर्म्मित मण्डलों तथा परिषदों में तो कविता-पाठ और समस्यापूर्ति के बहाने भगवती वाग्देवी इतना प्रबल पराक्रम दिखाती हुई पधारती हैं कि प्रलयकाल की आंधी का जैसा दृश्य उपस्थित हो जाता है। उपहार और पुरस्कार का लालच इस झंझावात के वेग को और भी बढ़ा देता है। वह और भी बहुत कुछ करता है। वह विवाद बढ़ाता है, वैमनस्य उत्पन्न करता है, ईर्ष्याद्वेष का बीज बोता है, दलबन्दी को अस्तित्व में लाता है और विकराल कलह की उत्पत्ति का कारण होता है। यह सब होता है सही, पर कविता बेचारी उसके असर से साफ बच जाती है। उसकी कुछ भी हानि नहीं होती। कविता को न सही, पद्य-रचना को तो इससे स्फूर्ति ही मिलती है ! कवि, सुकवि और कुकवि सभी लोग और भी अधिक उत्साह और श्रमपूर्वक अपनी-अपनी रचना में लग जाते हैं। इस दफ़े न सही, अगली दफ़े पुरस्कार ज़रूर मिलेगा, यह आशा उन्हें अपने काम में पहले की भी अपेक्षा अधिक दृढ़ता और मनोयोग से नियुक्त करती है। उपहार न सही, अच्छी रचना होने से शाबाशी मिलने से भी तो कवियों का उपकार ही होता है। यदि यह भी न हो तो भी रचना का अभ्यास करते रहने से छन्दःशास्त्र में अधिकाधिक प्रवेश होता जाता है, ढूँढ़ते रहने से नये-नये शब्द अवगत होते जाते हैं, मनोभावों को चुस्त-दुरुस्त भाषा में व्यक्त करने की शक्ति बढ़ती रहती है और मन की बात को थोड़े में कहने की आदत पड़ जाती है। इस दशा में कवियों की संख्या बढ़ने से कविता में कुछ विशेष उन्नति यदि न भी हो तो भी साहित्य को थोड़ा-बहुत लाभ पहुँचने की अवश्य ही सम्भावना रहती है। अतएव कवि-सम्मेलनों और समस्यापूर्तियों की वृद्धि व्यर्थ अथवा साहित्य को हानि पहुँचाने वाली नहीं कही जा सकती।

पिछले नवम्बर में एक कवि-सम्मेलन, साहित्य-सम्मेलन के साथ, वृन्दावन में हुआ। सुनते हैं, उसमें कवियों का अच्छा जमघट रहा। कविवर ठाकुर गोपालशरणसिंह जी उसके सभापति थे। आप बोलचाल की भाषा में कविता करते हैं और सुकवि हैं। आपकी कविता सरस और प्रसादगुणपूर्ण होती है। कवि-सम्मेलन में आपने जो प्रारम्भिक भाषण किया था वह अनति-विस्तृत होकर भी बड़े महत्त्व का है। ब्रजभाषा और बोलचाल की भाषा में की जाने वाली कविता के सम्बन्ध के विचार जो आपने उसमें व्यक्त किये हैं वे बड़ी खूबी से किये हैं। आपने सच बात भी कह दी है, और प्रकट विरोध-भाव को बचा भी दिया है। पर, सुनते हैं, उनके इस सौजन्य को भी

कुछ अहंमानी जनों ने दाद न दी। उन्होंने बोलचाल की भाषा की कविता पर आक्षेप कर डाले और कुछ आदरणीय कवियों पर कटाक्ष भी किये। सभापति ठाकुर साहब ने सम्मेलन ही के मंच से अपनी 'व्रज-वर्णन' नामक जो रसवती और हृदयाह्लादकारिणी कविता सुनाई थी वह बोलचाल ही की भाषा में थी। आक्षेपकारियों के आक्षेपों का सबसे बढ़िया उत्तर और सबसे अच्छा समाधान उसी का पाठ था। परन्तु, खेद है, उससे भी उन्हें सन्तोष नहीं हुआ। इस कारण ठाकुर साहब को, अपने अन्तिम भाषण में, उनके कटाक्षों का उत्तर देना और उनकी तर्कत्यक्त उक्तियों का खण्डन करना पड़ा।

ब्रजभाषा की कविता के पक्षपातियों को जानना चाहिए कि अब उसका समय गया। उसका तिरोभाव अवश्यम्भावी है। अब वह पुरानी प्राकृत भाषाओं के काव्य और साहित्य की तरह केवल पुस्तकों ही में पायी जायगी। समय को उसकी चाह नहीं। यह बात हम प्रत्यक्ष देख रहे हैं। सौ में कठिनता से कहीं दस कविताएँ अब ब्रजभाषा में लिखी जाती होंगी। उषःकाल के तारों के सदृश जो अल्पसंख्यक कवि अब भी उसे अपनाये हुए हैं उनका भी लोप होने ही वाला है। समय-प्रवाह किसी के रोके नहीं रुक सकता। उसके वेग के सामने हठ, दुराग्रह, अन्धभक्ति नहीं ठहर सकती। सभी समझदार मनुष्य इस बात को हृदयंगम कर सकते हैं। अतएव दो-चार या दस-पाँच सज्जनों के प्रयत्न से ब्रजभाषा की शिक्षा के लिए यदि स्कूल और कालेज खुलें भी तो वे बहुत दिनों तक टिकने के नहीं। यदि ब्रजमंडल में वहाँ की भाषा या बोली सिखाने और उसके साहित्य की शिक्षा देने के लिए स्कूल, कालेज या विश्वविद्यालय खोला जाय तो अन्यान्य प्रान्त या मंडल भी वैसा ही कोई शिक्षालय खोलने का आग्रह क्यों न करें ? तब तो बुंदेलखंड के लिए बुंदेलखंडी भाषा का, बैसवारे के लिए बैसवारी का, मारवाड़ के लिए मारवाड़ी का और मिथिला के लिए मैथिली का भी एक स्कूल, कालेज या विश्वविद्यालय खुलना चाहिए। तब तो खूब तरक्की होगी। भिन्न-भिन्न भाषाओं के प्रचाराधिक्य से एकता और एकराष्ट्रीयता की वृद्धि भी खूब ही होगी !

कविता सभी भाषाओं और सभी बोलियों में हो सकती है। देहात में अपढ़, अशिक्षित और गँवार आदमियों के मुँह से, उनकी बोली में, कविता सुनने को मिलती है। कभी-कभी उनके गीतों में कवित्व की झलक और सुन्दर भावों का सम्मिश्रण देख या सुनकर हृदय आनन्द से पुलकित हो जाता है। जब सभी भाषाओं और बोलियों में कविता हो सकती है और होती भी है तब ब्रजभाषा अपवाद नहीं। जिसकी इच्छा हो वह उसी भाषा या बोली में कविता लिखे और ब्रजवासियों ही को विशेषतया प्रसन्न करे। पर जो कवि बोलचाल की हिन्दी को व्यापक भाषा समझता होगा और जो यह चाहता होगा कि उसकी रचना बहुसंख्यक लोगों को पढ़ने को मिले और अन्यान्य प्रान्तों के निवासी भी उससे लाभ उठावें वह उसी में अपने हृदयोद्गार प्रकट

करेगा। उसकी निन्दा या कुत्सा करनेवाले, जन-समुदाय के इजलास में, स्वयं ही निन्दा और कुत्सा के पात्र समझे जायँगे।

कई समाचार-पत्रों में पढ़ा कि वृन्दावन के कवि-सम्मेलन में किसी ने कोई अश्लील कविता पढ़ दी जिससे कुछ श्रोता उद्विग्न हो उठे और उपस्थित महिलायें सभास्थल छोड़कर चली गयीं। विश्वास नहीं होता कि इतने बड़े सभ्य समाज में कोई कवि अश्लील कविताएँ सुनाने का साहस करेगा, फिर चाहे उसकी रुचि कितनी ही बुरी क्यों न हो। कवियों में आजकल दलबन्दियाँ खूब हो रही हैं। सम्भव है, किसी विपक्षी दल के एक या अनेक कवियों ने किसी शृंगार रसपूर्ण कविता को अश्लील कह दिया हो, जिसे सुनकर महिलाएँ उठ गई हों। उठकर उनके चले जाने के और भी तो कारण हो सकते हैं। सम्भव है, कविताएँ उनकी समझ ही में न आती हों अथवा कोई कुरुचिपूर्ण उक्ति सुन कर उन्हें संकोच हुआ हो। अश्लीलता के समाचार तो लोगों ने उड़ा दिये, पर किसी ने उस अश्लील कविता या उसके भावों का प्रकाशन इशारे से भी नहीं किया। उसका विषय क्या था और वह रचना किसकी थी, तथा अधिकांश श्रोताओं ने उसे कैसा समझा, यह भी तो बताने की किसी ने कृपा नहीं की।

अश्लीलता उसे कहते हैं जिसे सुनकर श्रोता के हृदय में जुगुप्सा, घृणा और विशेष संकोच के भावों का उदय हो। सभ्य समाज में जिस तरह की बातें करना मना है वैसी ही बातों से जुगुप्सा की उत्पत्ति होती है–जैसे लखनऊ के 'चिरकीन' नामक शायर की उक्तियों से। पर क्या हिन्दी के कवियों में कोई इतने भी जघन्य कवि हैं जो घृणित बातों का उल्लेख अपनी कविता में–सो भी हज़ारों आदमियों के सामने–करें ? विश्वास तो नहीं होता। अतएव अश्लीलताविषयक आरोप में और कुछ नहीं तो अतिरंजना ज़रूर ही मालूम होती है।

अनुमान यही कहता है कि जिस कविता या रचना पर आक्षेप किया गया है वह कुछ अधिक शृंगारिक रही होगी। सम्भव है, वह कुरुचि की सीमा तक पहुँच गई हो । यदि वह ऐसी ही रही हो तो परिमार्जित रुचि रखनेवाले समाज में वह न पढ़ी जाती तो अच्छा ही था। तथापि यदि वह पढ़ी ही गई थी तो वैसी अन्य कविताओं का पढ़ा जाना रोक दिया जा सकता था। इतना हो-हल्ला मचाने की क्या ज़रूरत थी ? कवियों को कुछ नोटिस तो पहले से दे ही न दी गई थी कि अमुक ही अमुक विषय या रस की कविताएँ पढ़ी जायँगी। फिर रुचि-वैचित्र्य का भी तो ध्यान रखना चाहिए। सबकी रुचि एक सी नहीं होती। देवदत्त जिसे कुरुचिपूर्ण समझेगा, भवदत्त शायद उसे वैसा न समझे। एक बात और भी है। कविताओं में अनेक रसों की योजना हो सकती है। महिलाओं से क्या कह दिया गया था कि शृंगार रस की कविताएँ न पढ़ी जायँगी ? स्त्रियाँ स्वभाव से ही लज्जालु होती हैं, पुरुषों के सामने और भी अधिक। ऐसी दशा में शृंगार की उक्ति सुनकर यदि उन्हें संकोच

मालूम हो तो आश्चर्य नहीं। अतएव कवि-सम्मेलनों में उन्हें जाना ही न चाहिए। कुछ भी हो, कवियों का मुँह बन्द नहीं किया जा सकता। "कवयः किं न जल्पन्ति"। जिसकी खुशी हो उनकी कविता सुने; जिसकी न हो, न सुने।

शृंगार रस होने से ही कविता अश्लील नहीं हो जाती। यदि ऐसा होता तो कालिदास की क्या गति होती ? उनके तो प्रायः सभी काव्य और सभी नाटक पढ़ने योग्य न समझे जाते। उनमें तो बीच बीच, वीर, शान्त और करुणरस के प्रवाह में भी, शृंगाररस के भँवर उठा करते हैं, यथा–

ततः प्रियोपात्तरसेऽधरोष्ठे
निवेश्य दध्मौ जलजं कुमारः।

फिर भला श्रीकृष्ण की लीला-भूमि, वृन्दावन, में शृंगाररस की कविता के श्रवण से यदि किसी को उद्वेग होगा तो श्रीमद्‌भागवत की कथा किसका आश्रय लेगी ? वह तो मध्वनिम्ब, चैतन्य और बल्लभ आदि सभी सम्प्रदायों के वैष्णवों की सजीवन-भूरि है। आशा नहीं, विश्वास है, मथुरा और वृन्दावन के गोस्वामिवर्य्य भी उसे बड़े ही आदर की वस्तु समझते होंगे। इसी श्रीमद्‌भागवत में व्यासजी ने वृन्दावनवासिनी न सही, ब्रजवासिनी महिलाओं के मुख से, श्रीकृष्ण को सम्बोधन कर के कहलाया है–

यत्ते सुजातचरणाम्बुरुहं स्तनेषु
भीताः शनैः प्रिय दधीमहि कर्कशेषु।
तेनाटवीमटसि तद्‌ व्यथते न किंस्वित्
कूर्पादिभिर्भ्रमति धीर्भवदायुषां नः।।

श्रीमद्‌भागवत में तो व्यासजी ने यहां तक कहने की कृपा की है–

कृष्णं निरीक्ष्य वनितोत्सवरूपवेशं
श्रुत्वा च तत्कणितवेणुविचित्रगीतम्।
देव्यो विमानगतयः स्मरनुन्नेसारा
भ्रश्यत्प्रसूनकबरा मुमुहुर्धिनीव्यः।।

साहित्य सम्मेलन के कार्यकर्त्ता गोस्वामी महोदय यदि इन उक्तियों को अश्लील न समझें, और यदि कवि-सम्मेलन में पढ़ी गई कोई शृंगार-रस-परिप्लुत उक्ति सुनकर ही कुछ उदाराशय सज्जनों ने उसपर अश्लीलता का दोष आरोपित कर दिया हो, तो उनकी काव्यमर्मज्ञता की बलिहारी !

कांग्रेस के सप्ताह में कानपुर में दो कवि-सम्मेलन होनेवाले हैं। 'होनेवाले', इसलिए कि यह नोट दिसम्बर के पहले ही सप्ताह में लिखा जा रहा है। इसके प्रकाशन के पहले ही वे सम्मेलन हो चुकेंगे। एक ही सप्ताह या एक दो समय में दो सम्मेलन होने का कारण यह है कि कानपुर में कवियों के दो दल या दो टाट हो गये हैं। वे एक दूसरे से मिलना नहीं चाहते; वे परस्पर एक दूसरे को अछूत सा समझ रहे

हैं। जान पड़ता है किसी ने अपने किसी प्रतिस्पर्द्धी कवि की शान का बाल बाँका कर दिया है। भला कहीं कवि भी ऐसे अपमान को सह सकता है ? और फिर कानपुर का कवि ! व्यास और वाल्मीकि, कालिदास और भवभूति, भास और गुणाढ्य आदि कवियों की कृतियों की आलोचना हो सकती है, उनके दोष दिखाये जा सकते हैं, उनमें से कौन बड़ा और कौन छोटा है, इसका भी विवेचन हो सकता है। पर कानपुर के लोकातिशयी कवियों के विषय में किसी को कुछ कहने का अधिकार नहीं; उनकी कविताओं में से किसी को उत्तम, किसी को मध्यम, किसी को अधम बताने की भी आज्ञा किसी को नहीं। किसी को पुरस्कार देने और किसी को न देने का कानून भी वहाँ के कवियों के पिनल कोड या सिविल प्रोसिडियोर कोड में नहीं। दुनिया हँसे, हँसा करे। कवियों की दलबन्दी को विवेकशील जन निन्द्य समझें, समझा करें। कुछ भी क्यों न हो जाय; पर कवियों की शान में फरक न पड़े। दलबन्दी भारत के भाग्य में ही लिख सी गई है। देखिए न लिबरल, इंडिपेंडेंट, स्वराजिस्ट सभी आपस में दलबन्दी कर रहे हैं। दल के भीतर दल पैदा हो रहे हैं। फिर कवि यदि अपने फिरके अलग-अलग बनावें तो क्या आश्चर्य ?

कानपुर के कवियों का एक दल अखिल भारतवर्षीय कवि-सम्मेलन करने जा रहा है। अर्थात् उसके दंगल में सभी प्रान्तों के कवि-मल्ल अपना कर्तव्य दिखावेंगे। कांग्रेस के दिन हैं। मदरास तक के निवासी, और किसी काम से न सही, सैर-सपाटे ही के लिए जरूर ही कानपुर आवेंगे। यदि वहाँ के कुछ कवि भी आ गये और सम्मेलन में अपनी कविता सुनाने लगे तो बड़ा मज़ा आवेगा। जिस समय तामिल, तैलगू, मलयाली और कनारी भाषाओं की कविताओं का पाठ होगा उस समय अन्य प्रान्तों के उपस्थित श्रोता मुँह बाये बैठे रहेंगे। घड़े में कंकड़ भर कर ज़ोर से हिलाने पर जैसी ध्वनि निकलती है वैसी ही ध्वनि उस कविता-पाठ के समय होती सुनकर श्रोतृसमूह यदि सम्मेलन के कार्यकर्ताओं पर पुष्पवृष्टि न करेगा तो उन्हें शतशः और सहस्रशः धन्यवाद दिये बिना तो कदापि न रहेगा।

इसके जवाब में दूसरे दल को भी अपने सम्मेलन में कुछ नवीनता लाने की चेष्टा जरूर करनी चाहिए। उस दफ़े न सही, फिर कभी सही। हिन्दी-भाषा से सम्बद्ध जितनी बोलियाँ हैं उन सबके कवियों को भी उसे एक बार अपने सम्मेलन में आमन्त्रित करना चाहिए। यदि ऐसे कवि विद्यमान न हों तो छन्दशास्त्र और काव्यशास्त्र की शिक्षा देकर उन्हें तैयार करना चाहिए। उनकी कविताएँ सचमुच ही अश्रुतपूर्व अत्यन्त ही रोचक होंगी। जिस समय ब्रज, बांगड़ू, मारवाड़ी, मालवी, बुंदेलखंडी, बैसवारी, मिर्ज़ापुरी, बिहारी और मैथिली आदि बोलियों की कविताएँ पढ़ी जायँगी उस समय अन्तरिक्ष में देवगण भी शायद अपने-अपने विमानों में बैठे हुए कविता-श्रवण करते दिखाई देंगे। अस्तु।

कवियों की महिमा अचिन्त्य और अनिर्वचनीय है। वे क्या नहीं कर सकते ?

वे सर्वगामी, सर्वज्ञ, सर्वसमर्थ और सर्वकार्य्यपटु होते हैं। अतएव प्रतिभाशाली और अप्रतिभ, उद्‌भट और अनुद्‌भट, अश्लीलताद्वेषी और शृंगाररसपोषी, सदल और निर्दल–सभी कवियों को इस किंकर का सांजलिबद्ध प्रणाम। कवि कोई ऐसी वैसी चीज़ नहीं। उसे तो एक लोकोत्तर विभूति समझना चाहिए। राजतरंगिणीकार कल्हण की उक्ति है–

> कोऽन्यः कालमतिक्रान्तं नेतुं प्रत्यक्षतां क्षमेः
> कवि प्रजापतींस्त्यक्त्वा रम्यनिर्म्माणशालिनः

**['श्रीयुत सुकविकिंकर' छद्‌म नाम से जनवरी, 1926 की 'सरस्वती' में प्रकाशित तथा 'साहित्यालाय' में संकलित।]**

# आजकल के हिन्दी कवि और कविता

**सुकविता यद्यस्ति राज्येन किम (भर्तृहरि)**

श्रीयुत रवीन्द्रनाथ ठाकुर की गणना महाकवियों में है। वे विश्वविश्रुत कवि हैं। उनके कविता ग्रन्थ विदेशों में भी बड़े चाव से पढ़े जाते हैं। कविता ग्रन्थों ही का नहीं, उनके अन्य ग्रन्थों का भी बड़ा आदर है। उनकी कृतियों के अनुवाद अनेक भाषाओं में हो गये हैं और होते जा रहे हैं। उन्हें साहित्य क्षेत्र में पदार्पण किये कोई 50 वर्ष हो गये। बहुत कुछ ग्रन्थ-रचना कर चुकने पर उन्होंने एक विशेष प्रकार की कविता-सृष्टि की है। यह सृष्टि उनके अनवरत अभ्यास, अध्ययन और मनोभिनिवेश का फल है। अँगरेजी में एक शब्द है–Mystic या Mystical, पंडित मथुराप्रसाद मिश्र ने, अपने त्रैभाषिक कोश में उसका अर्थ लिखा है–गूढ़ार्थ, गुप्त, गोप्य और रहस्य। रवीन्द्रनाथ की यह नये ढंग की कविता इसी 'मिस्टिक' शब्द के अर्थ की द्योतक है। इसे कोई रहस्यमय कहता है, कोई गूढ़ार्थ-बोधक कहता है और कोई छायावाद की अनुगामिनी कहता है। छायावाद से लोगों का क्या मतलब है, कुछ समझ में नहीं आता। शायद उनका मतलब है, किसी कविता के भावों की छाया यदि कहीं अन्यत्र जाकर पड़े तो उसे छायावाद-कविता कहना चाहिए।

कुछ शब्दों में विशेष प्रकार की शक्ति होती है। कभी-कभी एक ही शब्द या वाक्य से कई अर्थ निकलते हैं। ऐसे अर्थों की वाच्य, लक्ष्य और व्यंग्य संज्ञा है। वाच्य से तो साधारण अर्थ का ग्रहण होता है; लक्ष्य और व्यंग्य से विशेष अर्थों का। पर रहस्यमयी कविता को आप इन अर्थों से परे समझिए। एक अलंकार का नाम है–सहोक्ति। जहाँ वर्ण्य विषय के सिवा किसी अन्य विषय का भी बोध, साथ ही साथ, होता जाता है वहाँ यह अलंकार माना जाता है। महाकवि ठाकुर की कविता उस अलंकार के भी भीतर नहीं आती। संस्कृत-भाषा में कितने ही काव्य ऐसे हैं जो आद्योपान्त द्वयर्थक हैं। वर्णन हो रहा है हरि का, पर साथ ही अर्थ हर का भी

निकलता जाता है। काव्य लिखा गया है राघव के चरित्र-चित्रण सम्बन्ध में; पर करता चला जा रहा है पांडवों के भी चरित का चित्रण। इस तरह के काव्यों की कक्षा के भीतर कविवर ठाकुर की कविता नहीं आती। वह आती किसके भीतर है, यह बात कवियों का यह किंकर नहीं बता सकता। बताने की सामर्थ्य उसमें नहीं। जिसे इस कविता का रहस्य जानना हो वह बँगला पढ़े, कुछ समय तक उस भाषा में लिखे गये काव्यों का अध्ययन करे, तब यदि वह इसकी गुप्त, गूढ़ या छायामयी कविता पर कुछ कह सके तो कहे। रहीम पर कुछ कहना हो तो राम का चरित-गान करो; अशोक पर कुछ लिखना हो तो सिकन्दर के जीवन-चरित गान की चर्चा करो—यह अघटनीय घटना कर दिखाना साधारण कवियों का काम नहीं। पर रवि बाबू की गोपनशील कविता ने हिन्दी के कुछ युवक कवियों के दिमाग में कुछ ऐसी हरकत पैदा कर दी है कि वे असम्भव को सम्भव कर दिखाने की चेष्टा में अपने श्रम, समय, शक्ति का व्यर्थ ही अपव्यय कर रहे हैं। जो काम रवीन्द्रनाथ ने चालीस-पचास वर्ष के सतत अभ्यास और निदिध्यास की कृपा से कर दिखाया है, उसे वे स्कूल छोड़ते ही, कमर कसकर, दिखाने के लिए उतावले हो रहे हैं। कुछ तो स्कूलों और कालेजों में ही रहते-रहते छायावादी कवि बनने लग गये हैं। यदि ये लोग रवीन्द्रनाथ ही की तरह सिद्ध कवि हो जायँ और उन्हीं की जैसी गुह्यातिगुह्य कवित्व रचना करने में भी समर्थ हो जायँ तो कहना पड़ेगा कि किसी दिन—विन्ध्यस्तरेत् सागरम्।

कविता किस उद्देश्य से की जाती है ? ख्याति के लिए, यशः-प्राप्ति के लिए, धनार्जन के लिए, या दूसरों के मनोरंजन के लिए। इसके सिवा तुलसीदास की तरह 'स्वान्तःसुखाय' भी कविता की रचना होती है। परमेश्वर का सम्बोधन करके कोई-कोई कवि आत्म-निवेदन भी, कविता द्वारा ही करते हैं। पर ये बातें केवल भक्त कवियों ही के विषय में चरितार्थ होती हैं। अस्मदादि लौकिक जन तो और ही मतलब से कविता करते या लिखते हैं और उनका वह मतलब ख्याति-लाभ और मनोरंजन आदि के सिवा और कुछ हो ही नहीं सकता। इन सभी उद्देश्यों की सिद्धि तभी हो सकती है जब कवि की कविता का आशय दूसरों की समझ में झट आ जाय। क्योंकि जो बात समझ ही में न आवेगी उसकी दाद देगा कौन ? न उससे किसी का मनोरंजन ही होगा; न उसे सुनकर सुननेवाला कवि का अभिनन्दन ही कर सकेगा और जब उसके हृदय पर कविता का कुछ असर ही न होगा तब वह कवि को कुछ देगा क्यों ? अब विचार करने की बात है कि वर्तमान छायावादी कवियों की कविता में श्रोताओं को मुग्ध करने योग्य गुण हैं या नही। इस पर आगे चल कर, हम सप्रमाण विचार करें।

यहाँ पर यह कहा जा सकता है कि छायावादी कवि दूसरों को प्रसन्न करने के लिए कविता-रचना नहीं करते। वे अपनी ही मनस्तुष्टि के लिए कविता लिखते हैं। इस पर प्रश्न हो सकता है कि फिर वे दूसरों से अपनी कविता की समालोचना के अभिलाषी क्यों होते हैं ? मान लीजिए कि ये लोग बड़े अच्छे कवि हैं परन्तु यदि

वे अपनी कविता की रचना अपनी ही आत्मा को प्रसन्न करने के लिए करते हैं तो उससे संसार को क्या लाभ ? अपनी चीज किसे अच्छी नहीं लगती ? तुलसीदास ने कहा ही है—"निज कवित्त केहि लाग न नीका ?" ऐसे कवियों के विषय में कविवर रुद्रभट्ट की उक्ति बड़ी ही मनोहारिणी है—

सत्यं सन्ति गृहे-गृहे सुकवयो येषां वचश्चातुरी
स्वे हर्म्ये कुलकन्यकेव लभते जातैर्गुणैगौरवम् ।
दुष्प्राप्यः स तु कोऽपि कोविदपतिर्यद्वाग्रसग्राहिणां
पण्यस्त्रीव कलाकलापकुशला चेतांसिहर्तुंक्षमा ।।

ऐसे कवि तो घर-घर में भरे पड़े हैं जिनकी वचन-चातुरी अपने ही आँगन में मनोहारिणी बातें करने वाली कुलकन्या के समान, गुणों के प्रशंसक स्वजनों ही से आदर पाती है। परन्तु जिनकी सरस वाणी (दूर-दूर तक के) रसग्राही कविता-प्रेमियों का चित्त, कलाकुशल वार-वनिता के सदृश, चुरा लेने में समर्थ होती है वे कवीश्वर मुश्किल से कहीं पाये जाते हैं।

एक बात और भी है। यदि ये लोग अपने ही लिए कविता करते हैं तो अपनी कविताओं का प्रकाशन क्यों करते हैं ? प्रकाशन भी कैसा ? मनोहर टाइप में, बहुमूल्य कागज पर, अनोखे-अनोखे चित्रों से सुसज्जित, ढेढ़ी-मेढ़ी और ऊँची-नीची पंक्तियों में, रंग-बिरंगे बेल-बूटों से अलंकृत। यह इतना ठाट-बाट—यह इतना आडम्बर—दूसरों ही को रिझाने के लिए हो सकता है, अपनी आत्मा की तृप्ति के लिए नहीं। परन्तु सत्कवि के लिए इस आयोजन की आवश्यकता नहीं। जिन कवियों के नाम-शेष हुए हजारों वर्ष बीत चुके उनको यह कुछ भी नहीं करना पड़ा। करना भी चाहते तो वे न कर सकते। क्योंकि उस समय ये साधन ही सुलभ न थे ! किसी ने अपना काव्य ताड़-पत्र पर लिखा, किसी ने भोजपत्र पर; किसी ने भद्दे और खुरदरे कागज पर। पर जनता ने प्रकाशन के आडम्बरों से रहित इन सत्कवियों के काव्यों को यहाँ तक अपनाया कि समय उनको नष्ट न कर सका, धर्न्मान्ध आततायियों से उनका कुछ न बिगड़ सका, जलप्लावन और भूकम्प आदि का जोर भी उनका नाश न कर सका। सहृदय सज्जनों और कविता के पारखियों ने उन्हें आत्मसात् करके—उन्हें अपने कण्ठ और अपने हृदय में स्थान दे कर—अमर कर दिया। सड़े गले कागज और फटे पुराने ताड़पत्र को देखकर काव्यरसिकों ने उन्हें फेंका नहीं। उन पुरातन पत्रों में कुछ ऐसा मोहनमन्त्र था—उनमें कुछ ऐसी अद्भुत शक्ति थी—जिसने उन्हें मोह लिया। वही शक्ति—वही मन्त्रौषध—उन काव्यों के जीवित रहने का कारण हुई। सो, छायावादी कवि अपनी कृति को वह चाहे जितने रम्य रूप में प्रकाशित करें—उसके उपकरणों को चाहे जितना मनोमोहक बनावें—यदि उसकी कविता में वह शक्ति नहीं जो सत्कवियों की कविता में होती है तो उसके आडम्बरजाल में सरसहृदय श्रोता-शुक कदापि फँसने के नहीं।

प्राचीन कवियों को जाने दीजिए। आधुनिक कवियों में भी कई सत्कवि इस समय विद्यमान हैं, जिनकी कविता-पुस्तकों के, थोड़े ही समय में, अनेक संस्करण निकल चुके हैं। उनकी कविताएँ मदरसों, स्कूलों और कालेजों के छात्रों तक के कण्ठहार हो रही हैं। इन कवियों ने अपनी कविताएँ सजाकर प्रकाशित करने की चेष्टा नहीं की और किसी-किसी ने की भी है तो बहुत ही थोड़ी। फिर भी इनकी कविता का जो इतना आदर हुआ है उसका एक-मात्र कारण है उसकी सरसता, उसका प्रसाद-गुण, उसकी वर्णाभरणता और उसकी चमत्कारकारिणी रचना। अतएव सत्कवियों के लिए आडम्बर की जरूरत नहीं–किमिव हि मधुराणां मण्डनं नाकृतीनाम्।

गूढ़ार्थविहारी या छायावादी कवियों की कहीं यह धारणा तो नहीं कि हमारी कविता में कवि लभ्य गुण तो हैं ही नहीं, लाओ ऊपरी आडम्बरों ही से पाठकों को अपनी ओर आकृष्ट करें। परन्तु यह सन्देह निराधार सा जान पड़ता है; क्योंकि इन महाशयों में से कविता-कान्तार के किसी-किसी कण्ठीराव ने बड़े गर्जन-तर्जन के साथ अन्य कवियों को लथेड़ा हैं। इन कठोर-कर्म्मा कवियों की दहाड़ें सुनकर ही शायद अन्य कवि भयभीत होकर अपने-अपने गृह-गह्वरों में जा छिपे हैं। किसी से अब तक कुछ करते धरते नहीं बना। इन महा-कवियों के महाराजों की समझ में जो कवि इनकी जैसी कविता के प्रशंसक, पोषक वा प्रणेता नहीं वे कवि नहीं, किन्तु कवित्वहन्ता हैं। इस 'कवित्वहन्ता' पद के प्रयोग का कर्ता आप कवियों के इस किंकर ही को समझिए। यह शब्द एक और ऐसे ही शब्द के बदले यहाँ लिखा गया है जो है तो समानार्थक, पर सुनने में निकृष्ट निर्दयता सूचक है। वह शब्द, इस विषय में, एक ऐसे साहित्य-शास्त्री द्वारा प्रयोग में लाया गया है जो संस्कृत-भाषा में रचे गये अनेक महाकाव्यों के रसार्णव में आशैशव गोता लगाते चले आ रहे हैं और जिनका निवास इस समय लखनऊ के अमीनाबाद मुहल्ले में है। अतएव इस शब्दात्मक कठोर कशाघात के श्रेय के अधिकारी वही हैं।

सत्कवि के लिए आडम्बर की मुतलक़ ही जरूरत नहीं। यदि उसमें कुछ सार है तो पाठक और श्रोता स्वयं ही उसके पास दौड़ आवेंगे। आम की मंजरी क्या कभी भौरों को बुलाने जाती हैं ?–न रत्नमन्विष्यति मृग्यते हि तत्।

आज कल के कुछ कवि कवि-कर्म्म में कुशलता प्राप्ति की चेष्टा तो कम करते हैं, आडम्बर-रचना की बहुत। शुद्ध लिखना तक सीखने के पहले ही वे कवि बन जाते हैं और अनोखे-अनोखे उपनामों की लाङ्गूल लगाकर अनाप-शनाप लिखने लगते हैं। वे कमल, विमल, यमल और अरविन्द, मिलिन्द मकरन्द, आदि उपनाम धारण करके अखबारों और सामयिक पुस्तकों का कलेवर भरना आरम्भ कर देते हैं। अपनी कविताओं ही में नहीं, यों भी जहाँ कहीं वे अपना नाम लिखते हैं, काव्योपनाम देना नहीं भूलते। यह रोग उनको उर्दू के शायरों की बदौलत लग गया है। पर इससे कुछ भी होता जाता नहीं। शेक्सपियर, मिल्टन, बाइरन और कालिदास, भारवि, भवभूति

आदि कवि इस रोग से बरी थे फिर भी उनके काव्यों का देश-देशान्तरों तक में आदर है। उपनाम-धारण की असारता उर्दू ही के प्रसिद्ध कवि चकबस्त ने खूब समझी थी। उनका कथन है–

जिक्र क्यों आयेगा वज्में–शुअरा में अपना।
मैं तखल्लुस का भी दुनिया में गुनहगार नहीं।

अनूठे-अनूठे तखल्लुस (उपनाम) लगाने से किसी की प्रसिद्धि नहीं होती। चकबस्तजी का क़ौल है–

किस वास्ते जुस्तजू करूँ शुहरत की।
इक दिन खुद ही ढूँढ़ लेगी शुहरत मुझको।

गुण होने ही से प्रसिद्धि प्राप्त होती है। पकड़ लाने की चेष्टा से वह नहीं मिलती।

कवित्व-शक्ति किसी विरले ही भाग्यवान को प्राप्त होती है। यह शक्ति बड़ी दुर्लभ है। याद पड़ता है, बहुत पहले, सरस्वती में एक लेख निकला था। नाम उसका था–कवि बनने के लिए सापेक्ष्य साधन। उसमें इस बात का विचार किया गया था कि कवियशो-लिप्सुओं के लिए किन-किन साधनों के आश्रय की आवश्यकता होती है। ये साधन अनेक हैं। इनमें से मुख्य तीन हैं–प्रतिभा (अर्थात् कवित्वबीज), अध्ययन और अभ्यास। इनमें से किसी एक, और कभी-कभी किसी दो, की कमी होने से भी मनुष्य कविता कर सकता है। परन्तु प्रतिभा का होना परमावश्यक है। बिना उसके कोई मनुष्य अच्छा कवि नहीं हो सकता। महाकवि क्षेमेन्द्र ने अपनी पुस्तक–कविकण्ठाभरण–में, थोड़े ही में, इस विषय का अच्छा विवेचन किया। वर्तमान कविमन्यों को चाहिए कि वे उसे पढ़ें। स्वयं न पढ़ सकें तो किसी संस्कृतज्ञ से उसे पढ़वाकर, उसका आशय समझ लें। ऐसा करने से, आशा है, उन्हें अपनी त्रुटियों और कमजोरियों का पता लग जायगा। कवित्व-शक्ति होने पर भी पूर्ववर्ती कवियों और महाकवियों की कृतियों का परिशीलन करना चाहिए और कविता लिखने का अभ्यास भी कुछ समय तक करना चाहिए। छन्द-प्रभाकर में दिये गये छन्दोरचना के नियम जान कर तत्काल ही कवि न बन बैठना और समाचार-पत्रों के स्तम्भों तक दौड़ न लगाना चाहिए। क्षेमेन्द्र ने लिखा है कि कवि बनने की इच्छा रखनेवालों के तीन दरजे होते हैं–अल्पप्रयत्नसाध्य, कृच्छ्रसाध्य, और असाध्य। इनमें से पहले दोनों के लिए भी बहुत कुछ अध्ययन, श्रवण, विचार और अभ्यास की जरूरत होती है। यह नहीं कि तेरह-ग्यारह मात्राओं के दोहे का लक्षण जान लेते ही काता और ले दौड़े। अन्तिम तीसर दरजे, के मनुष्यों के लिए क्षेमेन्द्र ने लिखा है–

यस्तु प्रकृत्याश्मसमान एव
कष्टेन वा व्याकरणेन नष्टः।
तर्केण दग्धीऽनिल धूमिना वा–
प्य विद्धकर्णः सुकविप्रबन्धैः।। 22 ।।

न तन्य वक्तृ त्वसमुद्भवः स्या—
चिछक्षाविशेषैरपि सुप्रयुक्तैः।
न गर्दभो गायति शिक्षितोऽपि
सन्दर्शितं पश्यति नार्कमन्धः।।23।।

जिसका हृदय स्वभाव ही से पत्थर के समान है, जो जन्म-रोगी है, व्याकरण 'घोखते-घोखते' जिसकी बुद्धि जड़ हो गई है, घट-घट और अग्नि-धूम आदि से सम्बन्ध रखने वाली फक्किकायें रटते-रटते जिसकी मानसिक सरसता दुग्ध सी हो गई है, महाकावियों की सुन्दर कविताओं का श्रवण भी जिसके कानों को अच्छा नहीं लगता उसे आप चाहे जितनी शिक्षा दें और चाहे जितना अभ्यास करावें वह कभी कवि नहीं हो सकता। सिखाने से भी क्या गधा भैरवी अलाप सकता है ? अथवा दिखाने से भी क्या अन्धा मनुष्य सूर्य-बिम्ब देख सकता है ?

अब आप ही कहिए कि जिन्होंने कवित्व-प्राप्ति-विषयक कुछ भी शिक्षा नहीं पाई, जिन्होंने इस सम्बन्ध में वर्ष दो वर्ष भी अभ्यास नहीं किया और जिन्होंने इस बात का भी पता नहीं लगाया कि उनमें कवित्व-शक्ति का बीज है या नहीं वे यदि बलात् कवि बन बैठें और दुनिया पर अपना आतंक जमाने के लिए कविता-विषयक बड़े-बड़े लेक्चर झाड़ें तो उनके कवित्व की प्रशंसा की जानी चाहिए या उनके साहस, उनके धाष्ट्र्य और उनके अविवेक की। उस दिन सत्रह-अट्ठारह वर्ष का एक लड़का इस किंकर के पास आया। उसकी बगल में उसकी लिखी हुई कोई डेढ़ दर्जन 'कविताओं के कागजों' का एक बण्डल था। वे सब कविताएँ वह कुछ सभाओं में सुना चुका था। उनकी कापियाँ वह कुछ अखबारों को भी भेज चुका था। उसे शब्द-शुद्धि तक का ज्ञान न था। उसकी तुक-बन्दियों में एक नहीं अनेक छन्दोभंग तक थे। तथापि वह अपने मन से कवि बन बैठा था। बहुत कुछ कहने-सुनने से उसने लघुकौमुदी पढ़ डालने का वचन दिया। आजकल ऐसे ही कवियों की धूम है। समाचार-पत्रों और सामयिक पत्रिकाओं के सम्पादकों को भी, कई कारणों से निरुपाय होकर, ऐसों ही की कात-कूत को ग्रहण करना पड़ता है। इसी से कविता के एक विशेषज्ञ ने अपने हार्दिक उद्गार, अपने एक पत्र में, इस प्रकार निकाले हैं—

"आज-कल जो हिन्दी कविताएँ निकलती हैं उन्हें मैं 'अस्पृश्य' समझ कर दूर ही से छोड़ देता हूँ। पहले कुछ पढ़ी, पर चित्त में दुःख हुआ। तब से उन्हें देखना ही बन्द कर दिया। आज-कल के कवि-पुंगवों और उपन्यास-लेखकों से तो जी ऊब उठा है। क्या कहें और किससे कहें ? सबसे बड़ी मुश्किल तो यह है कि यदि कुछ समझाया जाय तो बदनसीब समझ भी नहीं सकते"। (यहाँ पर लेखक ने अपने पत्र में 'बदनसीब' के पर्यायवाची एक ऐसे शब्द का प्रयोग किया है जो बहुत कठोर है। अतएव वह नहीं लिखा गया।)

इस पर प्रार्थना इतनी ही है कि आजकल के सभी कवि ऐसे नहीं। उनमें से दो चार सत्कवि भी हैं, जिनकी रचना पढ़कर कोई भी सरसहृदय कविता-प्रेमी आनन्दमग्न हुए बिना नहीं रह सकता। इस बात के दो-एक प्रमाण, आगे चलकर, सोदाहरण, दिये जायँगे।

अच्छा कविता कहते किसे हैं ? इस प्रश्न का उत्तर बहुत टेढ़ा है इसलिए कि इस विषय में, आचार्यों और विशेषज्ञों में मतभेद है। कविता कुछ सार्थक शब्दों का समुदाय है अथवा यह कहना चाहिए कि ऐसे ही शब्द-समुदाय के भीतर रहने वाली एक वस्तु-विशेष है। कोई तो कहता है कि ये शब्द या वाक्य यदि सरस हैं तभी कविता की कक्षा के भीतर आ सकते हैं। कोई उसके अर्थ को रमणीयता-सापेक्ष्य बतलाता है। कोई उनमें उनके भाव के अनूठेपन के पंख लगाता है। कोई इन विशेषताओं के साथ छन्द-शुद्धि, छन्दःशास्त्र के नियमों के परिपालन और अलंकार आदि की योजना को भी आवश्यक बताता है। पर आप इन पचड़ों को जाने दीजिए। आप सिर्फ यह देखिये कि कोई पत्र लिखता, बोलता या व्याख्यान देता है तो दूसरे पर अपने मन का भाव प्रकट करने ही के लिए वह ऐसा करता है या नहीं। यदि वह इसलिए यह कुछ नहीं करता तो न उसे लिखने की जरूरत और न बोलने की। उसे मूक बन कर या मौन धारण करके ही रहना चाहिए। सो बोलने या लिखने का एक मात्र उद्देश्य दूसरों को अपने मन की बात बताने के सिवा और कुछ हो ही नहीं सकता। जो अंग्रेजी या बँगला-भाषा नहीं जानता उसे इन भाषाओं की बढ़िया कविता या कहानी सुनाना बेकार है। जो बात या जो भाषा मनुष्य सबसे अधिक सरलता से समझ सकता है उसी बात या उसी भाषा की पुस्तक पढ़ने या सुनने से उसके हृदय पर कुछ असर पड़ सकता है। क्योंकि जब तक दूसरे का व्यक्त किया हुआ मतलब समझ में न आवेगा तब तक मनुष्य के हृदय में कोई भी विकार जागृत न होगा। पशुओं के सामने आप उत्तमोत्तम कविता का पाठ कीजिए। उन पर कुछ भी असर न होगा।

अतएव गद्य हो या पद्य, उसमें जो कुछ कहा गया हो वह श्रोता या पाठक की समझ में आना चाहिए। वह जितना ही अधिक और जितना ही जल्द समझ में आवेगा, गद्य या पद्य के लेखक का श्रम उतना ही अधिक और उतना ही शीघ्र सफल हो जायगा। जिस लेख या कविता में यह गुण होता है उसकी प्रासादिक संज्ञा है। कविता में प्रसाद गुण यदि नहीं तो कवि की उद्देशसिद्धि अधिकांश में व्यर्थ जाती है। कवियों को इस बात का सदा ध्यान रखना चाहिए। जो कुछ कहना हो उसे इस तरह कहना चाहिए कि वह पढ़ने या सुननेवाले की समझ में तुरन्त ही आ जाय। इसे तो आप कविता का पहला गुण समझिए। दूसरा गुण कविता में यह होना चाहिए कि कवि के ढंग में कुछ निरालापन या अनूठापन हो—वह अपने मन के भाव को इस तरह प्रकट करे जिससे पढ़ने या सुननेवाले के हृदय में कोई न कोई विकार जागृत,

उत्तेजित या विकसित हो उठे। विकारों का उद्दीपन जितना ही अधिक होगा कवि की कविता उतनी ही अधिक अच्छी समझी जायगी। यह भी न हो तो उसकी कविता सुनकर श्रोता का चित्त तो कुछ चमत्कृत हो। यदि कवि में इतना सामर्थ्य नहीं कि वह दूसरों के हृदयों को प्रभावान्वित कर सके तो कम से कम उसे अपनी बात ऐसे शब्दों में तो जरूर ही कहनी चाहिए जो कान को अच्छी लगे। कथन में लालित्य होना चाहिए; उसमें कुछ माधुर्य होना चाहिए। कविता के शास्त्रीय लक्षणों की परवाह न करके जो कवि कम से कम इन तीनों गुणों में से सबके न सही, एक ही दो के साधन में सफल होने की चेष्टा करेंगे उन्हीं की कविता, न्यूनाधिक अंश में, कविता कही जा सकेगी।

'आबेहयात' के लेखक, प्रोफेसर आजाद, ने संस्कृत भाषा में लिखे गये साहित्य-शास्त्र-विषयक ग्रन्थों का अध्ययन न किया था। पर थे वे प्रतिभावान् सहृदय और काव्य-प्रेमी। इसी से उन्होंने छोटी-छोटी दो ही सतरों में सत्कविता का कैसा अच्छा निरूपण किया है। निरूपण क्या किया है, परमात्मा से उसकी प्राप्ति के लिये प्रार्थना की है। वे कहते हैं–

है इल्तिजा यही कि अगर तू करम करे।
वह बात दे ज़बाँ में कि दिल पर असर करे।।

देखिए, उन्हें माल, मुल्क, प्रभुता, महत्ता किसी की भी इच्छा नहीं। इच्छा सिर्फ यह है कि जो कुछ वे कहें उसका असर सुनने वाले के दिल पर पड़े। सत्कविता का सबसे बड़ा गुण–सबसे प्रधान लक्षण यही है।

सत्कवियों की वाणी में अपूर्व शक्ति होती है। वह श्रोताओं और पाठकों को अभिलषित दिशा की ओर खींचती और उद्दिष्ट विकारों को उन्मज्जित करती है। असर पैदा करना–प्रभाव जमाना–उसी का काम है। सत्कवि अपनी कविता के प्रभाव से रोते हुओं को हँसा सकता है, हँसते हुओं को रुला सकता है, भीरुओं को युद्ध-वीर बना सकता है, वीरों को भयाकुल और त्रस्त कर सकता है, पाषाण-हृदयों के भी मानस में दया का संचार कर सकता है। वह सांसारिक घटनाओं का इतना सजीव चित्र खड़ा कर देता है कि देखने वाले चेष्टा करने पर भी उनके ऊपर से आँख नहीं उठा सकते। जब वह श्रोताओं को किसी विशेष विकार में मग्न करना अथवा किसी विशेष दशा में लाना चाहता है तब वह कुछ ऐसे भावों का उन्मेष करता है कि श्रोता मुग्ध हो जाते हैं और विवश-से होकर कवि के प्रयत्न को बिना विलम्ब सफल करने लगते हैं। यदि वह उनसे कुछ कराना चाहता है तो करा कर ही छोड़ता है। सत्कवि के लिए ये बातें सर्वथा सम्भव हैं।

यदि किसी कवि की कविता में केवल शुष्क विचारों का विजृम्भण है; यदि उसकी भाषा निरी नीरस है; यदि उसमें कुछ भी चमत्कार नहीं तो ऊपर जिन घटनाओं की कल्पना की गई उनका होना कदापि सम्भव नहीं। और यदि उसकी क्लिष्ट

कल्पनाओं और शुष्क शब्दाडम्बर के भीतर छिपे हुए उसके मनोभाव श्रोताओं की समझ ही में न आये तो कोढ़ में खाज ही उत्पन्न हो गई समझिए। ऐसी कविता से प्रभावान्वित होना तो दूर, उसे पढ़ने तक का भी कष्ट शायद ही कोई उठाने का साहस कर सके। बात यदि समझ ही में न आई तो पढ़ने या सुनने वाले पर असर पड़ कैसे सकता है ? जो कवि शब्द-चयन, वाक्य-विन्यास और वाक्य-समुदाय के आकार-प्रकार की काँट-छाँट में भी कौशल नहीं दिखा सकते उनकी रचना विस्मृति के अन्धकार में अवश्य ही विलीन हो जाती है। जिसमें रचना-चातुर्य तक नहीं उसकी कवियशोलिप्सा विडम्बना मात्र है। किसी ने लिखा है–

तान्यर्थरत्नानि न सन्ति येषां
सुवर्णसंघेन च ये न पूर्णाः
ते रीतिमात्रेण दरिद्रकल्पा
यान्तीश्वरत्वं हि कथं कवीनाम् ?

जिनके पास न तो अर्थ रूपी रत्न ही हैं और न सुवर्ण-रूपी सु-वर्ण-समूह ही वे कवियों की रीति-मात्र का आश्रय लेकर–काँसे और पीतल के दो-चार टुकड़े रखने वाले किसी दरिद्र-कल्प मनुष्य के सदृश भला कहीं कवीश्वरत्व पाने के अधिकारी हो सकते हैं ? "कवि-वर, कवि चक्रवर्ती, कविरत्न, आशुकवि और कवि-सम्राट् की सनद अपने नाम के आगे (और कभी-कभी पीछे) लगाकर सर्व-साधारण की आँखों में धूल डालना जितना सरल है, उतना शास्त्रसम्मत और सत्समालोचकों के सिद्धान्त के अनुसार कविवर तो क्या केवल कवि तक बनना कठिन है। कवित्व का महत्त्व काव्यमर्मज्ञ ही समझता है।" यह फरवरी 1927 की सरस्वती में प्रकाशित एक शास्त्री महाशय की सम्मति है, जो सर्वथा ठीक है।

आजकल जो लोग रहस्यमयी या छायामूलक कविता लिखते हैं उनकी कविता से तो उन लोगों की पद्य-रचना अच्छी होती है जो देश-प्रेम पर अपनी लेखनी चलाते या 'चलो वीर पटुआखाली' की तरह की पंक्तियों की सृष्टि करते हैं। उनमें कविता के और गुण भले ही न हों, पर उनका मतलब तो समझ में आ जाता है। पर छायावादियों की रचना तो कभी-कभी समझ में भी नहीं आती। ये लोग बहुधा बड़े ही विलक्षण छन्दों या वृत्तों का प्रयोग करते हैं। कोई चौपदे लिखते हैं, कोई छःपदे, कोई ग्यारह पदे ! कोई तेरह पदे ! किसी की चार सतरें गज-गज भर लम्बी तो दो सतरें दो ही दो अंगुल की ! फिर ये लोग बेतुकी पद्यावली भी लिखने की बहुधा कृपा करते हैं। इस दशा में इनकी रचना एक अजीब गोरखधन्धा हो जाती है। न ये शास्त्र की आज्ञा के कायल, न ये पूर्ववर्ती कवियों की प्रणाली के अनुवर्ती, न ये सत्समालोचकों के परामर्श की परवा करनेवाले ! इनका मूलमन्त्र है–हमचुनाँ दीगरे नेस्त। इस हमादानी को दूर करने का क्या इलाज हो सकता है, कुछ समझ में नहीं आता।

कवितानाम-धारिणी गूढ़ार्थबोधक रचना करके ख्याति के अभिलाषी लेखकों

को सचेत करने के लिए श्रीयुत जन्ध्याल शिवन्न शास्त्री नाम के एक आन्ध्रदेशीय सज्जन ने, गत फरवरी की सरस्वती में, अपने विचार इस प्रकार प्रकट किये हैं।

"आजकल की कविता का तो निश्चित रूप ही नहीं।··· विशेष करके आजकल युवक कवि 'मिस्टिक पोयट्री' (रहस्यमय कविता) लिखते हैं। ये लोग अपने अनुभव के किसी पहलू को लेकर इतनी अस्पष्ट कविता लिखते हैं कि स्वयं लेखक के सिवा दूसरे की समझ में वह नहीं आती। इनमें कई तो ऐसे भी लेखक हैं जो दूसरों को अपनी कविता का भाव भी नहीं समझा सकते। ऐसी कविताओं से क्या लाभ है, मैं नहीं जानता।"

इससे अधिक आश्चर्य की बात भला और क्या हो सकती है कि स्वयं कवि भी अपनी कविता का मतलब दूसरों को न समझा सके। यह शिकायत शिवन्न शास्त्री ही की नहीं और भी अनेक कविता-प्रेमियों की है। ऊपर, एक जगह, लखनऊ के एक साहित्य-शास्त्री के उलाहने का उल्लेख हो ही चुका है। अपने प्रान्त के नामी साहित्य-सेवी, लेखक और सम्पादक राय साहब बाबू श्यामसुन्दरदासजी क्या कहते हैं, सो भी सुन लीजिए–

"छायावाद और समस्यापूर्ति से हिन्दी-कविता को बहुत हानि पहुँच रही है। छायावाद की ओर नवयुवकों का झुकाव है और ये जहाँ कुछ गुनगुनाने लगे कि चट दो-चार पद जोड़कर कवि बनने का साहस कर बैठते हैं। इनकी कविताओं का अर्थ समझना कुछ सहज नहीं है। कविता लिखने के अनन्तर बेचारा कवि भी उसके अर्थ को भूल जाता है और उसके भाव तक को समझाने में असमर्थ हो जाता है। पूज्य रवीन्द्रनाथ का अनुकरण करके ही यह अत्याचार हिन्दी में हो रहा है। उस कविश्रेष्ठ की विद्या-बुद्धि की समता करने में असमर्थ होते हुए भी कुछ ऐसी बातें कह जाना जिनका कोई अर्थ ही न समझ सके, ये कवि अपने कवित्व की पराकाष्ठा समझने लगे हैं।"

लीजिए, उसी पूर्वनिर्दिष्ट दोष को बाबू साहब भी दुहरा रहे हैं। व्यास ने महाभारत लिखा तो हम भी महाभारत लिखेंगे। होमर ने इलियड लिखा तो हम भी वैसा ही काव्य लिख डालेंगे। बात यह ? क्यों न ? यह इन कवियों के कवित्व की पराकाष्ठा तो नहीं, अविवेक की पराकाष्ठा अवश्य है।

कल्पना कीजिए कि कविचक्रचूड़ामणि चन्द्रचूड चतुर्वेदी छायात्मक कविता के उपासक हैं। आपको विश्व-विधाता के रचनाचातुर्य का वर्णन करना है। यह काम वे प्रत्यक्ष रीति पर करना चाहते नहीं। इसलिए उन्होंने किसी माली या कुम्भकार का आश्रय लिया और लगे उसके कार्य-कलाप की खूबियों का चित्र उतारने। अब तक माली या कुम्हार की कारीगरी का वर्णन सुन कर प्रति वाक्य या प्रति पद्य में ब्रह्म देव की कारीगरी का यदि भास न हुआ तो कवीश्वर जी अपनी कृति में कृत-कार्य कैसे समझे जा सकेंगे ? इस तरह का परोक्ष वर्णन क्या अल्पप्रयास-साध्य होता है ?

क्या यह काम किसी ऐसे-वैसे कवि के बूते का है ? रवीन्द्रनाथ ने जो काम कर दिखाया है वह क्या सभी ऐरे-गैरे कर दिखा सकते हैं ? जब ये लोग अपने लेख का भाव कभी-कभी स्वयं ही नहीं समझा सकते तब दूसरे उसे कैसे समझ सकेंगे ? अफसोस तो इस बात का है कि ये इतनी मोटी-मोटी बातें भी इनके ध्यान में नहीं आतीं। कविता का सबसे बड़ा गुण है उसकी प्रासादिकता। वही जब नहीं तब कविता सुन कर श्रोता रीझ किस तरह सकेंगे और उसका असर उन पर होगा क्या खाक़ !

यहाँ तक जो कुछ लिखा गया उसकी पूर्ति के लिए अच्छी और बुरी कविता के अब केवल दो चार उदाहरण देना शेष हैं। ये उदाहरण हम उन्हीं सामयिक तथा अन्य पुस्तकों से देंगे जो हमारे सामने हैं और जो अभी हाल ही में प्रकाशित हुई हैं। पाठक यह न समझें कि ये उदाहरण ढूँढ़-ढूँढ़ कर परिश्रमपूर्वक चुने गये हैं।

एक कविता का नाम है–'तब फिर ?' जरा इस नाम की विलक्षणता पर भी ध्यान दीजिएगा। कविता नीचे देखिए–

> तब फिर कैसा होगा मात !
> धीरे-धीरे पक्षहीन जब हो जावेगा यह द्विज-दल !
> डाल डाल में, शाल शाल में उड़ न सकेगा उच्छृंखल।
> म्लान-पुष्प सा झर जावेगा तब यह भी निर्बल, निश्चल,
> नहीं गा सकेगा मृदु-स्वर से प्रथम-रश्मि का स्वागत कल ?
> यह तो करता है उत्पात !
> अति अनन्त नभ की नीरवता यह शब्दित कर हरता है,
> विमल-वायु का कोमल मानस उड़ उड़ कम्पित करता है।
> मेरे सुन्दर धनुष-बाण में समुद बैठते डरता है,
> इसे बुलाने पर भी तो यह कभी न निकट विचरता है।
> इसे नहीं यह अब तक ज्ञात–
> जब तुम मुझको बैठाती हो कंटकदल के आसन में,
> उसे ग्रहण करती हूँ तब मैं कितनी प्रमुदित हो मन में।
> शूल शूल से हो जाते हैं स्वकर्तव्य के पालन में,
> क्या न बनी थी पुरी अयोध्या पंचवटी के भी वन में।

पाठक कृपापूर्वक बतलावें कि इस गोरखधन्धे से वे क्या समझे। डरता, विचरता, हरता और हो जावेगा, झर जावेगा, गा सकेगा आदि–पहले दो खण्डों की क्रियाओं का कर्ता तो 'द्विज-दल' जान पड़ता है। तीसरे खण्ड में 'तुम' किसके लिए आया है और 'ग्रहण करती हूँ' यह स्त्रीलिंग क्रिया किसकी है ? फिर 'धनुष में' (धनुष के भीतर) कोई कैसे घुस कर बैठ सकता है ? हाँ, उसके ऊपर पक्षी अवश्य बैठ सकते हैं। खैर, इन बातों को आप जाने दीजिए, क्योंकि वैसे तो इसमें अनेक विचित्रतायें हैं। अच्छा, कवि का भाव क्या है, यह बताइए और इन सतरों को पढ़कर आप पर

कुछ असर भी हुआ या नहीं, यह कहिए। क्या यह शब्दाडम्बर ही मात्र नहीं ? क्या इसके पाठ से आपका हृदय कुछ भी चमत्कृत हुआ ? किसी कविता में यदि कुछ हृदयहारी भाव न हो तो कम से कम वह श्रुति-सुखद तो होनी चाहिए। यदि उसमें कुछ चमत्कार हो तो और भी अच्छा। चमत्कार को भी अच्छी कविता का एक अंग समझना चाहिए। क्षेमेन्द्र ने लिखा है–

एकेन केनचिदनर्षमणि प्रभेण
काव्यं चमत्कृतिपदेन बिना सुवर्णम्।
निर्दोषलेशमपि रोहति कस्य चित्ते
लावण्यहीनमिव यौवनमंगनानाम्।।

काव्य चाहे सब प्रकार निर्दोष ही क्यों न हो और चाहे वह सुवर्णभरण से अलंकृत ही क्यों न हों, यदि उस बहुमूल्य मणि के सदृश कोई चमत्कार उत्पन्न करनेवाला पद नहीं तो–कामिनियों के लावण्य-हीन यौवन के सदृश–भला वह किसे अच्छा लगेगा ?

द्विज का अर्थ है–दाँत, पक्षी और ब्राह्मणादि। वर्णत्रय कविता में उड़ने और गाने आदि का उल्लेख है। इससे सूचित है कि कविता से पहले दो खण्डों में कवि किसी पक्षी की बात कह रहा है। पर अन्तिम खण्ड में उसने जो कुछ कहा है उससे उसके मन की बात ध्यान में नहीं आती। यदि ऐसी नीरस और अमानवीय सतरें भी कविता कही जा सकेंगी तो नीचे की व्यर्थ बक भी कविता ही क्यों न समझी जाय–

सिंघलदीप की पद्मिनी राज भुजावन जायँ
कोठे पर ते गिर पड़ीं का खैहो कोहू का खेत

अब आप एक सत्कवि की सीधी-सादी कविता सुनिये। कवि भगवान् मुरलीमनोहर से विनय करता है–

होता दिन रात जहाँ तेरा दिव्य गुण-गान,
मन से कदापि जहाँ छूटता न तेरा ध्यान।
सुनते जहाँ हैं सब नित्य ही लगा के कान,
तेरी मनोहारी मृदु मंजु मुरली की तान।।
सुख से सदैव तेरे प्रेमी जन भाग्यवान्;
करते जहाँ हैं तेरा रम्य-रूप-रस-पान।
विनय यही है वही तनिक मुझे भी स्थान,
कर दे प्रदान दया करके दयानिधान !

कौन ऐसा सरसहृदय श्रोता होगा जो यह कविता सुन कर लोट-पोट न हो जाय। भगवद्भक्त तो इसे सुन कर अवश्य ही मुग्ध हो जायँगे। अन्य रसिकों पर भी इसका असर पड़े बिना न रहेगा। कितनी ललित, प्रसादपूर्ण और कर्णमधुर रचना है। इसमें

जो भाव निहित है वह सुनने के साथ ही समझ में आ जाता है। यह इसकी सबसे बड़ी खूबी है।

एक और उदीयमान बुध या वृहस्पति आदि ग्रहों के सदृश नहीं, सूर्य के सदृश छायावादी कवि की कविता सुनिये। इस कविता का नाम है–'आया !' याद रहे, यह आश्चर्यसूचक चिह्न भी कवि का ही दिया हुआ है–

ज्यों प्रदीप का अन्त हुआ तू अन्धकार के संग अहा !–
आ गया मलयानिल सा, क्या इस तम-तरंग में छिपा रहा ?
घोर निबिड़ में तू आयेगा यदि कोई यह बतलाता,
इस दीपक का मेरे द्वारा अन्त कभी का हो जाता।
X X X
जो हो आओ रिक्त करों से तेरा स्वागत करता हूँ,
जिसे हृदय में रक्खा था वह तव चरणों पर रखता हूँ।

इस गूढ़ार्थ-प्रेमी कवि की वह चीज अब पाठक ही ढूँढ़ने की तकलीफ गवारा करें जिसे वह अपने हृदय में, दीपक बुझने के समय तक, छिपाये बैठा था। इस कविता का पहला खण्ड पढ़कर छन्दःशास्त्र को तो किसी नदी या समुद्र में डूब मरना चाहिए। यह 'घोर निबिड़' क्या चीज है ? अन्धकार तो कहीं उस पंक्ति में है ही नहीं। कवि का हृदय ही घोर और निबिड़ हो तो हो सकता है। ऐसी ही कविता लिख कर हिन्दी के कुछ कवि अपने को धन्य मान रहे हैं !

इसके मुकाबले में अब आप एक पुराने कवि की कविता का आस्वादन कीजिए–

सुदामा तन हेरे तौ रंक हू ते राव कियौ,
विदुर तन हेरे तौ राजा कियौ चेरे तें।
कूबरी तन हेरे तौ सुन्दर सुरूप दियौ
द्रौपदी तन हेरे तौ चीर बढ़्यौ टेरे तें।
कहै छत्रसाल प्रहलाद की प्रतिज्ञा राखी
हर्नाकुस मार्‌यो नेक नजर के फेरे तें।
येरे अभिमानी गुरु ज्ञानी भये कहा भयो
नामी नर होत गरुडगामी के हेरे तें।

इस पर सहृदयों से प्रार्थना इतनी ही है कि वही इसका फैसला करें कि किसे वे कविता समझते हैं–इस ऊपर के अवतरण को या छायावादी कवि की 'आया !' को।

अब डंके की चोट अपने बी. ए. पास होकर निकलने की खबर सुनानेवाले एक और कवि की करामात देखिए। आपकी कविता का नाम है 'ज्वार'। ज्वार से मतलब इस नाम के अन्न से नहीं, समुद्र में उठनेवाले ज्वार-भाटे के ज्वार से है।

कविजी के विशाल हृदय-सागर में ज्वार उठने पर आपने जो कुछ फरमाया है वह यह है–

हृदय हमारा उमड़ रहा क्यों उठता है कैसा तूफान !
उथल-पुथल यह मचा रहा क्यों ? और उठाता (क्यों ?)
मधुर उफान ?।। 1।।
दुख की अन्तिम घड़ियों का मैं देख रहा हूँ क्या यह अन्त ?
छिपा हुआ है इस 'पतझड़' में क्या जीवन का नवल
'बसन्त' ?।। 2।।
आता है क्या 'यह' मिलने को ? मचल रहा तू जिसको जान;
सँभल ?–कहीं तू भूल न जाना ! लख कर दोनों रूप समान।। 3।।

इसमें प्रश्नचिह्न, आश्चर्यचिह्न, कामा इत्यादि जितने हैं सब कविजी ही के दिये हैं; या सम्भव है, प्रेस के कर्मचारियों की कृपा से कुछ कूद पड़े हों। पाठक, इसमें ज्वार, तूफान, बसन्त, पतझड़ आदि की प्रभूत विभूति से विभावान्वित होकर कविजी से आप सँभल कर पूछिए कि वे दो समान रूप किस-किस के हैं। कवियों की वाणी में रस और चमत्कार होता है। वे पहेलियाँ नहीं बुझाते। नीरस बात को भी वे सरस ढंग से कहते हैं। वे मुर्दा शब्दों में भी जान डाल देते हैं। साधारण अर्थ में भी असाधारणता पैदा कर देते हैं। यदि कोई कहे–राहु नाम के राक्षस को मारने वाले विष्णु भगवान् को नमस्कार है–तो कवि उसे फटकार बता देगा। वह कहेगा–क्या बकते हो ! अपनी बात को इस तरह कहो–

नमस्तस्मै कृतौ येन मुधा राहुवधूकुचौ

सत्कवियों की इस सरस वाणी को देखिए और बी. ए. पास कवि के प्रयुक्त शब्दों के तूफान में पड़ कर हिन्दी-साहित्य के सौभाग्य की प्रशंसा कीजिए।

पाठक शायद कहें कि ऊपर अच्छी कविता के जो दो नमूने दिये गये हैं उनमें भक्ति-भाव का प्रदर्शन है। इसी कारण वे श्रोताओं पर अपना प्रभाव डालते हैं। अच्छा तो जिसमें यह बात नहीं ऐसी भी एक सत्कविता सुन लीजिए। हाँ, उसके लिए स्थिति स्थान से उठ कर एक पुस्तक उठानी पड़ेगी। पर हर्ज नहीं। देखिए एक कवि अन्य कवियों से कहता है–

मृत जात को कवि ही जिलाते रस-सुधा के योग से
पर मारते हो तुम हमें उलटे विषय के रोग से।
कवियो ! उठो, अब तो भला कवि-कर्म की रक्षा करो;
सब नीच भावों का हरण कर उच्च भावों को भरो।

इसमें और कुछ गुण हो या न हो, पर इसमें व्यक्त किया गया कवि का हृदयभाव झट ध्यान में तो आ जाता है।

कवि-जन विश्वास रक्खें, कवियों के इस किंकर ने इस लेख में कोई बात

द्वेष-बुद्धि से नहीं लिखी। जो कुछ उसने लिखा है, हित-चिन्तना ही की दृष्टि से लिखा है। फिर भी यदि उसकी कोई बात किसी को बुरी लगे तो वह उसे उदारतापूर्वक क्षमा कर दे–

आनन्दमन्थरपुरन्दरमुक्तमाल्यं
मौलौ हठेन निहितं महिषासुरस्य।
पादाम्बुजं भवतु ते विजयाय मंजु–
मंजीरशिंजितमनोहरमम्बिकायाः।

महिषासुर के सिर ने जिसकी कठोर ठोकर खाई है और आनन्दमग्न पुरन्दर ने जिस पर फूल-माला चढ़ाई है, नूपुरों की मधुर-ध्वनि करने वाला, भगवती अम्बिका का वही पादपद्म, हिन्दी के छायावादी तथा अन्य कवियों को इतना बल दे कि वे अपने असद्विचारों को हरा कर उन पर सदा विजय-प्राप्ति करते रहें। अन्त में इस किंकर की यही कामना है।

**[मई, 1927 में 'श्रीयुत सुकवि-किंकर' नाम से प्रकाशित तथा 'साहित्यालाप' पुस्तक में 'आजकल के छायावादी कवि और कविता' तथा 'संचयन' में 'आजकल की कविता' शीर्षक से संकलित।]**

# हंस का नीर-क्षीर-विवेक

संस्कृत-साहित्य में हंस, पिक, भ्रमर और कमल की बड़ी धूम है। बिना इसके कवियों की कविता फीकी हो जाती है। कोई पुराण, कोई काव्य, नाटक ऐसा नहीं जिसमें इनका जिक्र न हो। इस सब में कवियों ने एक न एक विशेषता भी रक्खी है। यथा–हंस, मिले हुए दूध और पानी को अलग-अलग कर देता है; दूध पी लेता है और पानी छोड़ देता है। पिक अपने बच्चे कौवों के घोसलों में रख आता है और बड़े होने तक उन्हीं से उनकी सेवा कराता है। भ्रमर आम की मंजरी से अतिशय प्रेम रखता है, पर चम्पे के पास तक नहीं जाता। कमल चन्द्रमा से द्वेष रखता है, उसकी विद्यमानता में वह कभी नहीं खिलता, पर सूर्य का वह परम भक्त है। इनमें से दो एक बातें तो निःसन्देह सही हैं, पर औरों में मतभेद हैं। उदाहरण के लिए हंस और उसके नीर-क्षीर-विषयक विवेक को लीजिए।

संस्कृत-काव्यों में जगह-जगह पर यह लिखा हुआ है कि हंस में यह शक्ति है कि वह दूध और पानी को अलग-अलग कर देता है। पर दूध और पानी को अलग-अलग करते उसे किसी ने नहीं देखा; देखा भी हो, पर इस विषय का कोई, लेख कहीं नहीं मिलता। यह प्रवाद सात समुद्र पार करके अमेरिका पहुँचा। वहाँ के विद्वानों को हंस का यह अद्‌भुत गुण सुनकर आश्चर्य हुआ। पर वे लोग ऐसी-ऐसी बातों को चुपचाप मान लेने वाले नहीं। इस देश में हंस विषयक यह प्रवाद हजारों वर्षों से सुना जाता है। पर इसके सत्यासत्य की जाँच आज तक किसी ने नहीं की। यदि किसी ने की भी हो, तो उसका फल कहीं लिपिबद्ध नहीं मिलता। अमेरिका में हार्वर्ड नाम का एक विश्वविद्यालय है। उसमें लांगमैन साहब एक अध्यापक हैं। आपने हंस के इस लौकिक गुण की परीक्षा का प्रण किया। इसलिए आपने कई हंस मँगा कर पाले और अनेक तरह से उनकी परीक्षा की। पर नीर को क्षीर से अलग करने में उन्होंने हंस को असमर्थ पाया, तो हंस की नीर-क्षीर-विवेक विषयक वाक्यों की

क्या संगति है ? इस विषय के दो-चार वाक्य सुनिए–

नीर-क्षीर-विवेके हंस्यालस्यं त्वमेव तनुषे चेत्।
विश्वस्मिन्न धुनान्यः कुलव्रतं हालयिष्यति कः।।

–भामिनीविलास।

हे हंस, यदि क्षीर को नीर से अलग कर देने का विवेक तू ही शिथिल कर देगा तो फिर इस जगत में अपने कुलव्रत का पालन और कौन करेगा ?

वितीर्णशिक्षा इव हृत्पतस्थसरस्वतीवाहनराजहंसै।
ये क्षीर-नीर-प्रविभागदक्षा यशश्विनस्ते कवियो-जयन्ति।

–श्रीकण्ठचरित।

हृदय में स्थित सरस्वती के वाहन राजहंसों ने मानो जिनको शिक्षा दी है, ऐसे क्षीर-नीर-विभाग करने में दक्ष कविजनों की महिमा खूब जागरूक है।

यो हनष्यति वध्यं त्वां रक्ष्यं रक्षति च द्विजम्।
हंसो हि क्षीरमादत्ते तन्मिश्च वर्जयत्यपः।।

–शकुन्तला।

हंस जिस तरह क्षीर ग्रहण कर लेता है, उसमें मिला हुआ पानी पड़ा रहने देता है, वैसे ही यह भी वध करने योग्य मुझे मारेगा और रक्षणीय द्विज की रक्षा करेगा।

प्रज्ञास्तु जल्पतां पुंसां श्रुत्वा वाचः शुभाऽशुभाः।
गुणवद्वाक्यमादते हंसः क्षीरमिवाम्भसः।।

–महाभारत–आदिपर्व।

लोगों के मुँह से भली-बुरी बातें सुनकर बुद्धिमान आदमी अच्छी बात को वैसे ही ग्रहण कर लेता है, जैसे हंस जल में से दूध को ग्रहण कर लेता है।

यजुर्वेद के तैत्तिरीय ब्राह्मण के दूसरे अध्याय में एक वाक्य है। उसका मतलब है–जिस तरह क्रौंच पक्षी जल और दूध को अलग-अलग करके दूध का ही पान करता है; उसी तरह इन्द्र भी जल से सोमरस को अलग करके उसका पान कर लेता है। इसकी टीका सायनाचार्य ने इस प्रकार की है–

क्षीरपात्रे स्वमुखे प्रक्षिप्ते सति मुखगतरससम्पर्कात्क्षीरांशो जलांशश्चौंभौ विविच्यते।

अर्थात्–जल-मिश्रित दूध के बर्तन में हंस जब अपनी चोंच डालता है, तब मुखगत रस-विशेष का योग होते ही जल और दूध दोनों अलग-अलग हो जाते हैं, या अलग-अलग जान पड़ते हैं। इस पिछले अवतरण से यह सूचित होता है कि किसी-किसी की राय में हंस के मुंह में एक प्रकार का रस होता है। उस रस का मेल होने से पानी और दूध अलग-अलग हो जाते हैं। यदि इस रस में खट्टापन हो तो दूध का जम कर दही हो जाना सम्भव है। पर इसके लिए कुछ समय चाहिए। क्या हंस की चोंच दूध के अन्दर पहुँचते ही दूध जम जाता होगा ? सम्भव है जम

जाता हो; पर यह बात समझ में नहीं आती कि पात्र में भरे हुए जल-मिश्रित दूध में से जल को अलग करके दूध को हंस किस तरह पी लेता है। अध्यापक लांगमैन की परीक्षा से तो यह बात सिद्ध नहीं हुई।

अमेरिका के एक और विद्वान ने हंस के नीर-क्षीर विषयक प्रवाद का विचार किया है। आपका नाम है डाक्टर काब्मस। आप वाशिंगटन में रहते हैं। आपका मत है कि हंस के मुँह की बनावट ऐसी है कि जब वह कोई चीज खाता है, तब उसका रसमय पतला अंश उसके मुँह से बाहर गिर पड़ता है और कड़ा अंश पेट में चला जाता है। आपके मत में दूध से मतलब इसी कड़े अंश से है ! बहुत रसीली चीज खाते समय रस का बाहर आना सम्भव जरूर है; पर किसी चीज के कठोर अंश का अर्थ दूध करना हास्यास्पद है।

अच्छा, हंस रहते कहाँ हैं और खाते क्या हैं ? हंस बहुत करके इसी देश में पाये जाते हैं। उनका सबसे प्रिय निवासस्थान मानसरोवर है। यह सरोवर हिमालय पर्वत के ऊपर है। सुनते हैं, यह तालाब बहुत सुन्दर है। इसका जल मोती के समान निर्मल है। यहीं हंस अधिकता में रहते हैं और यहीं वे अण्डे देते हैं। जाड़ा आरम्भ होते ही, शीताधिक्य के कारण मानसरोवर छोड़ करके नीचे चले आते हैं; पर विन्ध्याचल के आगे वे नहीं बढ़ते; विन्ध्य और हिमालय के बीच ही में निर्मल जल राशि पूर्ण तालाबों और नदियों के किनारे वे रहते हैं। चैत्र बैशाख में वे फिर हिमालय की तरफ चले जाते हैं। जिन जलाशयों में कमलों की अधिकता होती है, वे हंसों को अधिक प्रिय होते हैं। वहीं वे अधिक रहते हैं। उनके शरीर का रंग सफेद होता है और उनके पैर लाल होते हैं। चोंच का रंग भी लाल होता है; डील डौल उनका बतक से कुछ बड़ा होता है।

यदि हंस दूध पीते हैं, तो दूध उनको मिलता कहाँ से है ? मानसरोवर में उन्होंने गायें या भैंसें तो पाल नहीं रक्खीं, और न हिन्दुस्तान ही के किसी तालाब या नदी में उनके दूध पीने की कोई सम्भावना ! इससे गाय या भैंस का दूध पीना हंसों के लिए असम्भव-सा जान पड़ता है। कोई-कोई कवि-जन कहते हैं कि हंस मोती चुगते हैं। पर मोती भी मानसरोवर में नहीं पैदा होते। यदि उसमें मोती पैदा होना मान भी लिया जाय तो हिन्दुस्तान के तालाबों में, जहाँ वे कुछ दिन तक रहते हैं, मोतियों का पैदा होना आज तक नहीं सुना गया। हाँ, एक बार हमने कहीं पढ़ा था कि पंजाब, या राजपूताने की किसी झील में कुछ सूक्तियाँ ऐसी मिली थीं जिनमें मोती थे, पर क्या जितने हंस मानसरोवर छोड़ कर नीचे आते हैं वे सिर्फ उसी झील में जाकर रहते और मोती चुगते हैं ? वहाँ भी यदि मोती बिखरे हुए पड़े हों, तभी उन्हें हंस-गण आसानी से चुगेंगे ? पर यदि वे सूक्तियों के भीतर ही रहते हों तो उनको फोड़ कर मोती निकालना हंसों के लिए जरा कठिन काम होगा; पर इन सम्भावनाओं का कुछ अर्थ नहीं। निर्मल जल की उपमा मोती से दी जाती है और मानसरोवर का जल अत्यन्त

निर्मल है। इससे उसके मोती-सदृश जल की उपमा मोती से देते-देते लोगों ने जल को ही मोती मान लिया हो तो कोई आश्चर्य नहीं। अतएव–

"की हंसा मोती चुगें की भूखे रह जायें" आदि में मोती चुगने से मतलब मोती के समान निर्मल जल पीने से जान पड़ता है। यह पीने की बात हुई। अब खाने की बात का विचार कीजिए। नैषधचरित के पहले सर्ग में लिखा है कि राजा नल ने एक हंस पकड़ा। हंस आदमी की बोली बोलता था। उसने राजा से कहा–"फलेन मूलेन च वारिभूरुही मुनेरिवेत्थं मम यस्य वृत्तयः।" अर्थात् पानी में पैदा होने वाले पौधों और बेलों के फलों और कन्दों से मैं मुनियों के समान अपना जीवन-निर्वाह करता हूँ। भामिनी-विलास में जगन्नाथराय ने हंस की एक अन्योक्ति कही है, यथा–

भुक्ता मृणालपटली भवता निपीता–
न्यम्बूनि यत्र नलिनानि निषेवितानि।
रे राजहंस ! वद तस्य सरोवरस्य
कृत्येन केन भवितासि कृतोपकारः ?

रे राजहंस, जिसके आश्रय में रहकर तूने मृणालदण्डों को खाया, जल-पान किया और नलिनों का स्वाद लिया उस सरोवर का तू किस प्रकार प्रत्युपकार करेगा ? मेघदूत में कालिदास कहते हैं–

आकैलाशाद् बिसकिसलयच्छेदपाथेयवन्तः।
सम्यत्स्यन्ते नभसि भवतो राजहंसा सहायाः।।

अर्थात् बिस और किसलय रूपी पाथेय (रास्ते में खाने पीने की सामग्री) लेने वाले राजहंस आकाश में, कैलाश पर्वत से आप (मेघ) के साथी या सहायक होंगे। विक्रमोर्वशी में भी कालिदास एक जगह कहते हैं–

सुरांगना कर्पंति खण्डिताग्रात सूत्र मृणालादिव राजहंसी।

अर्थात् यह सुरांगना (मेरा मन शरीर से उसी तरह) खींच रही है, जिस तरह राजहंसी मृणाल से सूत्र खींचती है। इन अवतरणों से प्रकट है कि हंस चाहे मोती चुगते और दूध पीते ही क्यों न हों, पर वे पानी भी पीते हैं और जलरुह पौधों के फल, फूल, मूल, नाल, मृणाल और विषतन्तु भी खाते हैं। हंसों को जलज-पूर्ण जलाशयों में रहना अधिक पसन्द है। वहाँ उनके खाने की सामग्री, विशेष करके मृणाल-दण्ड, उनके भीतर के बिस-तन्तु और उनसे निकलने वाला रस है। कमल-नाल को तोड़ने से उसके भीतर से सफेद-सफेद सूत-सी एक चीज निकलती है। उसी को बिस-तन्तु कहते हैं। सुनते हैं, उसे हंस बहुत खाते हैं। मृणाल-दण्ड की गाँठों से एक तरह का रस भी निकलता है, वह पतले दूध की तरह सफेद होता है। उसमें कुछ मीठापन भी होता है। उस रस का भी नाम क्षीर है। पेड़ों से निकलने वाले पानी के सदृश सफेद रंग के प्रायः सभी प्रवाही पदार्थों का नाम क्षीर है। यहाँ तक कि गूलर, बरगद, थूहड़ और मदार तक से निकलने वाली सफेद चीज को हम लोग दूध ही कहते हैं।

मृणाल-दण्ड पानी में रहते हैं। उन्हीं के भीतर से क्षीर-तुल्य सफेद रस निकलता हैं। उसी रस को हंस पीते या खाते हैं। अतएव, इस तरह, पानी के भीतर से निकाल कर हंसों का दूध पीना जरूर सिद्ध है। अनुमान होता है कि आरम्भ में इसी प्रकार के नीर-क्षीर के पृथकत्व से पण्डितों का मतलब रहा होगा। धीरे-धीरे लोग यह बात भूल गये। उनकी यह समझ हो गई कि मामूली जल-मिश्रित दूध से हंस जल को पृथक् कर देते हैं और जल को छोड़ कर दूध भर पी जाते हैं।

**[नवम्बर, 1906 की 'सरस्वती' में प्रकाशित तथा 'रसज्ञ-रंजन' में संकलित।]**

# कवियों की उर्मिला-विषयक उदासीनता

कवि स्वभाव से ही उच्छृंखल होते हैं। वे जिस तरफ झुक गये, झुक गये। जी में आया तो राई का पर्वत कर दिया; जी में न आया तो हिमालय की तरफ भी आँख उठाकर न देखा। यह उच्छृंखलता या उदासीनता सर्व-साधारण कवियों में तो देखी ही जाती है, आदि कवि तक इससे नहीं बचे। क्रौंच पक्षी के जोड़े में से एक पक्षी को निषाध द्वारा वध किया गया देख जिस कवि-शिरोमणि का हृदय दुःख से विदीर्ण हो गया, और जिसके मुख से 'मानिषाद' इत्यादि सरस्वती सहसा निकल पड़ी, वही पर-दुःख-कातर मुनि, रामायण निर्माण करते समय, एक नव-परिणीता दुःखिनी वधू को बिल्कुल ही भूल गया। विपत्ति बिधुरा होने पर उसके साथ अल्पादल्पतरा समवेदना तक उसने प्रकट न की–उसकी खबर तक न ली।

वाल्मीकि रामायण का पाठ किंवा पारायण करने वालों को उर्मिला के दर्शन सबसे पहले जनकपुर में सीता, माण्डवी और श्रुतकीर्ति के साथ होते हैं। सीता की बात तो जाने ही दीजिए, उनके जीविताधार रामचन्द्र के चरित्र-चित्रण ही के लिए रामायण की रचना हुई है। माण्डवी और श्रुतिकीर्ति के विषय में कोई विशेषता नहीं। क्योंकि आग से भी अधिक सन्ताप पैदा करने वाला पति-वियोग उनको हुआ ही नहीं। रही बाल-वियोगिनी देवी उर्मिला, सो उसका चरित्र सर्वथा गेय और आलेख्य होने पर भी, कवि ने उसके साथ अन्याय किया। मुने ! इस देवी की इतनी उपेक्षा क्यों ? इस सर्वसुख वंचिता के विषय में इतना पक्षपात-कार्पण्य क्यों ? क्या इसलिए कि इसका नाम इतना श्रुतिमुखद, इतना मंजुल, इतना मधुर है और तापसजनों का शरीर सदैव शीताताप सहने के कारण कठोर और कर्कश होता है–पर नहीं, आपका काव्य पढ़ने से यही जान पड़ता है कि आप कठोरता प्रेमी नहीं। भवतु नाम। हम इस उपेक्षा का एक मात्र कारण भगवती उर्मिला का भाग्यदोष ही समझते हैं। हा हतविधिलसते। परमकारूणिकेन मुनिना वाल्मीकिनापि विस्मृतासि।

हाय वाल्मीकि ! जनकपुर में तुम उर्मिला को सिर्फ एक बार, वैवाहिक-वधू-वेश में दिखाकर चुप हो बैठे। अयोध्या आने पर ससुराल में इसकी सुधि यदि आपको न आई थी तो न सही पर, क्या लक्ष्मण के वन-प्रयाण-समय में भी उसके दुःखाश्रुमोचन करना आपको उचित न जँचा ? रामचन्द्र के राज्याभिषेक की जब तैयारियाँ हो रही थीं, राजान्तःपुर ही क्यों सारा नगर नन्दन-वन बन रहा था; उस समय नवला उर्मिला कितनी खुशी मना रही थी, सो क्या आपने नहीं देखा ? अपने पति के परमाराध्य राम को राज्य-सिंहासन पर आसीन देख उर्मिला को कितना आनन्द होता; इसका अनुमान क्या आपने नहीं किया ? हाय ! वही उर्मिला एक घण्टे बाद, राम-जानकी के साथ निज पति को 14 वर्ष के लिए बन जाते हुए देख, छिन्नमूल शाखा की तरह राज-सदन की एक एकान्त कोठरी में भूमि पर लोटती हुई क्या आपके नयनगोचर नहीं हुई ? फिर भी उसके लिए आपकी "वचने दरिद्रता" ! उर्मिला वैदेही की छोटी बहिन थी। सो उसे बहिन का वियोग सहना पड़ा और प्राणाधार पति का भी वियोग सहना पड़ा ! पर इतनी घोर दुःखिनी होने पर भी आपने दया न दिखाई। चलते समय लक्ष्मण को उसे एक बार आँख भर देख भी न लेने दिया ! जिस दिन राम और लक्ष्मण, सीतादेवी के साथ, चलने लगे–जिस दिन उन्होंने अपने पुर-त्याग से अयोध्या नगरी को अन्धकार में, नगरवासियों को दुःखोदधि में और पिता को मृत्यु-मुख में निपतित किया, उस दिन भी आपको उर्मिला याद न आई। उसकी क्या दशा थी, वह कहाँ पड़ी थी; सो कुछ भी आपने न सोचा; इतनी उपेक्षा !

लक्ष्मण ने अकृत्रिम भ्रातृस्नेह के कारण बड़े भाई का साथ दिया। उन्होंने राज-पाट छोड़कर अपना शरीर रामचन्द्र को अर्पण किया। यह बहुत बड़ी बात की। पर उर्मिला ने इससे भी बढ़कर आत्मोत्सर्ग किया। उसने अपनी आत्मा की अपेक्षा भी अधिक प्यारा अपना पति राम-जानकी को दे डाला और यह आत्मसुखोत्कर्ष उसने तब किया जब उसे ब्याह कर आये हुए कुछ ही समय हुआ था। उसने अपने सांसारिक सुख के सबसे अच्छे अंश से हाथ धो डाला। जो सुख विवाहोत्तर उसे मिलता उसकी बराबरी 14 वर्ष पति-वियोग के बाद का सुख कभी नहीं कर सकता। नवोढ़त्व को प्राप्त होते ही जिस उर्मिला ने, रामचन्द्र और जानकी के लिए, अपने सुख सर्वस्व पर पानी डाल दिया उसी के लिए, अन्तर्दर्शी आदि कवि के शब्द-भण्डार में दरिद्रता !

पति-प्रेम और पति-पूजा की शिक्षा सीतादेवी को जहाँ मिली थी वहीं उर्मिला को भी मिली थी। सीतादेवी की सम्मति–

जहँ लगि नाथ नेह अरु नाते।
पिय बिनु तियहिं तरनि ते ताते।।

उर्मिला की क्या यह भावना न थी ? जरूर थी। दोनों एक ही घर की थीं। उर्मिला भी पतिपरायण-धर्म को अच्छी तरह जानती थी। पर, उसने लक्ष्मण के साथ वन-गमन की हठ जानबूझ कर नहीं की। यदि वह भी साथ जाने को तैयार होती,

तो लक्ष्मण को अपने अग्रज राम के साथ उसे ले जाने में संकोच होता, और उर्मिला के कारण लक्ष्मण अपने उस आराध्य-युग्म की सेवा भी अच्छी तरह न कर सकते। यही सोच कर उर्मिला ने सीता का अनुकरण नहीं किया। यह बात उसके चरित्र की बहुत बड़ी महत्ता की बोधक है। वाल्मीकि को ऐसी उच्चाशय रमणी का विस्मरण होते देख किस कविता-मर्मज्ञ को आन्तरिक वेदना न होगी ?

तुलसीदासजी ने उर्मिला पर अन्याय किया है। आपने इस विषय में आदि कवि का ही अनुकरण किया है। 'नानापुराणनिगमागम सम्मत' लेकर जब रामचरित मानस की रचना करने की घोषणा की थी, तब यहाँ पर आदि काव्य को ही वचनों का आधार मानने की वैसी कोई जरूरत न थी। आपने भी चलते वक्त लक्ष्मण को उर्मिला से न मिलने दिया। माता से मिलने के बाद, झट कह दिया–

गये लषण जहँ जानकिनाथा।

आपके इष्टदेव के अनन्य सेवक 'लषण' पर इतनी सख्ती क्यों ? अपने कमण्डलु के करुणावारि का एक भी बूँद आपने उर्मिला के लिए न रक्खा। सारा का सारा कमण्डलु सीता को समर्पण कर दिया। एक ही चौपाई में उर्मिला की दशा का वर्णन कर देते। अथवा उसी के मुँह से कुछ कहलाते। पाठक सुन तो लेते कि राम-जानकी के वनवास और अपने पति के वियोग के सम्बन्ध में क्या-क्या भावनाएँ उसके कोमल हृदय में उत्पन्न हुई थीं। उर्मिला को जनकपुर से साकेत पहुँचा कर उसे एकदम ही भूल जाना अच्छा नहीं हुआ।

हाँ, भवभूति ने इस विषय में कुछ कृपा की है। राम लक्ष्मण और जानकी के वन से लौट आने पर भवभूति को बेचारी उर्मिला एक बार याद आ गई है। चित्र-फलक पर उर्मिला को देखकर सीता ने लक्ष्मण से पूछा–'इयमप्यपराका' अर्थात् लक्ष्मण यह कौन है ? इस प्रकार देवर से पूछना कौतुक से खाली नहीं। इसमें सरसता है। लक्ष्मण इस बात को समझ गये। वे कुछ लज्जित होकर मन ही मन कहने लगे–उर्मिला को सीता देवी पूछ रही हैं। उन्होंने सीता के प्रश्न का उत्तर दिये बिना ही उर्मिला के चित्र पर हाथ रख दिया। उनके हाथ से वह ढक गया। कैसे खेद की बात है कि उर्मिला का उज्ज्वल चरित्र-चित्र कवियों के द्वारा भी आज तक इसी तरह ढकता आया।

**[श्रीयुत भुजंगभूषण भट्टाचार्य छद्म नाम से जुलाई, 1908 की 'सरस्वती' में प्रकाशित तथा 'रसज्ञ-रंजन' में संकलित।]**

# विचार-विपर्य्यय

## [1]

सम्पर्क के कारण पास-पड़ोस की भाषाओं का प्रभाव अन्य भाषाओं पर अवश्य ही पड़ता है। उन्नत भाषाओं के सम्पर्क से अनुन्नत भाषाओं की श्री-वृद्धि हो सकती है और होती भी है। यह हम प्रत्यक्ष देखते हैं। परन्तु अन्य भाषाओं का अनुकरण, आँख बन्द करके, न करना चाहिए। कथा, कहानी, आख्यायिका और यदा कदा उपन्यास के भी लिए बँगला-लेखकों ने 'गल्प' शब्द का प्रयोग कर दिया। बस, हम लोगों ने उनकी नकल उतार ली। अब जिधर देखिए उधर ही गल्प ही गल्प की गर्जना सुनाई दे रही है। हम लोगों ने कोश, लुग़त या डिक्शनरी देखने की तकलीफ़ गवारा न की। यह किसी ने किसी से न पूछा कि यह गल्प-शब्द कूद कहाँ से पड़ा। पूछते या देखते तो मालूम हो जाता कि ग़प या गप्प और जल्प (जिससे जल्पना की सृष्टि हुई है) का पता तो कोशों में लगता है, पर गल्प का नहीं, और, गल्प को यदि हम जल्प या ग़प की साथी या भाई–भाई क्यों बहन–मानते हैं तो शब्दार्थ में कितना लाघव आ जाता है। पर देखने-भालने और पूछने-पाछने की ज़रूरत क्या ? बँगला भाषा उन्नत है ! हम उसकी भली-बुरी सभी बातों की नकल करके उसी के समकक्ष होना, किम्बहुना उससे भी बढ़ जाना, चाहते हैं !

## [2]

धन्य रे अनुकरण ! तू बड़ा मायावी है। अपने मायाजाल में तूने बड़े-बड़ों तक को फँसा लिया है। अच्छा, बतला तो सही–संसार कितने हैं ? मगर इस प्रश्न का उत्तर देते समय मदरसे में पढ़ाई गई नई और पुरानी दुनिया की बात भूल जाना। असल

में हमारी दुनिया एक ही है; उसके एक अंश नया और दूसरे का पुराना होना उसकी केवल विशेषता है। अच्छा तो संसार, जगत्, दुनिया, वर्ल्ड (World) एक ही है न? इसमें तो मीन-मेष के लिए जगह नहीं ? क्या कहा ? 'नहीं' तो यह तेरी सरासर भूल है। तुझे मालूम नहीं, कुछ समय से सृष्टि की रचना का काम ब्रह्मा ने हिन्दी लेखकों के हाथों में सौंप दिया है। अतएव अपनी लेखनी के बल पर उन्होंने अनेक संसारों की सृष्टि कर डाली है–यथा हिन्दी-संसार, उर्दू-संसार, बँगला-संसार, मराठी-संसार आदि। इतने ही नहीं, उन्होंने और भी कितने ही संसार बना डाले हैं–यथा साहित्य-संसार, सम्पादक-संसार, पाठक-संसार आदि। संसार-सृष्टि की इस वृद्धि को अभी विराम नहीं। यह न समझना चाहिए कि यह जनन-क्रिया अब बन्द हो गई या बन्द होने वाली है। वह बन्द न होगी; क्योंकि अभी पुस्तक-संसार, पृष्ठ-संसार, वाक्य-संसार और शब्द-संसार आदि की उत्पत्ति होना बाकी है। ये सभी संसार और शायद कुछ और भी, अभी गर्भस्थ हैं। लेखकों की बहुप्रसूता लेखनी-देवी, क्रम-क्रम से, उनको भी प्रसव किये बिना न रहेगी। बात यह है कि ये लोग साहित्य-प्रेमी नहीं, साहित्य-सेवी नहीं, साहित्य-शास्त्री भी नहीं। ठहरे ये साहित्यिक ! क्या कहना है ! कितनी श्रुति-सुखद, कितनी सरल और कितनी मनोरम शब्द-सृष्टि है ! पर क्या परवा ? समुन्नत बँगला भाषा के लेखकों ने इसे अपना जो लिया है। फिर भला हम क्यों न उनका अनुकरण करें ? अँगरेजी भाषा के 'Literary World' की बदौलत जब हमने अनेक संसारों की सृजना कर डाली, भद्र बँगला की बदौलत यदि हम अपनी भाषा में, मधु और मिश्री से भी अधिक मीठे एक नये शब्द 'साहित्यिक' की सृष्टि कर डालें तो हर्ज ही क्या है ?

## [3]

पराया माल भला हो या बुरा; घर आ जायगा तो कभी न कभी काम ही देगा। कुछ दाम तो देने पड़ते ही नहीं, जो कबूल करते, खरीदते या चुराते वक्त अच्छे या बुरे की जाँच करने बैठें। औरों का चाहे जो मत हो, अपने राम तो जाँच-पड़ताल के मुतलक़ क़ायल नहीं। मुफ़्त में मिलता हो तो औरों के कूड़े-करकट से भी हम अपना घर पाट दें। कभी हमारे नाती-पोते खेती करेंगे तो वही कूड़ा-करकट खाद का काम देगा। इसी से, भाई, हमने तो फ़ारसी भाषा के 'मारे आस्तीन' को पकड़ कर अपनी कोठरी में क़ैद कर रक्खा है। अगर कोई हमसे पूछता है कि–रामजी, इसमें क्या है तो हम कहते हैं–आस्तीन का साँप। फ़ारसी ही के क्यों, हम तो किसी भी भाषा के मुहावरे हज़म कर जाना रवा समझते हैं और अपने पेट में रखकर, ज़रूरत पड़ने पर, बिना ज़रा भी रद्दो-बदल किये, उन्हें हम फिर भी बाहर निकाल सकते हैं। कम

से कम हमारे धर्मशास्त्र में तो इस हड़पाहड़पी की कहीं भी मुमानियत नहीं। देखिए, अँगरेज़ी भाषा में एक मुहावरा है–"He was caught red handed"–उसे आत्मसात् करके हिन्दी में हमने इस तरह उद्‌गीर्ण किया है–

"वह रँगे हाथों पकड़ लिया गया"

क्या इस तरह के नये-नये और अनोखे मुहावरों की आमदनी से हमारी भाषा का कोश न बढ़ेगा ? जरूर बढ़ेगा। उर्दू शाही ज़बान है। वह अँगरेज़ी गवर्नमेंट की कचहरियों के अहलकारों की दिलरुबा भी है। उसके तर्ज़े बयान, उसके क़ायदे और उसकी फ़साहत का क्या कहना है ! इससे हमने तो उस पर भी धावा बोल दिया है। हिन्दी के आचार्य लिखते हैं–

"वह मारा गया"

छिः, कितना अशुद्ध वाक्य है ! मगर इसकी अशुद्धता किसी हिन्दी-लेखक के ध्यान में न आई। आई तो ज़बां-दानी का दावा करनेवाले उर्दू ही के लेखकों के। यही कारण है जो वे इस वाक्य को सुधार कर इस तरह लिखने लगे हैं–

"उसको मारा गया"

इसी तर्ज़ पर और इसी क़ायदे के मुताबिक, "उसको बुलाया गया" और "उसको धमकाया गया" आदि प्रयोग भी उन्होंने प्रचलित कर दिये हैं। उनकी राय है कि कर्म्मवाच्य और कर्तृवाच्य तथा सकर्म्मक और अकर्म्मक क्रियाओं में भेद रखना भाषा की रफ्तार में रुकावट पैदा करता है। इसलिए इस भेद-भाव को दूर कर देना चाहिए। भाषा को उन्नत करने का यह तरीका बहुत ही बढ़िया है। इसी से हम लोग भी अब, कुछ समय से, इस तरह के प्रयोगों का अनुकरण हिन्दी में धड़ाधड़ करने लगे हैं। इसका फल भी बहुत ही मीठा और बहुत ही जायकेदार हुआ है। इसी तरह के अनुकृत प्रयोगों के कृपाकटाक्ष से अब हमारे यहाँ सुप्रभात और उषःकाल के बदले 'नूर का तड़का' होने लगा है और 'संगठन का शीराज़ा' भी बिखरने लगा है।

## [4]

हिन्दी के पुराने लेखक एक बड़ी भारी भूल कर रहे हैं। वे पहले भी समझते थे और अब भी समझते हैं कि 'आज' कहने से दिन का बोध होता है। अतएव दिन के अर्थ में वे उसका प्रयोग बराबर करते चले जा रहे हैं। 'आज-कल' का मुहावरा सदा ही उनकी ज़बान पर रहता है। वे 'आज' के भी भीतर 'दिन' को अन्तर्भुक्त समझते हैं और 'कल' के भी भीतर। मगर उनकी यह भूल अब कहीं जाकर पकड़ी गई है। इसे पकड़ा है बी. ए.–एम. ए. पास, वकालत-पास, समालोचकों के सरताज, हिन्दी के अभिनव नामी लेखकों ने। उनका सिद्धान्त है कि 'आज' और 'कल' से घड़ी, घण्टे,

पक्ष, मास, वर्ष, युग और कल्प आदि का अर्थ चाहे भले ही निकले; परन्तु दिन का अर्थ नहीं निकलता। उसका अर्थ निकालने के लिए 'आज' शब्द के आगे 'दिन' शब्द और जोड़ देना चाहिए। उदाहरणार्थ–

"आज-दिन हिन्दी-साहित्य-संसार में हास्य-रस की ओर लोगों का ध्यान आकर्षित हुआ है।"

अभी तो 'आज-दिन' ही को रायज करने की चेष्टा की गई है। आगे चल कर कभी शायद 'कल-दिन' को भी दाद मिल जाय। हाँ, इस अवतरण में एक बात और भी ध्यान देने योग्य है। 'आकृष्ट' कहने से बहुत लोग शायद यह समझते हैं कि ध्यान आप ही आप भी किसी ओर खिंच सकता है। मगर इस तरह का अर्थ यदि कोई निकाले तो वह होगा सरासर गलत। कहीं ध्यान भी आप ही आप किसी तरफ जा सकता है ? जाने के लिए किसी और के द्वारा उसके खींचे जाने की ज़रूरत होती है। अतएव 'आकर्षित' हुआ शुद्ध प्रयोग और 'आकृष्ट' है अपप्रयोग !

## [5]

काल-वाचक शब्दों के प्रयोग के सम्बन्ध में नव्य लेखकों ने एक और भी आविष्कार किया है। हिन्दी के अल्पज्ञ लेखक लिखते हैं–

जब मैं काशी जाऊँगा तब आपको भी बुलाऊँगा।

यहाँ, इस उदाहरण में, जब और तब ये दोनों ही शब्द काल-वाचक हैं। अतएव प्रयोक्ता जनों की राय में उनका यह वाक्य सर्वथा शुद्ध है। परन्तु हिन्दी के नवीन उन्नायकों की राय में काल-वाचक शब्दों के आधिक्य की बड़ी आवश्यकता है। उनकी संख्या कुछ और बढ़ जाय तो हिन्दी-भाषा की सम्पदा, अधिक नहीं, तो कम से कम मन दो मन तो अवश्य ही वृद्धि को प्राप्त हो जाय। इसी से यदि वे ऊपर के वाक्य को अपने ढंग पर लिखते हैं, तो लिखते हैं–

जब मैं काशी जाऊँगा तो आपको भी बुलाऊँगा।

जब और तब का काम जो और तो से भी लेकर उन्हें भी वे काल-वाचक बना डालते हैं। क्योंकि अपने आविष्कार की कृपा से उन्हें अवगत हो गया है कि जो और तो, ये दोनों ही क्रम से जब और तब के पर्याय-वाची, अतएव, स्थान-परिवर्तनीय हैं। कहिए, कितना महत्त्वपूर्ण आविष्कार है !

## [6]

एक सम्माननीय समालोचक की सम्मति है कि किसी समय सरस्वती में जो

समालोचनायें निकलती थीं वे कुछ विशेषता रखती थीं। यदि उनका यह 'विशेषता' शब्द अपकृष्टता या हीनता का सूचक है तो हम उनसे सोलहो आने सहमत हैं। परन्तु यदि वह उत्कृष्टतासूचक है तो सहमत नहीं। क्योंकि सरस्वती में प्रकाशित समालोचनाओं में हमें कभी कोई उत्कृष्टता नहीं दिखाई दी। हाँ, अपकृष्टता के प्रमाण अवश्य ही अनेक मिल चुके हैं। उनमें से एक को हम, अभी, लगे हाथ ही, आपके सामने रक्खे देते हैं। कुछ लेखक शिरोमणियों ने अथ से इतिपर्य्यन्त अन्य भाषाओं की पुस्तकों का अनुवाद हिन्दी में कर डाला और टाइटिल पेज को अपने ही श्रीसम्पन्न नाम के सुन्दर वर्णों से समलंकृत कर दिया, मूल पुस्तक के लेखक के नाम को अशुभंकर समझ कर उसका पूरा 'बायकाट" कर डाला। ये सभी पुस्तकें सरस्वती में समालोचना के लिए आईं, तो समालोचक ने जान बूझकर पाठकों को धोखा दिया। उसने यह तो लिख दिया कि वे अमुक अमुक भाषाओं की अमुक अमुक पुस्तकों के अनुवाद हैं; परन्तु यह न बताया कि अनुवादकों ने उन मूल पुस्तकों के कर्ताओं के नाम का बहिष्कार कर दिया है। इससे बड़ी हानि हुई। पाठक तो धोखे में रहे और चौर-चाणक्य अनुवादक मूँछों पर ताव देते हुए हिन्दी भाषा के उद्धारक बन बैठे। उनमें से एक आध तो 'साहित्य-संसार' के सम्राट् तक बन गये और अवशिष्ट अनुवादक विद्वान् (हाँ हाँ विद्वान् ही नहीं, विद्वच्छिरोमणि) बने हुए हिन्दी के रिक्त कोश को अपने ग्रन्थ-रत्नों से लबालब भरते चले जा रहे हैं। इन समालोचनाओं के लेखक की भीरुता को–नहीं, नहीं धूर्तता को–तो देखिए! उसने जान बूझ कर सर्व-साधारण के मतलब की सबसे बड़ी बात छिपा डाली। हमें तो ऐसी समालोचनाओं से सम्पूर्ण घृणा है। लीपापोती हमें ज़रा भी पसन्द नहीं। हमें तो खरी समालोचनायें ही पसन्द हैं–ऐसी समालोचनायें जैसी कि इस समय कलकत्ते के एक साप्ताहिक पत्र में निकल रही हैं। वे समालोचनायें ही क्या, जिनको पढ़कर समालोचित ग्रन्थ के लेखक की प्रेरणा से गोरखों की पलटनें, गढ़वालियों की बटालियनें और सिक्खों की सेनायें समालोचक पर सहसा टूट न पड़ें। विशेषतापूर्ण उत्कृष्ट समालोचनायें वही कही जा सकती हैं, सरस्वती में प्रकाशित समालोचनायें नहीं। उन्हें तो सर्वथा अपकृष्ट और विशेषता-हीन समझना चाहिए।

**['श्रीयुत धरणीधर उपाध्याय' नाम से अगस्त, 1925 की 'सरस्वती' में प्रकाशित तथा 'साहित्यालाप' में संकलित]**

# उपन्यास-रहस्य

आजकल हिंदी-साहित्य में उपन्यास-नामधारिणी पुस्तकों की भरमार हो रही है। इन पुस्तकों में से प्रायः 95 फ़ीसदी पुस्तकें उपन्यास कदापि नहीं; और चाहे जो कुछ हों। उपन्यासों और क़िस्से-कहानी की पुस्तकों की चाह होने के कारण अधिकारी और अनधिकारी सभी लेखक 'अव्यापारेषु व्यापारः' करने में व्यस्त हैं। जो यह भी नहीं जानता कि मानस-शास्त्र भी कोई शास्त्र है, जो यह भी नहीं जानता कि चरित्र-चित्रण किस चिड़िया का नाम है, जिसे इस बात की रत्ती भर भी परवा नहीं कि उसकी पुस्तक के पाठ से पाठक का चरित्र बिगड़ेगा या बनेगा, वह भी उपन्यास लिख-लिख कर नाम नहीं तो दाम उपार्जन करने की फ़िक्र में है। इस तरह की चेष्टायें कभी-कभी अत्यंत उपहास्य मार्गों का अनुसरण करती हैं। उदाहरण के लिए दवाओं, पुस्तकों तथा अन्य चीजों के दुकानदार कोई अंडबंड कहानी गढ़ लेते हैं। फिर बीच-बीच में अपनी चीज़ों का विज्ञापन देकर उस पुस्तक का कोई भड़कीला औपन्यासिक नाम रखते हैं। तब उसे प्रकाशित करते और बेचते हैं। अभी एक ही हफ़्ता हुआ होगा, हमने एक ऐसा उपन्यास देखा जो किसी स्कूल या कॉलेज के किसी छात्र की रचना है। रचयिता ने भूमिका में यह बात बड़े गर्व से लिखी है कि मैंने दो ढाई सौ सफ़े का यह उपम्यास दस ही पंद्रह रोज़ में लिख डाला है। पुस्तकें लिखने का उत्साह बुरी बात नहीं; पर अनधिकार चेष्टा की कुछ सीमा भी तो होनी चाहिए। यह न होना चाहिए कि बिच्छू का तो मंत्र न जाने और साँप के बिल में हाथ डाले। कुरुचिवर्धक पुस्तकें लिखने से लेखक को अर्थ-लाभ हो सकता है, पर उससे समाज को हानि पहुँचती है। अतएव इस तरह के लेखक समाज की दृष्टि में दंडनीय हैं।

साहित्य का एक अंग उपन्यास भी है। यह अंग बड़े महत्त्व का है। यह संस्कृत-भाषा के प्राचीन ग्रंथ-साहित्य में भी पाया जाता है। पर अंकुर-रूप ही में इसके दर्शन होते हैं। हाँ, जैन लेखकों ने इस तरह के कुछ अच्छे-अच्छे ग्रंथ ज़रूर लिखे

हैं; परंतु उनकी संख्या बहुत ही थोड़ी है। संभव है, ऐसी पुस्तकें बहुत रही हों, पर वे सब अब उपलब्ध नहीं। इन पुस्तकों में कथा-कहानियों के बहाने धर्म्मतत्त्व और सदाचार की शिक्षा दी गई है। इनको छोड़कर संस्कृत-भाषा में लिखी गई कथासरित्सागर, कादंबरी, वासवदत्ता और दशकुमार-चरित आदि पुस्तकों से कोई विशेष शिक्षा नहीं मिल सकती; मानस-शास्त्र के आधार पर किये गये चरित्र-चित्रण की स्वाभाविकता भी सर्वत्र देखने को नहीं मिलती। हाँ, किसी हद तक इनसे मनोरंजन ज़रूर होता है। बस।

प्रकृत उपन्यास-साहित्य के जनन, उन्नयन और प्रचलन का श्रेय पश्चिमी देशों ही के लेखकों को है। उन्हीं ने साहित्य के इस अंग को कला की सीमा तक पहुँचा दिया है–उन्हीं ने इसे कला का रूप दिया है। उन्होंने इस अंग के कलानिरूपण संबंध में भी बहुत कुछ लिखा है। उनके इस निरूपण का अनुशीलन करके हम जान सकते हैं कि उपन्यास किसे कहते हैं; आख्यायिका किसे कहते हैं; उनमें क्या गुण होने चाहिए; उनकी रचना में किन बातों की गणना दोष में है, इत्यादि।

यह बात नहीं कि जिन लोगों ने पश्चिमी पंडितों के इस प्रकार के निरूपणात्मक लेख या ग्रंथ नहीं पढ़े वे कदापि कोई अच्छा उपन्यास लिख ही नहीं सकते। जिनको मनुष्य-स्वभाव का ज्ञान है, जो अपने विचार मनमोहक भाषा द्वारा प्रकट कर सकते हैं, जो यह जानते हैं कि समाज का रुख किस तरफ़ है और किस प्रकार की रचना से उसे लाभ और किस प्रकार की रचना से हानि पहुँच सकती है। वे पश्चिमी पंडितों के तत्त्वनिरूपण का ज्ञान प्राप्त किये बिना भी अच्छे उपन्यास लिख सकते हैं।

साहित्य के इस अंग में बंग-भाषा के कई सुलेखक कृतकार्य्य हुए हैं। विद्यमान लेखकों में कविवर रवींद्रनाथ ठाकुर, इस समय, सबसे आगे हैं। उनके गोरा नामक उपन्यास में, सुनते हैं, अच्छे उपन्यास के अनेक गुण पाये जाते हैं। तथापि बँगला-भाषा के उपन्यास-लेखकों में भी अच्छे लेखक बहुत थोड़े हैं; अधिकता बुरे उपन्यास लिखने वालों ही की है। इन पिछले लेखकों की विषाक्त रचना से सामाजिक बंधनों की ग्रंथि शिथिल हो जाने का डर है। खेद है, हिंदी में इस तरह के चरित्र-नाशक उपन्यासों ही के अनुवाद अधिकता से हो रहे हैं। बँगला के अच्छे उपन्यासों के अनुवादों के दर्शन बहुत ही कम होते हैं। इस दृश्य में संतोष की बात इतनी ही है कि समझदार लेखक और प्रकाशक अच्छे और बुरे उपन्यासों का अंतर अब कुछ-कुछ समझने लगे हैं।

उस दिन इलाहाबाद के 'लीडर' नामक अँगरेज़ी भाषा के दैनिक पत्र का एक अंक हमने खोला तो उसका एक सफ़े का सफ़ा एक समालोचना से भरा दिखाई दिया। उस पर नज़र डाली तो प्राचीन समय के कुछ नाम देख पड़े। आरंभ का कुछ अंश पढ़ने पर मालूम हुआ कि यह तो हिंदी के दो उपन्यासों की आलोचना है। तब हमने उसे साद्यंत पढ़ा। समालोचना थी करुणा और शशांक नामक दोनों उपन्यासों की।

जिन मौर्य्य नरेशों को हुए हज़ारों वर्ष हो चुके उनके समय के सामाजिक और राजनैतिक दृश्य इन उपन्यासों में दिखाये गये हैं। यह बात हमने इस समालोचना ही से जानी; क्योंकि इन पुस्तकों को हमने स्वयं नहीं देखा। मूल रचना एक बंगाली पुरातत्त्वज्ञ की है। अतएव उपन्यासों के गुण-दोषों के उत्तरदाता वही हैं। समालोचना में पुस्तकों की खूब स्तुति-प्रशंसा थी। यदि इन पुस्तकों में उस जमाने की रहन-सहन, आचार-विचार, वस्त्राच्छादन, रीति-रिवाज, राजनैतिक चालों आदि ही के दृश्य हों तो भी पुस्तकें अच्छी ही कहीं जायँगी। और यदि समाज के कल्याण की दृष्टि से उनसे कुछ शिक्षा भी मिलती हो तो फिर कहना ही क्या है। हाँ, यदि उनमें उस जमाने के सामाजिक दोषों के भी उल्लेख हों—और वे दोष समाज के लिए हानिकारी हों—तो बात ज़रा विचारणीय हो जायगी; क्योंकि कुछ पंडितों की सम्मति में ऐसे दृश्य दिखाना वांछनीय नहीं। हाँ, जो लोग समाज का सच्चा ही चित्र, चाहे वह भला हो चाहे बुरा, दिखाना उपन्यासकार का कर्तव्य समझते हैं, वे अब इस संबंध में मीनमेख न करेंगे। अस्तु, यह तो अवांतर बात हुई। 'लीडर' में प्रकाशित समालोचना का उल्लेख हमने और ही मतलब से किया है। वह यह कि अब अँगरेज़ी भाषा के सैकड़ों उपन्यास चाट जानेवाले लोग भी हिन्दी में लिखे गये उपन्यास पढ़ने लगे हैं और अख़बारों के लंबे-लंबे चार-चार पाँच-पाँच कालमों में उनकी आलोचना भी करने लगे हैं। अच्छे समझकर ही अँगरेजी-दाँ समालोचक ने पूर्वोक्त पुस्तकों की समालोचना लिखने और छपाने का श्रम उठाया है। फिर चाहे उसने स्वतः प्रवृत्त होकर यह काम किया हो, चाहे किसी के इशारे या प्रेरणा से किया हो।

ऊपर जिन दो उपन्यासों का उल्लेख हुआ वे अनुवाद मात्र हैं। हिंदी के सौभाग्य से इन प्रांतों में एक ऐसे भी उपन्यास-लेखक प्रकाश में आ रहे हैं जिनके उपन्यास, सुनते हैं, उन्हीं की उपज हैं। 'सुनते हैं', इसलिए, क्योंकि हमको उनकी उपज का स्वतः कुछ भी ज्ञान नहीं। उनके जिन दो उपन्यासों की आलोचनाओं और विज्ञापनों की धूम, कुछ समय से है, वे हमारे देखने में नहीं आये। उनका एक उपन्यास प्रकाशित हुए कुछ समय हुआ। दूसरा अभी हाल ही में निकला है। उसका नाम सेवाश्रम, या कुछ इसी तरह का है। इन उपन्यासों की जहाँ और अनेक लेखकों ने स्तुति और प्रशंसा की है तहाँ एक आध ने पिछले उपन्यास में बहुत से दोष भी ढूँढ़ निकाले हैं और व्याख्या सहित उन्हें दिखाया भी है। दोषोद्भावना करने में दोष-दर्शक ने उपन्यास-लेखक के कानूनी अज्ञान, मनःशास्त्रविषयक अज्ञान, सामाजिक नियम-संबंधी अज्ञान आदि दिखाने का प्रयत्न किया है। यह अज्ञान-परंपरा उपन्यास-लेखक के किसी पक्षपाती को मान्य नहीं हुई; और, संभव है, खुद लेखक को भी मान्य न हो। इसी से कृताक्षेपों का खंडनात्मक उत्तर भी कहीं हमने पढ़ा है। स्मरण तो यही कहता है।

अच्छा तो उपन्यासों के गुण-दोषों की परख क्या है? इसके उत्तर में हम अपनी

तरफ से अधिक नहीं लिख सकते और लिखना भी नहीं चाहते, क्योंकि हम इस विषय के ज्ञाता नहीं। अतएव हम उपन्यास-रहस्य के कुछ ज्ञाताओं के कथन के आधार पर ही कुछ निवेदन करना चाहते हैं।

मनुष्य जो काम करता है, मन की प्रेरणा से करता है। और मन से संबंध रखनेवाला एक शास्त्र ही जुदा है। वह मानस-शास्त्र या मनोविज्ञान कहाता है। उपन्यासों में मनुष्यों ही के चरित्रों, और मनुष्यों ही के कार्यों तथा उनसे संबंध रखनेवाली घटनाओं का वर्णन रहता है। उनमें स्वाभाविकता लाने के लिए मनोविज्ञान का जानना ज़रूरी है। बिना इस शास्त्र के ज्ञान के मन की गति और मन की वास्तविक स्थिति नहीं जानी जा सकती। किस प्रकार की मानसिक प्रेरणा से कैसा काम होता है। अथवा कैसे कारण से कैसे कार्य की उत्पत्ति होती है, इसका यथार्थ ज्ञान तभी हो सकता है जब मन के विविध भावों और उनके कार्य-कारण-संबंध का ज्ञान हो। अतएव उपन्यास-लेखक के लिए मनोविज्ञान के कम से कम स्थूल नियमों का जानना अनिवार्य होना चाहिए। उपन्यास लिखने वाला कल्पना से भी काम ले सकता है, और बिना ऐसा किये उसका काम चल ही नहीं सकता। पर उसकी भित्ति सत्य के आधार पर होनी चाहिए। उसके घटनानिवेश और चरित्र-चित्रण में अतिमानुषता और अतिरंजना न होनी चाहिए। इस दोष से तभी बचाव हो सकता है जब लेखक को मनःशास्त्र के नियमों से अभिज्ञता हो। अन्यथा भाव-विश्लेषण ठीक-ठीक नहीं हो सकता।

उपन्यास-रहस्य के ज्ञाताओं के दो दल हैं। ऊपर जो कुछ लिखा गया वह पहले दल की सम्मति है। इस सम्मति का सारांश यह है कि मनोविज्ञान या मानस-शास्त्र के नियम जहाँ-जहाँ ले जायँ उपन्यासकार को वहीं-वहीं जाना चाहिए और तदनुसार ही घटनावलियों और चरित्रों की सृष्टि करनी चाहिए। अनिष्ट-प्राप्ति से मनुष्य का मन विचलित हो उठता है और वह विलाप करने लगता है। यह मानसिक नियम है। पहले दल के कायल लेखक इसी का अनुगमन करके घटना-निर्माण करेंगे। यदि किसी पक्के वेदांती या विरागी को अनिष्टलाभ से कुछ भी दुःख न हो तो वे उसे अपवाद या नियम-विरुद्ध बात समझेंगे।

दूसरे दल के अनुयायियों का कहना है कि मनोविज्ञान के नियमों को आधारभूत तो जरूर मानना चाहिए, पर सदा ही उनसे अपनी विचार-परंपरा को जकड़ लेना ठीक नहीं। सभी घटनाओं और सभी भावों के संबंध में मनःशास्त्र से संश्रय रखने की चेष्टा से कहानी रोचक और स्वाभाविक नहीं हो सकती। क्योंकि मनुष्य के मन पर मनोविज्ञान के नियमों की अखंड सत्ता नहीं देखी जाती। मनःशास्त्र में जिस कारण से जैसे कार्य की उत्पत्ति होना वर्णित है, उस कारण से कभी-कभी वैसा कार्य नहीं उत्पन्न होता। अतएव जैसी घटनाएँ लोक में हुआ करती हैं और मनुष्य-समाज में जैसे कार्य-कारण-भाव देखने में प्रायः आया करते हैं, तदनुकूल ही उपन्यास-रचना

होनी चाहिए। मनुष्य का मानसिक भाव उसे जिस अवस्था को ले जाय उसी का वर्णन करना चाहिए; इस बात की परवा न करनी चाहिए कि मनोविज्ञान के अनुसार तो ऐसी अवस्था प्राप्त ही नहीं हो सकती; अतएव इसका वर्णन त्याज्य है। घटनावली के निदर्शन और भावों के चित्रण की जड़ में मनोविज्ञान रहे ज़रूर, पर वह छिपा हुआ रहे। शरीर के भीतर जैसे अस्थिपंजर छिपा रह कर शरीर-संगठन में सहायता देता है वैसे ही मनोविज्ञान के नियमों को भी कथा-भाग के भीतर अलक्षित रखना चाहिए। जो इस खूबी को जानते हैं और जो अपनी रचना में नियमों के पचड़े को गुप्त रख कर चरित्र-चित्रण करते हैं उन्हीं के उपन्यासों का अधिक आदर होता है।

मानसिक नियमों का पालन दृढ़तापूर्वक करके कोई किसी अन्य पुरुष या स्त्री के भावों का ठीक-ठीक विश्लेषण कर भी नहीं सकता। बात यह है कि सबके मन एक से नहीं होते। सबकी ज्ञानेंद्रियों की ग्राहिका शक्ति भी एक सी नहीं होती। किसी अवस्था-विशेष में पड़ने पर राम जिस प्रकार का व्यवहार करता है, श्याम उस प्रकार का नहीं करता, यह बात हम प्रतिदिन प्रत्यक्ष देखते हैं। इस दशा में पद-पद पर मनोविज्ञान की दुहाई देना और राम या श्याम के कार्यों का वैज्ञानिक कारण ढूँढ़ना भ्रम के गर्त में गिरने और घटना-वैचित्र्य में नीरसता लाने का द्वार खोल देना है। हर मनुष्य के संस्कार जुदा-जुदा होते हैं। उनके अनुसार ही उसके कार्य-कारण हुआ करते हैं। वे किसी नियमावली के पाबंद नहीं। आपके पास यदि कोई धूर्त आवे और चेष्टा तथा वाणी से अपनी निर्धनता का झूठा भाव प्रकट करके आपसे 5 रुपये दान ले जाय तो, बताइए, आप धोखा खा जायँगे या नहीं। सो, संसार में मनोभाव के यथार्थ ज्ञापक कार्य सदा होते भी तो नहीं।

इसके सिवा एक बात और भी है। ये जितने अच्छे-अच्छे उपन्यास आजकल विद्यमान हैं उनके कुंद, इंदु और मल्लिका, मदयंतिका आदि पात्रों के हृदयों में उपन्यास-लेखकों ही को आप बैठा समझिए। इन पात्रों के भाव-विश्लेषण के जो चित्र आप देखते हैं वे उनके निज के मन के प्रतिबिंब कदापि नहीं। वे तो उपन्यास-लेखकों ही के मन के प्रतिबिंब हैं। मनोभावों और संस्कारों के अनेकत्व में लेखक उनका यथार्थ और संपूर्ण ज्ञान नहीं प्राप्त कर सकता। वह करता क्या है कि अपने ही मन की माप से औरों के मन की मापतोल करता है। वह देखता है कि अमुक अवस्था या अमुक अवसर यदि आ जाय तो मैं इस प्रकार का व्यवहार करूँगा। बस वह समझता है कि सारी दुनिया उसी में अंतर्भुक्त है; अवस्था-विशेष में जो वह करेगा या कहेगा वही सब लोग करेंगे या कहेंगे। पर इस प्रकार की धारणा कोरी भ्रांति है।

अच्छा तो मनोविज्ञान के शुष्क नियमों ही के आधार पर किसी का चरित्र-चित्रण करना जैसे निर्भ्रांत नहीं हो सकता वैसे ही अपने मन को माप-दंड समझ कर उसी से औरों के मन की माप करना भी भ्रांति-रहित नहीं हो सकता। इस 'उभयतो

पाशारज्जुः' की दशा में क्या करना चाहिए। क्या उपन्यास लिखना बंद ही कर देना चाहिए ? नहीं, बंद कदापि न कर देना चाहिए। उपन्यास तो साहित्य की एक बड़ी महत्त्वपूर्ण शाखा है।

घटना-विस्तार और चरित्र-चित्रण करने में मानस-शास्त्र का आधार ज़रूर लेना चाहिए। पर उतना ही जितने से मानवी मन की स्वाभाविक गतियों को गर्त में गिराने से बचाव हो सके। मनोभावों के कुछ स्थूल नियम हैं—भय उपस्थित देख भीत होना, इष्ट-नाश से दुःखित होना, आदि। इन नियमों का अतिक्रमण न करना चाहिए। कोई ऐसी बात न कहना और किसी ऐसी घटना का निर्माण न करना चाहिए जिससे मनुष्य मनुष्य ही न रहे; वह पशु,देव या दानव आदि हो जाय। बस। फिर, दूसरे के मनोगत भावों की विवृति करते समय अपने ही मन को उसके मन के स्थान पर न बिठा देना चाहिए। अमुक अवसर आने पर मैं यह करता, मैं यह कहता, मैं मार बैठता, मैं उत्तेजित हो जाता—इस प्रकार की भावनाओं की प्रेरणा से बहुत करके सत्य का अपलाप हो जाता है। अतएव जिसके मन के मानसिक भावों का विकास करना है उसके संस्कारों की, उसकी तत्कालीन अवस्था की, उसके आसपास की व्यवस्था की—सारांश यह कि उसकी संपूर्ण परिस्थितियों की—आलोचना करना चाहिए। देखना यह चाहिए कि ऐसे समय और ऐसी परिस्थिति में ऐसे मनुष्य के मनोगत भाव किस प्रकार के होंगे। तब तदनुकूल ही उनका विकास करना चाहिए। बात यह है कि दुनिया में दूसरे के मन के भाव जानने का और कोई उपाय ही नहीं। परिस्थिति और बहिर्दर्शन ही के द्वारा, अनुमान की सहायता से, दूसरे के मन का भाव जाना जा सकता है। मन का भाव-प्रवाह बाहरी लक्षणों या चिह्नों से जाना जा सकता है, यह बात मानसशास्त्री भी स्वीकार करते हैं। हर्ष, शोक, विराग, अनुराग, क्रोध, भय आदि भावों या विकारों का मानसिक उदय होने पर शरीर और मुख पर कुछ ऐसे चिह्न प्रकट हो जाते हैं जिनसे उन-उन विकारों का पता लग जाता है। अतएव दूसरे के मनोगत भावों का चित्रण करने में परिस्थिति के साथ-साथ इन चिह्नों के उदयास्त का भी खूब विचार करके लेखनी-संचालन करना चाहिए। शरीर, भाषा, चित्र, कला, कारीगरी आदि पर भावों की अभिव्यक्ति हुए बिना नहीं रहती। इन भावों का विकास कल्पना द्वारा करना चाहिए। परंतु कल्पना को असंयत न होने देना चाहिए। उसकी गति अबाध हो जाने से वह कुपथ में चली जा सकती है। कभी-कभी शरीर पर आंतरिक भावों के कृत्रिम चिह्न भी उदित हो जाते हैं। उस समय देखनेवाले की इंद्रियों को धोखा होता है। अतएव कृत्रिम लक्षणों और इंद्रिय-प्रवंचना से भी बचना चाहिए। सामाजिक नियमों का, कानून का, धर्म का, देश-काल और पात्र का भी खयाल रखना चाहिए। उनके प्रतिकूल लिख मारना उपन्यास-लेखक की अज्ञता या अल्पज्ञता का बोधक होता है। ऊपर, एक लेखक के दो उपन्यासों का उल्लेख हुआ है। उनमें से एक की आलोचना में किसी समालोचक ने कोई कानूनी भूल बताई। लेखक ने या

उनके किसी पक्षसमर्थक ने युक्ति प्रपंच द्वारा उसके खंडन की चेष्टा कर डाली। पर इस तरह की चेष्टाओं से उपन्यास-लेखक की भूल पर धूल नहीं डाली जा सकती। जब तक पुस्तक विद्यमान है तब तक वह भी ज्यों की त्यों विद्यमान रहेगा। जिस जुर्म के लिए आजकल के कानून में जो सज़ा निर्दिष्ट है उसके सिवा और कोई सजा—चाहे वह उससे थोड़ी हो या बहुत—दिलानेवाला उपन्यासकार स्वयं ही प्रतिकूल आलोचनारूप सज़ा का पात्र समझा जायगा।

सो इतनी विघ्न-बाधाओं और कठिनाइयों के होते हुए, अच्छा उपन्यास लिख डालना सबका काम नहीं। उपन्यासकार को कल्पना के बल पर नई, पर सर्वथा स्वाभाविक, सृष्टि की रचना करनी पड़ती है। बड़े परिताप की बात है कि हम इतने कठिन काम को आजकल कोड़ियों ज़ैद और कोड़ियों बक धड़ाके के साथ कर रहे हैं। उनकी सृष्टि में कहीं तो मनुष्य देव या दानव बना दिया जाता है और कहीं कीट-पतंग से भी तुच्छ कर दिया जाता है। न उनकी भाषा का कुछ ठौर-ठिकाना, न उनके पात्रों की भाव-विवृति में संयमशीलता और स्वाभाविकता का कहीं पता, और न उनकी कहानी में चावल भर भी सदुपदेश देने का सामर्थ्य। अनेक उपन्यासों का उद्देश अच्छा होने पर भी, बीच-बीच, घटना-विस्तार और चरित्र-चित्रण से संबंध रखनेवाली ऐसी-ऐसी भूलें हो जाती हैं जिनके कारण विवेकशील पाठक के हृदय में विरक्ति उत्पन्न हुए बिना नहीं रहती।

उपन्यास-रचना के संबंध में, हिंदी में तो, अभी कूड़े-कचरे ही का जमाना है। और, आरंभ में प्रायः सभी भाषाओं के साहित्य में यह बात होती है। अँगरेज़ी भाषा में तो अब तक चरित्र-नाशक उपन्यासों की रचना होती जाती है। पर उपन्यास कोई ऐसी वैसी चीज़ नहीं। वह समय गया जब उपन्यास दो घंटे दिल बहलाव-मात्र का साधन समझा जाता था। निकम्मे बैठे हुए हैं; लाओ कुछ पढ़ें। वक्त नहीं कटता; लाओ 'चपला' या 'चंचला' ही को देख जायँ। उपन्यास जातीय जीवन का मुकुर होना चाहिए। उसकी सहायता से सामान्य नीति, राजनीति, सामाजिक समस्याएँ, शिक्षा, कृषि, वाणिज्य, धर्म-कर्म, विज्ञान आदि सभी विषयों के दृश्य दिखाये जा सकते हैं। उपन्यासों के द्वारा जितनी सरलता से शिक्षा दी जा सकती है उतनी सरलता से और किसी तरह नहीं दी जा सकती। काव्यों और नाटकों की भी पहुँच जहाँ नहीं, वहाँ भी उपन्यास बेधड़क पहुँच सकते हैं। स्त्रियों और बच्चों के भी वे शिक्षक बन सकते हैं। मेहनत-मजदूरी करने वालों को भी वे घटें भर सदुपदेश दे सकते हैं। लोगों को कहानी पढ़ने का जितना चाव होता है उतना और किसी विषय की पुस्तकें पढ़ने का नहीं होता। अतएव अच्छे उपन्यासों का लिखा जाना समाज के लिए विशेष कल्याण कारक है।

कुछ लोगों का खयाल है कि सच्चा सामाजिक चित्र दिखाने में उपन्यासकार को संकोच न करना चाहिए। इस पर प्रार्थना है कि उपन्यास कोई इतिहास तो है

नहीं और न वह कोई वैज्ञानिक रचना ही है जो उसके सभी अंशों या अंगों पर विचार करने की ज़रूरत हो। फिर उसमें चोरों, डाकुओं, व्यभिचारियों, दुराचारियों आदि के चित्र दिखाने की क्या ज़रूरत ? प्रसंग आ ही जाय तो इस तरह के चित्रों की विवृति ऐसे शब्दों से करनी चाहिए जिससे उनका असर पढ़नेवालों पर बुरा न पड़े। दोष समझ कर उनकी विवृति करनी चाहिए। जो उपन्यास-लेखक अश्लील दृश्य दिखा कर पाठकों के पाशविक विकारों की उत्तेजना करता है, अथवा ऐसे चरित्रों के चित्र खींचता है जिनसे दुराचार की वृद्धि हो सकती है, वह समाज का शत्रु है। यदि वह इस तरह के उपन्यास केवल इस इरादे से लिखता और प्रकाशित करता है कि उनकी अधिक बिक्री से वह मालदार हो जाय तो वह गवर्नमेंट के न सही, समाज के द्वारा तो अवश्य ही बहुत बड़े दंड का पात्र है।

उपन्यास-रचना अब तो पश्चिमी देशों में कला की सीमा को पहुँच गई है। जो उपन्याकार ऐसे उपन्यास की सृष्टि करता है जिसके पात्रों के चरित्र चिरकाल तक सुदपदेश और समुदार शिक्षा देने की योग्यता रखते हैं वही श्रेष्ठ उपन्यास-लेखक है। वह चाहे तो राजा से लेकर रंक तक को और मज़दूर से लेकर करोड़पति तक को कुछ का कुछ बना दे। वह चाहे तो बड़े-बड़े दुराचारों और कुसंस्कारों की जड़ें हिला दे। वह चाहे तो देश में अद्‌भुत जागृति उत्पन्न करके दुःशासन की भुजाओं को बेकार कर दे। जिस उपन्यासकार की रचना से समाज के किसी अल्प ही समुदाय को कुछ लाभ पहुँच सकता है, सो भी कुछ ही समय तक, वह मध्यम श्रेणी का लेखक है। निकृष्ट वह है जो अपनी कुरुचिवर्धक कृतियों से सामाजिक बंधनों को शिथिल और दुर्वासनाओं को और भी उच्छृंखल कर देता है। दुंकानदारी ही की कुत्सित कामना से जो लोग, पाठकों को पशुवत् समझ कर, घास-पात सदृश अपनी बे सिर-पैर की कहानियाँ उनके सामने फेंकते हैं–

ते के न जानीमहे

**[अक्टूबर, 1922 की 'सरस्वती' में प्रकाशित तथा 'साहित्य-संदर्भ' पुस्तक में संकलित ।]**

# समालोचना

समालोचना से बड़े लाभ हैं। जिस साहित्य में समालोचना नहीं वह विटप-विहीन महीरुह के समान है। उसे देख कर नेत्रानन्द नहीं होता। उसके पाठ और परिशीलन से हृदय शीतल नहीं होता। वह नीरस मालूम होता है। सत्कवि अपने काव्यों के द्वारा समाज का हित-साधन करता है। वह अपने काव्यों में आदर्श पुरुषों और आदर्श स्त्रियों का चरित वर्णन करके उसके द्वारा ऐसी-ऐसी शिक्षाएँ देता है जो और किसी तरह नहीं दी जा सकतीं। काव्येतर ग्रन्थों की शिक्षाएँ हृत्पटल पर उतनी अंकित नहीं होतीं जितनी कवियों की शिक्षाएँ होती हैं। नीति से सम्बन्ध रखने वाले ग्रन्थों में सच बोलने की महिमा जगह-जगह पर गाई गई है। पर उसका असर उतना नहीं होता जितना कि कवि-वर्णित हरिश्चन्द्र के चरित से होता है। राजा का सर्वप्रधान कर्तव्य प्रजारंजन है। पुराणादि में हजारों जगह उसका उल्लेख है। पर ऐसे विधि-निषेधात्मक उल्लेखों की लोग तादृश परवा नहीं करते। केवल प्रजा को सन्तुष्ट रखने के लिए, निष्कलंक जान कर भी, जब सीता का रामचन्द्र के द्वारा परित्याग किया जाना हम रघुवंश में पढ़ते हैं तब वही बात हमारे हृदय में पत्थर की लकीर हो जाती है। कवि यह नहीं कहता कि यह काम करना अच्छा है और यह काम करना बुरा। वह इन बातों के चित्र दिखला कर उनके द्वारा समाज-हितकर शिक्षा देता है। पति के अनुचित आचरण को देख कर भी आदर्श सती स्त्रियाँ उसकी प्रतिकूलता नहीं करतीं। वे पति के सुख को अपना सुख समझती हैं। आन्तरिक वेदना सहने पर भी वे पति से कठोर और कोपप्रदर्शक व्यवहार नहीं करतीं। इस लोकोपकारी शिक्षा को कवि महारानी धारिणी, औशीनरी और शकुन्तला के चरित-सम्बन्धी शब्दचित्र दिखला कर देता है; और ऐसी शिक्षा का असर अन्य रीति से दी गई शिक्षा की अपेक्षा सैकड़ों गुना अधिक होता है। प्रत्यक्ष शिक्षा में रस नहीं। इस तरह की शिक्षा में अपूर्व रसास्वादन के साथ-साथ चिरस्थायिनी शिक्षा भी प्राप्त होती है। जो समालोचक ऐसे रहस्यों का उद्घाटन

करके कवि के आन्तरिक अभिप्राय को व्यक्त करता है वही सच्चा समालोचक है।

जिसके कार्य या ग्रन्थ की समालोचना करनी है उसके विषय में समालोचक के हृदय में अत्यंत सहानुभूति का होना बहुत आवश्यक है। लेखक, कवि या ग्रंथकार के हृदय में घुस कर समालोचक को उसके हर एक परदे का पता लगाना चाहिए। अमुक उक्ति लिखते समय कवि के हृदय की क्या अवस्था थी, उसका आशय क्या था, किस भाव को प्रधानता देने के लिए उसने वह उक्ति कही थी–यह जब तक समालोचक को न मालूम होगा तब तक वह उस उक्ति की ठीक समालोचना कभी न कर सकेगा। किसी वस्तु या विषय के सब अंशों पर अच्छी तरह विचार करने का नाम समालोचना है। वह तब तक सम्भव नहीं जब तक कवि और समालोचक के हृदयों में कुछ देर के लिए एकता न स्थापित हो जायगी। कवि की कविता किस समय की है, उस समय देश की क्या दशा थी; समाज की क्या दशा थी; तत्कालीन लोगों के आचार-विचार और व्यवहार कैसे थे–इन बातों को अच्छी तरह जाने बिना समालोचना करते समय समालोचित लेख के कर्ता पर अन्याय होने का बड़ा डर रहता है। जो सरसहृदय नहीं, जिसने काव्य-शास्त्र में अच्छी गति नहीं प्राप्त की, जिसने अंलकारशास्त्र का परिशीलन नहीं किया, जिसने अन्यान्य प्रसिद्ध प्रसिद्ध कवियों की कविता को विचार-पूर्वक नहीं पढ़ा वह यदि कालिदास के काव्यों की आलोचना करने बैठे तो उसकी समालोचना कभी आदरणीय न होगी। किसी ने किसी पत्र या पत्रिका में प्रकाशित होने के लिए कोई लेख भेजा। सम्पादक ने उसे अप्रकाशनीय समझ कर न छापा। बस फिर क्या है, लगी उसकी समालोचना होने। किसी पत्र ने किसी अन्य पत्र के साथ बदला नहीं किया। लगी होने उस पर वाग्वाणों की वर्षा। फिर उस समालोचना में उसके घर-द्वार, गाड़ी-घोड़े, नौकर-चाकर, वस्त्राच्छादन तक की खबर ली जाने लगी। यह समालोचना नहीं, किन्तु समालोचक के पवित्र आसन को कलंकित और साहित्य-सरोवर को पंकिल करना है।

कवि या ग्रन्थकार जिस मतलब से ग्रन्थ-रचना करता है उससे सर्वसाधारण को परिचित कराने वाले समालोचक की बड़ी ही जरूरत रहती है। ऐसे समालोचकों की समालोचना से साहित्य की विशेष उन्नति होती है और कवियों के गूढ़ आशय मामूली आदमियों की भी समझ में आ जाते हैं। कालिदास की शकुन्तला, प्रियंवदा और अनसूया के स्वभाव में क्या भेद है ?–उनके स्वभावचित्रण में कवि ने कौन सी खूबियाँ रक्खी हैं ? उनसे क्या-क्या शिक्षा मिलती है ? ये बातें सब लोगों के ध्यान में नहीं आ सकतीं। अतएव वे उनसे लाभ उठाने से वंचित रह जाते हैं। इसे थोड़ी हानि न समझिए। इससे कवि के उद्देश का अधिकांश ही व्यर्थ जाता है। योग्य समालोचक समाज को इस हानि से बचाने की चेष्टा करता है। इसी से साहित्य में उसका काम इतने आदर की दृष्टि से देखा जाता है। इसी से साहित्य की उन्नति के लिए उसकी इतनी आवश्यकता है।

अन्य भाषाओं के साहित्य-सेवियों ने अपने ही देश के कवियों के ग्रन्थों की नहीं, किन्तु विदेशी कवियों तक के काव्यों की समालोचनायें लिखकर अपने साहित्य का कल्याण-साधन किया है। परन्तु भारत के कविकुलचक्रचूड़ामणि कालिदास के समग्र ग्रन्थों की विस्तृत समालोचना का अपनी देशभाषा में अब तक अभाव था। यों तो कालिदास के कई ग्रन्थों की अच्छी-अच्छी समालोचनायें बँगला, मराठी और तैलंगी भाषाओं में निकल चुकी हैं। कविकुल-गुरु के काव्यों और नाटकों की समष्टि-रूप से भी दो एक समालोचनायें हुई हैं। पर वे विस्तृत नहीं। उनमें प्रत्येक बात पर विचार नहीं किया गया। थोड़े ही में मुख्य-मुख्य बातें कह दी गई हैं। बड़े आनन्द का विषय है, इस अभाव को एक बंगवासी विद्वान् ने दूर कर दिया। श्रीयुत राजेन्द्र नाथ देव शर्मा, विद्याभूषण, कलकत्ते के संस्कृत कालेज में अध्यापक हैं। आप कलकत्ता-विश्वविद्यालय के परीक्षक और व्याख्याता (Lecturer) भी हैं। कई उत्तमोत्तम ग्रन्थ भी आपने बनाये हैं। 'कालिदास और भवभूति' नाम की भी एक उपयोगी पुस्तक की आपने रचना की है। आपका एक नया ग्रन्थ हाल में प्रकाशित हुआ है। उसका नाम है–'कालिदास'। वह माननीय विचारपति ठाकुर आशुतोष मुखोपाध्याय सरस्वती, सी. एस. आई., एम. ए. डी. एल., डी. एस. सी. को समर्पित किया गया है। कलकत्ते की इम्पीरियल लाइब्रेरी के अध्यक्ष, अनेकभाषावित् परम विद्वान् श्रीयुत हरिनाथ दे एम. ए. की लिखी हुई पुस्तकारम्भ में एक विचारपूर्ण भूमिका अँगरेजी में प्रकाशित की गई है। पुस्तक बँगला में है और कई मनोहर चित्रों से अलंकृत है। छः सौ से अधिक पृष्ठों में यह समाप्त हुई है। इसमें कालिदास के रघुवंश, कुमारसम्भव, मेघदूत, अभिज्ञान शाकुन्तल, विक्रमोर्वशीय और मालविकाग्निमित्र की विस्तारपूर्वक समालोचना है। समालोचना बड़ी ही योग्यता और मार्मिकता से की गई है। समालोचक महोदय ने ऐसे अनेक रहस्यों का उद्घाटन किया है जिनका साधारण जनों के ध्यान में आना बिलकुल ही असम्भव था। कालिदास क्यों कविकुलगुरु कहे जाते हैं, उनकी कविता में कौन-सी ऐसी बातें हैं जिनके कारण उनका इतना नाम है, उनकी कविता से कैसी-कैसी शिक्षाएँ मिलती हैं, उनके नाटकपात्रों में क्या विशेषता है–यह सब इस समालोचना को पढ़ने से तत्काल मालूम हो जाता है और कालिदास की सहस्र मुख से–प्रशंसा करने को जी चाहता है। इस समालोचना से यह भी ज्ञात हो जाता है कि समालोचक के लिए कितनी विद्वत्ता की अपेक्षा होती है और उससे साहित्य तथा सर्वसाधारण को कितना लाभ पहुँच सकता है। हमारी प्रार्थना है कि जो लोग बँगला पढ़ सकते हैं वे इस पुस्तक को अवश्य पढ़ें। जो नहीं पढ़ सकते वे, यदि हो सके तो, उसे सीखने का प्रयत्न करें। अकेली इस एक पुस्तक के पढ़ने के लिए ही यदि वे बँगला सीखें तो भी उन्हें अपना परिश्रम सफल समझना चाहिए। क्योंकि, थोड़े ही परिश्रम से वे कालिदास की कविता का मर्म समझ सकेंगे और यह जान सकेंगे कि कवीश्वरों के चक्रवर्ती कालिदास की कविता की क्यों इतनी प्रशंसा

है। उसमें क्या गुण हैं, उसमें कितना रस है और उससे कितनी और किस तरह की शिक्षाएँ मिल सकती हैं। यह थोड़ा लाभ नहीं। उसकी प्राप्ति के लिए किये गये परिश्रम की अपेक्षा वह बहुत अधिक है।

कालिदास के ग्रन्थों में रघुवंश सबसे श्रेष्ठ है। उसकी सर्वोत्तमता का कारण यह है कि उसमें महाकवि ने सृष्टिनैपुण्य का सबसे अच्छा चित्र खींचा है। और, सृष्टि-चातुर्य का सूक्ष्म और सच्चा ज्ञान होना ही कवि का सबसे बड़ा गुण है। इस गुण के विषय में विद्याभूषण महोदय ने बहुत कुछ लिखा है। उसका मतलब नीचे दिया जाता है।

कवि का प्रधान गुण सृष्टिनैपुण्य है। सुन्दर-सुन्दर चरित्रों की सृष्टि और उस चरित्रावली का देश, काल और अवस्था के अनुसार काव्य में समावेश करना ही कवि का सर्वश्रेष्ठ कौशल है। यह कौशल जिसमें नहीं उसमें अन्य गुण चाहे जितने हों उसकी रचना उत्कृष्ट नहीं हो सकती। सृष्टि-वर्णन स्वाभावानुरूप होने से मनोरम होता है। पर स्वभावप्रतिकूल होने से वही विरक्तिजनक हो जाता है। इसी से आख्योपन्यास की अधिकांश घटनाएँ सहृदय-सम्मत नहीं। स्वभाव के अनुसार जो व्यापार होते हैं, कवि की सृष्टि में तदनुयायी व्यापारों का होना ही उचित है। यदि कवि अपने सृष्टि कौशल में सांसारिक व्यापार-समूह को स्वाभाविक व्यापार की अपेक्षा अधिकतर मनोहर और वैचित्र्यविभूषित बना सके तो उसका काव्य और भी सुन्दर हो। मनुष्य के प्रधान गुणों में आत्म-त्याग भी एक गुण है। वह एक प्रकार की श्रेष्ठ सम्पत्ति है। संसार में इस आत्मत्याग के अनेक उदाहरण देखे जाते हैं। यदि कवि अपने काव्य में इस आत्मत्याग की उत्तम मूर्ति बना सके तो उसका काव्य निःसन्देह बहुत ही हृदयहारी होगा। किन्तु आत्मत्याग के जैसे दृष्टान्त संसार में दृष्टिगोचर होते हैं उनकी अपेक्षा यदि कवि ऐसे दृष्टान्तों को अधिकतर मनोज्ञ बना सके तो उसकी सृष्टि स्वाभाविक सृष्टि की अपेक्षा समधिक चमत्कारिणी और आह्लाददायिनी होगी। इस चमत्कारिणी कवि-सृष्टि में यदि कुछ भी स्वभाव-विरुद्ध, अर्थात् अस्वाभाविक न होगा तभी वह सृष्टि सर्वांश में निरवद्य होगी। स्वभाव में जो बात सोलह आने पाई जाती है उसे कवि अठारह आने कर सकता है। परन्तु स्वभाव में जिस वस्तु का अस्तित्व एक आना भी नहीं उसकी रचना करने से यही सूचित होगा कि कवि में नैपुण्य का सर्वथा अभाव है। स्वभावानुरूप चरित्र-सृष्टि करने से भी कवि की तादृश प्रशंसा नहीं। क्योंकि, ऐसी सृष्टि से कवि सृष्टि का उत्कर्ष नहीं सूचित होता। उससे समाज का उपकार नहीं हो सकता। जो व्यवहार हम लोग प्रति दिन संसार में अपनी आँखों से देखते हैं उन्हीं का प्रतिबिम्ब यदि कवि-सृष्टि में देखने को मिला—उन्हीं का यदि पुनर्दर्शन प्राप्त हुआ—तो उसमें विशेषता ही क्या हुई ? जिस काव्य से संसार का उपकार-साधन न हुआ वह उत्तम काव्य नहीं कहा जा सकता। समुद्र के किनारे बैठ कर अस्तगमनोन्मुख सूर्य की शोभा को देखना बहुत ही

आनन्ददायक दृश्य है–पर्वत के शिखर से अधोगामिनी नदी या अधोदेशवर्तिनी हरितवसना पृथ्वी का दर्शन सचमुच बड़ा ही आह्लादकारक व्यापार है। अपनी प्रतिभा के बल पर कवि इन दोनों प्रकार के दृश्यों की तद्वत् मूर्तियाँ निर्मित कर सकता है। परन्तु उनके अवलोकन से क्षणस्थायी आनन्द के सिवा दर्शकों और पाठकों का और कोई हितसाधन नहीं हो सकता। उससे कोई शिक्षा नहीं मिल सकती। जिस सृष्टि से आमोद-प्रमोद के अतिरिक्त और कोई लाभ नहीं वह काव्य उत्कृष्ट नहीं। संसार में ऐसे संख्यातीत पदार्थ हैं जिनसे क्षण भर के लिए चित्त का विनोदन हो सकता है–हृदय को आह्लाद प्राप्त हो सकता है। फिर काव्य की क्या आवश्यकता ? अतएव स्वीकार करना पड़ेगा कि पाठकों के आमोद-विधान के सिवा काव्य का और भी कुछ उद्देश है। परन्तु वह उद्देश काव्य-शरीर के अन्तर्गत इतना छिपा हुआ होता है कि पाठकों को उसकी उपलब्धि सहसा नहीं होती। देवशक्ति जिस प्रकार अज्ञात-भावपूर्वक अपना काम करती है उसी तरह कवि का वह गूढ़ उद्देश भी पाठकों के हृदय पर असर करता है; पर उनको उसके अस्तित्व की कुछ भी खबर नहीं होती। इस प्रकार का गूढ़ उद्देश पाठकों अन्तःकरण में चिरस्थायी संस्कार उत्पन्न किये बिना नहीं रहता। कवि का वह प्रच्छन्न उद्देश्य है–पाठकों के हृदय का उत्कर्ष-साधन और शुद्धि-विधान तथा जगत् को शिक्षा प्रदान। कवि जन पहले तो सौन्दर्य की पराकाष्ठा दिखलाते हैं। फिर, उसी प्रत्यक्ष सौन्दर्य सृष्टि के द्वारा परोक्षभाव से पाठकों के हृदय को भी सौन्दर्यपूर्ण कर देते हैं। सुन्दर फूल देखकर नेत्रों को अवश्य तृप्ति होती है; पर यदि ऐसे फूल में सौरभ भी हो तो उसके साथ ही मन भी तृप्त हो जाता है। नेत्रों की तृप्ति क्षणस्थायिनी होती है, परन्तु मन की तृप्ति चिरस्थायिनी। इसी से कवि-जन-लोक शिक्षापयोगी आदर्शों को सौन्दर्यपूर्ण, हृदयरंजन, आवेष्टन से आवृत करके संसार में शिक्षा का प्रचार करते हैं। धीरता और सत्यप्रियता श्रेष्ठ गुण हैं। अतएव सबको धीर और सत्यप्रिय होना चाहिए। भीष्म और युधिष्ठिर की सृष्टि करके महाभारत में कवि ने बड़ी ही खूबी से इन गुणों की शिक्षा दी है। सैकड़ों वाग्मी हजारों वर्ष तक वक्तृता करके भी जो काम इतनी अच्छी तरह नहीं कर सकते, जो काम राज-शासन द्वारा भी सुन्दरतापूर्वक नहीं हो सकता, वही कवि अपने सृष्टि-कौशल द्वारा सहज ही में कर सकता है। आत्म-त्याग अच्छी चीज है, स्वार्थपरता बुरी। इस तत्त्व को धर्मोपदेष्टा सौ वर्ष तक प्रयत्न करके शायद लोगों के हृदय पर उतनी सुन्दरता से खचित न कर सकेंगे जितनी सुन्दरता से कि कवि ने राम के द्वारा सीता निर्वासन कराकर खचित किया है। इसी से यह कहना पड़ता है कि कवि संसार के सर्वप्रधान शिक्षक और सर्वप्रधान उपकारक हैं।

काव्य का सृष्टि-सौन्दर्य किसी निर्दिष्ट विषय से ही सम्बन्ध नहीं रखता। केवल रूप, गुण या अवस्था-विशेष के वर्णन में ही सौन्दर्य परिस्फुट नहीं होता। देश, काल, पात्र, रूप, गुण, अवस्था, कार्य आदि की समष्टि के द्वारा यदि किसी सुन्दर वस्तु

की सृष्टि की जाय तो उस सृष्ट वस्तु के सौन्दर्य को ही यथार्थ सौन्दर्य कह सकते हैं। वह कवि सृष्टि का परमोत्कर्ष है। अन्यथा, यदि और बातों की उपेक्षा करके, नायिका के चिकुर-वर्णन ही से सर्ग का अधिकांश भर दिया जाय तो उसमें सौन्दर्य आ कैसे सकेगा ? उससे तो उलटा विरक्ति उत्पन्न होगी।

सृष्टि नैपुण्य ही कवि का प्रथम और प्रधान गुण है। उस सृष्टि-नैपुण्य के किसी अंश में त्रुटि आ जाने से काव्य की जैसे अंगहानि होती है वैसे ही, लोक-शिक्षारूपी जिस उच्च उद्देश-साधन के इरादे से कवि काव्य-प्रणयन करता है उसकी सिद्धि में भी व्याघात आता है। जो कवि केवल दस पाँच श्लोकों की रचना करके किसी पदार्थ का केवल बाहरी सौन्दर्य दिखाता है उसका आसन अधिकांश निरापद रहता है। जो लोग बाहरी सौन्दर्य के बीच में वर्णनीय पदार्थ को स्थापित करके, इसी बाहरी सौन्दर्य के प्रकाश द्वारा उसे प्रकाशित करते हैं उनका काम भी उतना दुष्कर नहीं। किन्तु जो कवि बाहरी सौन्दर्य को दूर रख कर, वर्णनीय वस्तु के केवल भीतरी भाग पर दृष्टि रखता है–वेशभूषा के विषय में उदासीन रहकर भूषित व्यक्ति के हृदय की ही तरफ दृष्टि-क्षेप करता है, अर्थात् जो एक सम्पूर्ण विराट मूर्ति की सृष्टि करके तद्द्वारा समाज-शिक्षा देना चाहता है–उसका आसन बड़ा ही समस्यापूर्ण समझा जाता है। उसे बात बात पर, पद पद पर, अक्षर अक्षर पर, समाज की अवस्था की भावना करनी पड़ती है–लोकहितैषणा से प्रणोदित होना पड़ता है। जो बात समाज के लिए अमंगलकर है, जिसकी आलोचना से समाज का प्रकृत हित-साधन नहीं होता, उसका वह परित्याग करता है। इसी से हमारे आर्य-साहित्य में लेडी मैकबेथ और ओथेलो का चित्र नहीं पाया जाता। जिस वस्तु का सर्वांश उत्तम है–जो सर्वथा सत् है–उसी की सृष्टि होनी चाहिए।

महाकवि कालिदास के श्रेष्ठ काव्य, अथवा संस्कृत-भाषा के सर्वश्रेष्ठ महाकाव्य, रघुवंश के प्रत्येक अक्षर में यह सत्य विद्यमान है। लोक शिक्षोपयोगी बातों से रघुवंश आद्यन्त परिपूर्ण है। देवता और ब्राह्मण में भक्ति, गुरु के वाक्य में अटल विश्वास, मातृरूपिणी पयस्विनी धेनु की परिचर्या, भिक्षार्थी अतिथि की अभिलाषापूर्ति के लिए धरणीपति राजा की व्याकुलता, लोकरंजन और राजसिंहासन निष्कलंक रखने के लिए नृपति के द्वारा अपनी प्राणोपमा पत्नी का निर्वासन रूपी आत्मत्याग आदि अनेक लोकहितकर और समाजशिक्षोपयोगी विषयों से रघुवंश अलंकृत है।

विद्याभूषण महाशय की इस समालोचना, इस विवेचना, इस मर्म्मोद्घाटन से पाठकों को मालूम हो जायगा कि क्यों रघुवंश सर्वोत्तम काव्य माना जाता है और कालिदास को क्यों कवि कुलगुरु की पदवी मिली है। ऐसे समालोचक का आसन कितना ऊँचा है और साहित्य की उन्नति के लिए उसकी कितनी आवश्यकता है, यह बात भी इससे अच्छी तरह विदित हो जायगी। जो कौमुदी के कीड़े और महाभाष्य के मतंगज कालिदास का एक भी शब्द-स्खलन नहीं सहन कर सकते, अतएव उसे

सही सिद्ध करने के लिए पाणिनि, पतंजलि और कात्यायन की भी उक्तियों पर हरताल लगाने की चेष्टा करते हैं उन्हें विद्याभूषणजी का आसन कभी प्राप्त नहीं हो सकता। कालिदास की कीर्ति की रक्षा उनके दो-चार शब्द-स्खलनों को शुद्ध सिद्ध करने की चेष्टा से नहीं हो सकती। उसकी रक्षा ऐसी समालोचनाओं से हो सकती है जैसी कि विद्याभूषणजी ने प्रकाशित की है।

अभिज्ञान शाकुन्तल के विषय में श्रीयुत राजेन्द्रनाथ जी ने बहुत कुछ लिखा है। उसकी समालोचना से उन्होंने अपनी पुस्तक के सौ पृष्ठ से भी अधिक खर्च किये हैं। उनकी सम्मति का सारांश यह है–

अभिज्ञान शाकुन्तल कालिदास की विश्वतोमुखी प्रतिभा, ब्रह्माण्ड व्यापिनी कल्पना और सर्वातिशायिनी रचना की सर्वोत्तम कसौटी है। विक्रमोर्वशीय और मालविकाग्निमित्र में कवि ने जिन दिव्य दृश्यों और दिव्य मूर्तियों का अंकण किया है वे सब तो शाकुन्तल में हैं ही, परन्तु उसमें ऐसी और भी अनेक मूर्तियाँ और अनेक चीज़ें हैं जिनका मन ही मन केवल अनुभव किया जा सकता है, दूसरे को उनका अनुभव नहीं कराया जा सकता। वे केवल आत्मसंवेद्य हैं, भाषा की सहायता से वे दूसरे पर नहीं प्रकट की जा सकतीं। इसी से अभिज्ञान शाकुन्तल कवि-सृष्टि का चरम उत्कर्ष है। सहृदय जनों ने यथार्थ ही कहा है–'कालिदासस्य सर्वस्वमभिज्ञान-शकुन्तलम्'। अभिज्ञान शाकुन्तल कालिदास का सर्वस्व है; उनकी अपार्थिव कल्पनारूपिणी उद्यान-वाटिका की अमृतमयी पारिजात-लता है। धर्म और प्रेम, इन दोनों के सम्मेलन से जगत् में जिस मधुर आनन्द की उत्पत्ति होती है, अभिज्ञान शाकुन्तल रूपी स्वच्छ दर्पण में उसी का प्रतिबिम्ब देखने को मिलता है। शकुन्तला महाकवि की चरम सृष्टि है–वाणी के वर-पुत्र का अक्षय आलेख्य है !

शकुन्तला के प्रत्येक पात्र, प्रत्येक घटना और प्रत्येक अंश की विशेषता और तद्विषयक महाकवि के अलौकिक चातुर्य से अभिज्ञता प्राप्त करना हो तो विद्याभूषण जी की लिखी हुई समालोचना साद्यन्त पढ़ना चाहिए।

विद्याभूषण महाशय को कालिदास का अन्धभक्त न समझिए। उन्होंने कालिदास की रचनाओं में दोषोद्भावनायें भी की हैं। कुमारसम्भव के विषय में आपकी राय है–

"कुमारसम्भव रघुवंश का पूर्ववर्ती है। पहली रचना का बिलकुल ही निर्दोष होना सम्भव नहीं। इसी से कुमारसम्भव में जो जो स्थल किंचित असंलग्न हैं, तत्सदृश स्थल-समूह का कालिदास ने रघुवंश में संशोधन कर दिया है। हर-पार्वती के विवाह का अज-इन्दुमती के विवाह से और रति-विलाप का अजविलाप से मिलान करने पर यह सिद्धान्त सबको स्वीकार करना पड़ेगा।"

मतलब यह कि शिवपार्वती के विवाह और रति-विलाप में कालिदास को खुद ही अनौचित्य मालूम हुआ। इससे उन्होंने अज-इन्दुमती के विवाह और अज-विलाप

को और तरह से लिखकर पूर्व-दोष को रघुवंश में नहीं आने दिया।

मेघदूत के अन्यान्य अंशों की प्रशंसा करने के बाद विद्याभूषणजी लिखते हैं–

"मेघदूत में कोई ऐसा आदर्श-चरित नहीं जिससे कोई लोक-हितकर या समाज-हितकर शिक्षा मिल सके। राम, सीता और दुष्यन्त-शकुन्तला के आदर्श चरित्र से समाज का बहुत कुछ उपकार-साधन हो सकता है। परन्तु मेघदूत के यक्ष और यक्ष-पत्नी के चरित्र से उस तरह का कोई उच्च उद्देश सम्पन्न नहीं हो सकता।"

ऋतुसंहार में सृष्टि-नैपुण्य नहीं। अतएव उसे विद्याभूषणजी प्रधान काव्य नहीं मानते। सृष्टि विषयक चातुर्य ही को आप काव्य का जीवन मानते हैं। अतएव और सब बातों के होने पर भी जिस काव्य में यह गुण नहीं उसे प्रायः निर्जीव ही समझना चाहिए।

राजेन्द्रनाथ महोदय अपनी पुस्तक में एक जगह लिखते हैं–

"रघुवंश के सातवें सर्ग के अन्त में, इन्दुमती को न पाने के कारण निराश हुए अपरापर राजाओं के साथ महाकवि कालिदास ने इन्दुमती बल्लभ अज का युद्ध वर्णन किया है। उसे पढ़ने से कवि के हृदय की कोमलता का बहुत कुछ पता लगता है। युद्ध-वर्णन में अपनी विश्वविमोहिनी कल्पना की स्वाभाविक लीला दिखाने में कालिदास समर्थ नहीं हुए। इस विषय में कवि गुरु वाल्मीकि ही सिद्धहस्त थे। उन्होंने ऐसे प्रसंगों में जैसा अद्भुत रचना कौशल दिखाया है वैसा अन्यत्र दुर्लभ है।"

अर्थात् इनकी सम्मति में कालिदास को युद्ध का अच्छा वर्णन करना न आता था। मालविकाग्निमित्र के विषय में भी इन्होंने एक जगह प्रतिकूल राय दी है। लिखा है कि इसमें कालिदास अपनी स्वाभाविक और उन्मादिनी वर्णना करने में समर्थ नहीं हुए–अथवा उन्हें इस तरह का वर्णन करने के लिए अवसर ही नहीं मिला।

विक्रमोर्वशीय के विषय में आप लिखते हैं–

"विक्रमोर्वशीय आद्योपान्त शकुन्तला की तरह सर्वांग सुन्दर नहीं। उसमें आदर्श रमणीचरित्र-प्रदर्शन तो कालिदास कर सके हैं; पर आदर्श पुरुष की सृष्टि नहीं कर सके। शायद उन्हें वैसा करना अभीष्ट ही न था।"

अर्थात् राजा पुरुरवा का जो चित्र कालिदास ने विक्रमोर्वशीय में खींचा है वह निष्कलंक नहीं।

मालविकाग्निमित्र और विक्रमोर्वशीय के विषय में, अन्त में, समालोचक महाशय एक और जगह इस प्रकार लिखते हैं–

"विक्रमोर्वशीय और मालविक्राग्निमित्र में समाज के लिए हितकर आदर्श चरित्र नहीं। महाकवि ने वैसा चरित्र चित्रण करने का प्रयास ही नहीं किया। इन काव्यों में कवि ने प्रणय और प्रणयोन्माद-वर्णना को ही प्रतिपाद्य समझा है। + + + + + धर्म-भाव-शून्य प्रणय के द्वारा प्रणयच्छद्मरूपी पाश-बन्धन के द्वारा प्रणयी का भी अमंगल साधन होता है, समाज का भी अमंगल-साधन होता है और जगत् का भी

अमंगल-साधन होता है। ऐसे प्रणय में पड़ने से जितना अमंगल होता है धर्मभावमय प्रणय के द्वारा उतना ही, किम्बहुना उससे भी अधिक, मंगल होता है। कवि ने इस तत्त्व का इन दोनों काव्यों में उद्घाटन नहीं किया।"

बस, अब और अधिक लिखने के लिए स्थान नहीं। जिन्हें कालिदास के काव्यों का तत्त्व विशेष रूप से जानना हो उन्हें श्रीयुत राजेन्द्रनाथ विद्याभूषण की समग्र पुस्तक पढ़नी चाहिए।

**[जुलाई, 1911 की 'सरस्वती' में प्रकाशित। 'कालिदास और उनकी कविता' पुस्तक में संकलित।]**

# समालोचना का सत्कार

किसी कवि का वचन है कि–

अद्यापि दुर्निवारं स्तुतिकन्या वहति कौमारम्।
सद्भ्यो न रोचते साऽसन्तोऽप्यस्यै न रोचन्ते।।

अर्थात्–स्तुतिरूपिणी कन्या, जब से उत्पन्न हुई है तब से आज तक, यद्यपि बहुत युग बीत चुके, बे-ब्याही ही बनी हुई है। उसके विवाह की नौबत ही नहीं आई। उसका कौमार-भाव दुर्निवार-सा है। उसके विवाह की कुछ भी आशा नहीं; क्योंकि जो भले आदमी हैं उनको वह पसन्द नहीं, और जो भले नहीं उन्हें वह खुद ही पसन्द नहीं करती।

परन्तु अब वह समय लगा है कि स्तुति-कन्या के कौमार-भाव का हरण बलपूर्वक करने की इच्छा रखने वाले पैदा हो गये हैं। स्तुति की प्राप्ति के लिए वे उसपर दारुण अत्याचार तक करने को तुले बैठे हैं। मनु ने जिन विवाहों का निर्देश अपनी स्मृति में किया है उनमें से, ये स्तुति-लोलुप लोग, उसके साथ वह विवाह करके अपनी कामना पूर्ण करना चाहते हैं जिसमें कन्या रोती है, चीखती है, छाती पीटती है, परित्राण की याचना करती है, पर उसकी एक नहीं सुनी जाती; विवाहेच्छु उसे बलात् अपने घर खींच ले जाना चाहते हैं। ग्रंथकारों के कुछ गुरु, समालोचना के लिए अपने ग्रंथरत्न भेज-भेजकर समालोचकों से इसी तरह की स्तुति प्राप्त करने की चेष्टा करते हैं। यदि वह मिल गई तो बड़े खुश। उसकी नकल वे विज्ञापनों के भीतर रखकर छपा डालेंगे। उसी पुस्तक के पीछे लगा देंगे, अपनी पुस्तकों के सूचीपत्र में उद्धृत कर देंगे। समालोचना में यदि कुछ बातें प्रतिकूल हुईं तो उन्हें अवश्य निकाल देंगे। सचाई से भी कुछ सरोकार रखना हुआ तो उन प्रतिकूल बातों की जगह तारका-चिह्न रख देंगे। बहुत कम लोग, शायद सौ में एक, ऐसे होंगे जो सच्ची समालोचना–चाहे वह भली हो, चाहे बुरी–सुनने के इरादे से अपनी पुस्तकें समालोचकों

के पास भेजते होंगे। अब तो कुछ लोग ऐसे भी पैदा हो गये हैं जो अपनी पुस्तक की भूमिका में, कभी अपने ही नाम से और कभी प्रकाशक के नाम की आड़ से, यहाँ तक लिख देते हैं कि यदि समालोचकों की क्रूर दृष्टि इस पुस्तक पर पड़ी तो लेखक का सारा उत्साह भंग हो जायगा; फिर वह और कोई पुस्तक न लिख सकेगा। उत्साह भंग न हुआ तो वह हिन्दी-साहित्य के भांडार को लाल और हीरक-रत्नों से छत तक ठसा-ठस भर देगा। मतलब यह कि पुस्तक के पाठ से किसी का समय नष्ट ही क्यों न हो जाय, हर्ज नहीं। उससे दुराचार की वृद्धि ही क्यों न हो, हर्ज नहीं। उसमें भ्रमों और भूलों का अतिरेक ही क्यों न हो, हर्ज नहीं। तारीफ़ ही किये जाओ; स्तुति-पाठ ही करते चलो। तभी ये लोग सन्तुष्ट हो सकते हैं।

सच्चे दिल से लिखी गई प्रतिकूल समालोचना सुनकर उससे लाभ उठाने वाले लेखक बहुत ही कम हैं। कुछ में इतना आत्मबल भी होता है कि ऐसी समालोचना से वे मन-ही-मन कुढ़ तो ज़रूर जाते हैं, पर मुँह से कुछ नहीं कहते। परन्तु ऐसे भी उदार हृदय और आत्मसंयमशील पुरुष-पुंगवों की कमी नहीं जिनको अपनी पुस्तक की प्रतिकूल आलोचना का एक शब्द भी सहन नहीं होता। वे उसका तीव्र प्रतिवाद करते हैं—कभी अपने ही नाम से करते हैं, कभी बनावटी नाम से। कभी-कभी वे अपने मित्रों, मिलनेवालों और पार्षदों से भी प्रतिवाद कराते हैं। ये लोग प्रतिकूल आलोचना के एक-एक शब्द का प्रतिवाद करते हैं; समालोचकों के स्वयं-समालोचक बन जाते हैं—उलटा उन्हीं की अशुद्धियाँ दिखाने की चेष्टा करते हैं, उन पर ईर्ष्या-द्वेष का आरोप करते हैं, जिनकी दिल्लगी उड़ाते हैं और कहते हैं कि इसने यह समालोचना लिखकर पुरानी दुश्मनी का बदला लिया है। यह सब करके अपनी पुस्तक के विषय में कुछ-कुछ इस प्रकार की प्रशंसा प्रकाशित करते हैं—

मेरी पुस्तक गवर्नर-जनरल रोज़ सिरहाने रखकर सोते हैं। मेरी पुस्तक सेक्रेटरी आव स्टेट अपनी मेज़ पर आईने के सदृश सामने रखते हैं। मेरी पुस्तक के पाठ से तेंतीस कोटि मानवों का कल्याण हुआ है। मेरी पुस्तक के अष्टोत्तरशत संस्करण छप चुके हैं; उसका प्रचार कुरान, बाइबिल और रामायण से भी बढ़कर है। मेरे उपन्यास में अकबर और औरंगज़ेब के ज़माने के ऐतिहासिक तत्त्व भरे पड़े हैं। समालोचक ने उसे साद्यन्त पढ़े बिना ही समालोचना लिख मारी है।

ये सज्जन-शिरोमणि साहसी, सत्यव्रत और सरल-स्वभाव इतने होते हैं कि यह सारा गांधर्वगान बहुधा घूँघट की ओट ही से करते हैं। आपका नाम-धाम मालूम हो जाय तो आपकी अपार ज्ञान-राशि से दो चार कण प्राप्त करने के लिए, आपके ज्ञानागार के द्वार पर, कहीं जन-समुदाय न उमड़ आवे ! कोई इनसे पूछे कि यदि आपकी पुस्तक इतनी लोकोत्तर थी तो टुटपुँजिये समालोचकों के पास आपने उसे समालोचनार्थ भेजा क्यों ? इनमें से कुछ की उदारता का तो यह हाल है कि जो समालोचक उनका चरित-गान-श्रवण कराने में सहायक हो और जो उनकी

विद्वत्ता-व्यंजक महती मूर्ति दिखाता फिरे उस पर भी ये ईर्ष्या-द्वेष का दूषण निःसंकोच होकर, अपने पार्षदों की आड़ से, केवल इस कारण लगा देंगे कि उसने, अपनी मति के अनुसार, इनकी दो-एक भूलें दिखा दीं !

बृहस्पति को भी बारह वर्षों तक बारहखड़ी की बारीकी बताने की योग्यता रखनेवाले ये अहम्मानी महाशय न्याय, नीति, सदाचार और सचाई सबको एक साथ तिलांजलि दे देते हैं। प्रतिकूल समालोचना पढ़ते ही इनके हृदय में उच्चता, योग्यता, श्रेष्ठता, आत्म-मर्यादा और प्रखर पांडित्य के पानी की प्रबल धारा-सी बहने लगती है। अच्छा, समालोचक के मुक़ाबले में इनके अहम्भाव और उच्चत्व की इयत्ता की जाँच तो कीजिए। लेखक या प्रकाशक क्यों किसी पुस्तक को 'समालोचनार्थ' भेजता है ?

(क) या तो इसलिए कि पुस्तक के गुण-दोष उसे मालूम हो जायँ;

(ख) या इसलिए कि समालोचना के रूप में पुस्तक का विज्ञापन प्रकाशित हो जाने से उसकी कुछ कापियाँ बिक जायँ, और, इस तरह, कुछ टके वसूल हों;

(ग) या इसलिए कि पुस्तक की प्रशंसा प्रकाशित होने से लेखक की यशोवृद्धि हो।

यदि (क) कारण से पुस्तक भेजी गई तो मानो भेजनेवाले ने, भेजने के साथ ही, समालोचक को विद्या, योग्यता, साहित्य-ज्ञान और अनुभव आदि में अपने से बढ़ा-चढ़ा नहीं, तो सदृश अवश्य स्वीकार कर लिया। क्योंकि यदि समालोचक ऐसा न होगा तो वह पुस्तक के गुण-दोष दिखा कैसे सकेगा। ऐसे ही समालोचक की समालोचना की प्रतिकूल सम्मति पढ़कर जो लोग उस पर तत्काल ही आक्रमण करते हैं वे इस कार्य से अपनी प्रतिष्ठा बढ़ाते तो नहीं, उसका समूल नाश अवश्य करते हैं। जिससे अभी कल तक कुछ सीखने की इच्छा रखते थे उसी को आज सिखाने की चेष्टा करनेवाले मनुष्य समाज में किस दृष्टि से देखे जाते हैं, और किन आन्तरिक भावों की प्रेरणा से वे ऐसा निन्द्य काम करते हैं, इसके विवेचन की आवश्यकता नहीं।

यदि समालोचना के लिए पुस्तक भेजने का कारण (ख) है तो समालोचक दाता नहीं तो उपकारकर्त्ता, और भेजनेवाला याचक हुआ। और, जो लोग याचक बनकर किसी के द्वार पर जाते हैं उनकी उच्चता, प्रतिष्ठा और आत्म-मर्यादा की मात्रा ही कितनी ! यही लोग भिक्षा-प्राप्ति में विफल-मनोरथ होने पर यदि समालोचक को सदाचार, योग्यता, सत्यता और आत्म-गौरव का सबक़ सिखाने चलें और निर्मूल आक्षेपों द्वारा उसकी निन्दा करते फिरें तो समझ लेना चाहिए कि भगवान् ने इन्हें भीख माँगने की भी बुद्धि नहीं दी, पुस्तकें लिखकर दूसरों का कल्याण करने की बुद्धि तो बहुत दूर की बात है। चुटकी मिल गई तो–"दाता की जय हो !"–न मिली तो कोसते हुए चल दिये !

यदि पुस्तक भेजने का कारण (ग) है तो भी भेजनेवाले का यह कार्य उसकी

उच्चता और उदारता का सूचक नहीं। जो मनुष्य कोरी प्रशंसा की प्राप्ति ही के लिए दूसरों का दरवाज़ा खटखटाता है वह भी एक प्रकार का याचक है और बहुत बुरा याचक है। कोई भी उच्चाशय सज्जन प्रशंसा-प्राप्ति के लिए चेष्टा नहीं करता। प्रशंसनीय काम करने से कीर्ति और प्रशंसा स्वयं ही उसे प्राप्त होती है; उनकी प्राप्ति के पीछे दौड़ लगाने से तो उलटी अपकीर्ति होती है–महात्माओं का तो यही मत है; लोकोत्तर-ग्रंथकारों का अलबत्ते नहीं।

इन तीनों में से किसी भी कारण से प्रेरित होकर जो लेखक या प्रकाशक समालोचना के लिए पुस्तक भेजता है वह न्याय और सदाचार दोनों दृष्टियों से, समालोचक के कृपा-कटाक्ष की अभिलाषा रखता है। इस दशा में उसका गौरव समालोचक के गौरव की बराबरी कदापि नहीं कर सकता। स्थिति इस प्रकार की होने पर भी जो लेखक या प्रकाशक, समालोचक की प्रतिकूल सम्मति सुनकर, प्रत्यक्ष या परोक्ष-भाव से उस पर आक्रमण करते हैं और अपने अहंकार की हुंकृति का नाद सुनाते हैं वे अपने को उपहास और तिरस्कार का पात्र मात्र बनाते हैं। अपना उपकार होने की आशा से पहले तो पुस्तक भेजना, फिर समालोचक की सच्ची समालोचना पढ़कर, उस पर ईर्ष्या और द्वेष का आरोप करना, कुटिलता और हृदय की कलुषता की पराकाष्ठा है। जहाँ कहीं ईर्ष्या और द्वेष के भाव जागरूक होते हैं वहीं उनके कारण प्रायः पहले ही से विद्यमान होते हैं। जिससे जो ईर्ष्या करता है उसे बहुत करके यह ज्ञात रहता है कि इस ईर्ष्यालु मनुष्य की ईर्ष्या का यह कारण है। इस दशा में कोई भी समझदार आदमी ईर्ष्यालु और द्वेषदुष्ट समालोचक के पास अपनी पुस्तक समालोचना के लिए नहीं भेजता। जहाँ ऐसी स्थिति नहीं–जहाँ ईर्ष्या-द्वेष के कोई कारण नहीं–वहाँ भी अपनी पुस्तक के विषय में अनुकूलता के साथ आंशिक प्रतिकूलता देखते ही, जो आदमी समालोचक पर ईर्ष्या-द्वेष की स्थापना करता है वह केवल अपनी विकार-विलसित बुद्धि का परिचय देता है। क्योंकि उसे इतना भी ज्ञान नहीं कि जिस सम्मति को वह ईर्ष्या-जनित समझता है वह किसी की सच्ची सम्मति भी हो सकती है। ऐसे विक्षिप्त-चित्त लेखक, प्रकाशक या उसके वकील की जल्पना का सबसे बड़ा उत्तर उपेक्षा ही हो सकता है। यदि कोई समालोचक किसी से उसकी पुस्तक माँगकर या उसे मोल लेकर उसकी प्रतिकूल समालोचना करे तो, किसी अंश तक, यदि और कारण विद्यमान हों तो, उस पर ईर्ष्या-द्वेष का इलजाम लगाया भी जा सकता है। पर जो ऐसा नहीं करता और जिसके पास पुस्तकाधिकारी स्वयं ही, अपने हित के लिए, समालोचनार्थ पुस्तक भेजता है, उस पर वैसा इलजाम लगाना उच्चता का उलटा भाव प्रकट करना है। जिसे आप ईर्ष्यालु समझते हैं उससे आप समालोचना चाहते क्यों हैं ? पुस्तक माँगने के लिए, अर्ज़ी लेकर, वह आपकी ड्योढ़ी, आपके बँगले, आपके छापेखाने के द्वार पर तो गया ही नहीं !

हमारे ये विचार सभी लेखकों, सभी प्रकाशकों और सभी पुस्तकाधिकारियों

के विषय में चरितार्थ नहीं। जो लोग पूर्वोक्त प्रकार का व्यवहार करते हैं, हमारी कैफ़ियत उन्हीं के लिए है। जिनकी यह समझ है कि 'सरस्वती' का समालोचक ईर्ष्या-द्वेष का कीड़ा, अहंकार का अवतार, और बिना पढ़े ही कुछ-न-कुछ लिख मारनेवाला है उनसे हमारी प्रार्थना है कि माँगने पर भी, वे, कभी भूल कर भी, अपनी पुस्तक समालोचना के लिए उसके पास न भेजें। वे अपनी चमकदार सारावली और हारावली, माला और मयूख, निशाकर और दिवाकर की मंजु मरीचियों का संवरण किये रहें। हमें अन्धकार ही में पड़ा रहने दें। ज्ञानालोक की अनिवार्य आवश्यकता होगी तो हम उनकी पुस्तकें मोल लेकर पढ़ लेंगे।

**[दिसम्बर, 1917 की 'सरस्वती' में प्रकाशित तथा 'वाग्विलास' में संकलित।]**

# हिन्दी-नवरत्न

इलाहाबाद में नागरी-प्रवर्द्धिनी नाम की एक सभा है। उसके अन्तर्गत एक और छोटी सी सभा है, जिसका नाम हिन्दी-ग्रन्थ-प्रसारक मण्डली है। यह मण्डली अच्छे-अच्छे नवीन ग्रन्थ और अन्य भाषाओं के अच्छे-अच्छे ग्रन्थों के अनुवाद प्रकाशित करने के उद्देश से स्थापित हुई है। कोई भी इसका सभासद हो सकता है। सभासदों को इस मण्डली की प्रकाशित पुस्तकें मुफ्त मिलती हैं। उद्देश इसका प्रशंसनीय है। हिन्दी-नवरत्न इस मण्डली की प्रकाशित की हुई पहली पुस्तक है। बाबू माणिक्यचन्द्र जैनी, बी. ए., एल-एल. बी. इस मण्डली के मन्त्री हैं। उन्हीं ने इसकी एक कापी हमारे पास समालोचना के लिए भेजी है।

## पुस्तक-सम्बन्धिनी साधारण बातें

इस पुस्तक को तीन भाइयों ने मिल कर लिखा है। उनके नाम हैं–(1) पण्डित गणेशबिहारी मिश्र, (2) पण्डित श्यामबिहारी मिश्र, एम. ए. और (3) पण्डित शुकदेवबिहारी मिश्र, बी. ए.। इनमें से अन्त के दो महाशयों से हिन्दी-प्रेमी बहुत समय से परिचित हैं। पहले महाशय का नाम अभी कुछ ही दिनों से सर्व-साधारण के सामने आने लगा है। इस पुस्तक में इन तीनों महाशयों के हाफटोन चित्र हैं। पुस्तक महाराजा छत्रपुर को समर्पित हुई है। उनका भी एक चित्र पुस्तक के आरम्भ में है।

पुस्तक अच्छे चिकने काग़ज़ पर, अच्छे–न बहुत बड़े, न बहुत छोटे–टाइप में, छपी है। बड़ी ही सुन्दर जिल्द बँधी हुई है। छपाई का काम प्रयाग के इण्डियन प्रेस का है। पुस्तक के पुट्ठे पर पुस्तक का, लेखकों का और प्रकाशक मण्डली का नाम सुनहले अक्षरों में है। पुस्तक के बाह्य, आभ्यन्तर, दोनों ही रूप बहुत लुभावने हैं।

पुस्तक में सब मिलाकर कुछ कम साढ़े चार सौ पृष्ठ हैं। कुल विषय नौ अंशों में विभक्त है। प्रत्येक अंश में एक-एक कवि पर निबन्ध है। इन कवियों के नाम

और निबन्धों की पृष्ठ-संख्या इस प्रकार है–

| | | | |
|---|---|---|---|
| (1) तुलसीदास | ... | ... | 140 |
| (2) सूरदास | ... | ... | 32 |
| (3) देव | ... | ... | 46 |
| (4) बिहारी | ... | ... | 28 |
| (5) भूषण | ... | ... | 19 |
| (6) केशवदास | ... | ... | 41 |
| (7) मतिराम | ... | ... | 7 |
| (8) चन्द | ... | ... | 31 |
| (9) हरिश्चन्द्र | ... | ... | 42 |

इसके सिवा 31 पृष्ठों की एक भूमिका है। प्रकाशकों का निवेदन, सूचीपत्र, परिशिष्ट और अशुद्धि-संशोधन आदि कोई 18 पृष्ठों में हैं। समय की कमी के कारण सूरदास, भूषण, केशवदास और चन्दबरदायी पर लिखे गये निबन्ध, जिनकी पृष्ठ-संख्या केवल 123 है, हम नहीं पढ़ सके। अतएव इस लेख में विशेषतः अवशिष्टांश ही की समालोचना होगी।

## लेखकों का विचार-स्वातंत्र्य

अँगरेज़ी भाषा की उच्च शिक्षा पाये हुए पण्डितों में हिन्दी-प्रेम का होना ही बहुत बड़ी बात है। इन प्रान्तों में इस बात का प्रायः अभाव सा है। फिर, हिन्दी के अच्छे-अच्छे कवियों के प्रकाशित और अप्रकाशित ग्रन्थ ढूँढ़-ढूँढ़ कर उनका अध्ययन करना और उन पर निबन्ध लिखना ऐसे पण्डितों के लिए और भी बहुत बड़ी बात है। ऐसे कवियों की कविता की समालोचना करना और निर्भय होकर उनके गुण-दोषों को दिखलाना और भी प्रशंसा की बात है। अतएव, ऐसी पुस्तक का प्रकाशित होना हिन्दी के सौभाग्योदय का सूचक है। और देशों के नहीं, तो भारत के कवियों में कालिदास का आसन अवश्य ही सब से ऊँचा है। ऐसे महाकवि को भी महाराज की पदवी नहीं प्राप्त हुई। कोई उसे कालिदास महाराज–नहीं कहता। परन्तु श्रीरामचन्द्र जी के परम भक्त और महात्मा होने के कारण तुलसीदास को–'गुसाईजी महाराज'–कहते हमने सैकड़ों आदमियों को अपने कानों सुना है। जिस महात्मा के सम्बन्ध में लोगों का यह विश्वास है कि वह मुर्दों को ज़िन्दा कर देता था–विधवाओं को सधवा कर देता था–और पापियों को पुण्यात्मा बना देता था उसी की परम पुनीत मानी गई रामायण के गुणों का वर्णन करके उसके दोषों का भी निःसंकोच होकर उद्घाटन करना लेखकों की न्यायशीलता, मानसिक दृढ़ता और सत्यपरता का परमोज्ज्वल उदाहरण है। जो मनुष्य समाज के भय की परवा न करके अपने मन की बात कह डालने से नहीं हिचकता

उसके मानसिक बल और वीरत्व की जितनी प्रशंसा की जाय कम है। जिस समाज में विचार-स्वातन्त्र्य नहीं, वह चिरकाल तक जीवित नहीं रह सकता। और जिस साहित्य में स्वतन्त्र-विचार-पूर्ण पुस्तकें नहीं वह कभी उन्नत नहीं हो सकता। हिन्दी के सौभाग्य से इस पुस्तक के लेखकों में विचार-स्वातन्त्र्य है। यह लेखकों के लिए कम गौरव की बात नहीं।

लेखकों ने तुलसीदास की कविता में जिन दोषों की उद्भावना की है उनमें से कुछ का उल्लेख नीचे किया जाता है–

(1) कवितावली के कुछ कवित्तों में छन्दोभंग है–पृष्ठ 22।

(2) सुन्दर-काण्ड में हनूमान् ने कई काम बड़ी ही बहादुरी के किये। परन्तु, यह कहकर कि–'उमा न कछु कपि की अधिकाई–प्रभु प्रताप जो कालहिं खाई'–तुलसी दास उनके सारे यश के गाहक बन बैठे। पृष्ठ 57।

(3) सुन्दर-काण्ड में मन्दोदरी के सामने रावण का सीता से यह कहना अनुचित हुआ कि यदि–'तू एक बार मेरी ओर देख ले तो मन्दोदरी आदि रानी (रानियाँ ?) तेरी अनुचरी करें' (हो जायँ ?) पृष्ठ 58।

(4) 'अंगद-पैज में राज-सभा की (के ?) गाम्भीर्य्य का ध्यान नहीं रक्खा गया है'। पृष्ठ 58 ।

(5) उत्तर-काण्ड में–'ज्ञान दीपक के परम परिश्रम से जलाये जाने और परम सुगमता से बुझ जाने का कथन कुछ उपहासास्पद हो गया है'। पृष्ठ 64।

(6) 'कलिमल ग्रसेउ'–इत्यादि दोहा लिखकर गोस्वामीजी ने नानक, कबीर और दादू आदि के ग्रन्थों की निन्दा की है। पृष्ठ 64।

(7) बाल-काण्ड के अन्तर्गत आकाश-वाणी में 'मनु सत्यरूपा के स्थान पर कश्यप अदिति का नाम भ्रमवश आ गया है'। पृष्ठ 74।

(8) विभीषण राजद्रोही और विश्वासघाती थे। तुलसीदास ने रामायण में उनके चरित का जो वर्णन किया है–रावण से बिगड़ कर रामचन्द्रजी के पास चला जाना और हनूमान् को सीता का पता बतलाना आदि–उससे विभीषण का चरित बड़ा ही निन्द्य हो गया है। पृष्ठ 88।

(9) 'दशरथ वृद्धावस्था तक कामी बने रहे'। पृष्ठ 92।

(10) 'गोस्वामीजी से रामभक्ति के मारे इसका (कैकेयी का) शील गुण ठीक न उतारते बना और देवी सी कह कर इसे उन्होंने अन्त में पूरी पिशाची कर डाला और महा अनुचित बातें इसके मुँह से कहा डालीं'। पृष्ठ 94।

(11) 'ऐसे महात्मा और महाकवि को बिना सोचे (स्त्रियों की) इतनी प्रचण्ड निन्दा करना अनुचित था'। पृष्ठ 110।

(12) परशुराम और लक्ष्मण के विवाद का 'वर्णन गोस्वामी जी के सहज गाम्भीर्य्य के बिलकुल ही अयोग्य हैं।' पृष्ठ 116।

(13) रामचन्द्र के विषय में परशुराम के मुँह से–'संभु सरासन तोरि सठ करसि हमार प्रबोध' कहलाकर तुलसीदास ने–'परशुराम की पूरी नीचता दिखा दी है'; और फिर–'मैं तुम्हारा अनुचर मुनिराया' आदि लक्ष्मण से कहलाकर मानों परशुराम को मूर्ख बनाया है। पृष्ठ 117।

(14) 'रामचन्द्र की महिमा बढ़ाने को गोस्वामीजी ने अन्य देवताओं की प्रायः निन्दा कर दी है। सती-मोह इस कथन का पूर्ण प्रमाण है'। रामचन्द्र का सती को अपना प्रभाव दिखाना 'बहुत ही अनुचित हुआ'। 'सती से झूठ बोलाना भी अनुचित हुआ'।'मरते समय सती का–हरि से वर मँगवाना भी बेजा है'। पृष्ठ 114।

(15) रामचन्द्र के विवाह की शोभा बढ़ाने के लिए तुलसीदास ने महादेव के विवाह की शोभा बिगाड़ दी। पृष्ठ 115।

(16) महादेव से यह न कहलाना चाहिए था कि–'अनुज जानकी सहित निरन्तर बसहु राम प्रभु मम उर अन्तर' क्या महादेवजी लक्ष्मण का भी ध्यान धरते थे ? परन्तु गोस्वामी ने 'उसमें (उससे ?) भालु कीशों को निकाल दिया यही उनकी बड़ी (?) अनुग्रह हुई'। पृष्ठ 115।

(17) उत्तर-काण्ड में तुलसीदास ने नारद, शिव, विरिंचि, सनकादि को भी लोभ, मोह, काम का शिकार बना डाला। पृष्ठ 115।

(18) 'जो सम्पति सिव रावणहिं दीन्हिं दिए दस माथ।

सो सम्पदा विभीषनहिं सकुचि दीन्हि रघुनाथ'–इस दोहे से तुलसीदास की–'निन्दा की वृत्ति पूरी तरह प्रगट होती है'। पृष्ठ 115।

(19) गोस्वामी जी ने–'ब्राह्मणों को मांसाहारी लिखा है और यह भी लिखा है कि वे क्षत्रियों का परोसा खाते थे'। पृष्ठ 42।

लेखकों के दिखलाये हुए गोस्वामी जी के इन तथा अन्य दोषों से कोई सहमत हो या न हो, यह तो बात ही दूसरी है। कहने का मतलब सिर्फ़ इतना ही है कि जो बात लेखकों की समझ में जैसी जान पड़ी है उसे उन्होंने निर्भयतापूर्वक कह डाला है। समालोचक में इस गुण का होना बहुत ही अभिनन्दनीय है। लेखकों ने तुलसीदास की रामायण तथा इतर ग्रन्थों में ये और अन्य अनेक दोष जो दिखलाये हैं उनमें से कितने ही दोषों को काव्यदृष्टि से हम दोष नहीं समझते। उनके सम्बन्ध में हम लेखकों से सहमत नहीं। परन्तु, खेद है, इस लेख में हम उन पर, विस्तारभय से, कुछ नहीं लिख सकते। शूर्पणखा का नासाकर्णहीन किया जाना एक महत्त्वपूर्ण घटना है। परन्तु लेखकों ने इस विषय में अपनी कोई राय नहीं दी। उन्हें इस पर यह जरूर लिखना था कि वे इसे उचित समझते हैं या अनुचित। बालिवध पर भी उन्होंने अपनी स्वतन्त्र सम्मति नहीं प्रकाशित की। उन्होंने जो यह लिखा कि शत्रु को छल से मारने में तुलसीदास ने कोई दोष नहीं समझा, सो तो तुलसीदास की बात हुई। यदि लेखक महोदय भी यह लिख देते कि वे इस घटना को कैसी समझते हैं, तो उनकी भी राय

मालूम हो जाती।

इससे यह न समझना चाहिए कि लेखकों ने इस पुस्तक में तुलसीदास के विशेष करके दोष ही अधिक बतलाये हैं। नहीं, उन्होंने गोसाँईजी के अनेक गुणों के भी उल्लेख यथामति किये हैं। परन्तु, यहाँ पर, उनके निर्देश की विशेष आवश्यकता नहीं; क्योंकि पुराने कवियों के गुणों का उल्लेख करना कोई नई बात नहीं और न वैसा करने के लिए मानसिक बल ही की अपेक्षा है।

## पुस्तक की उपादेयता

लेखकों ने तुलसीदास के ग्रन्थों का बड़े परिश्रम से पाठ करके उनकी कविता की, उसमें वर्णन की गई घटनाओं की, और उनमें उल्लिखित पात्रों के स्वभाव आदि की आलोचना की है। अन्य कवियों के ग्रन्थों आदि की समालोचनायें यद्यपि उन्होंने उतनी बारीकी से नहीं की, तथापि उनके अवलोकन से भी साधारण पाठकों को उन कवियों के सम्बन्ध की अनेक बातें मालूम हो सकती हैं। उनके जीवनचरित, उनके ग्रन्थों के नाम और विषय, उनके निर्माण का काल, और, लेखकों के विचारानुसार, उनकी कविताओं के गुण-दोष आदि जानने का हिन्दी-नवरत्न अच्छा साधन है।

## काल्पनिक चित्र

एक को छोड़ कर अवशिष्ट जितने चित्र इस पुस्तक में हैं सब काल्पनिक हैं। लेखकों का कथन है कि वे देश, काल, सामाजिक अवस्था और अपनी-अपनी कविता की वर्ण्य-वस्तु-स्थिति के आधार पर बनाये गये हैं। परन्तु इस तरह बनाये गये चित्र कहाँ तक ठीक हो सकते हैं, यह बात विचारणीय है। इस पुस्तक के तीनों लेखक सहोदर भाई हैं। पर सब के वस्त्र-परिच्छदों का ढंग जुदा-जुदा है; उनके चित्र इस बात के प्रमाण हैं। एक ही समय के, एक ही नगर के, एक ही घर के मनुष्यों में जब इतना भेद-भाव है तब जिन्हें हुए सैकड़ों वर्ष बीत गये ऐसे कवियों के कल्पना-प्रसूत चित्र किस तरह उनके यथार्थ रूप-रंग और कपड़े-लत्ते के व्यंजक हो सकते हैं ? देवी-देवताओं और कथा-कहानियों के कल्पितपात्रों की बात जुदी है। ऐतिहासिक पुस्तकों में ऐतिहासिक पुरुषों के कल्पित चित्र देने से उनका महत्त्व अवश्य कम हो जाता है। इसके सिवा, इस पुस्तक में दिये गये कल्पित चित्रों में यों भी कितने ही दोष हैं। देव, भूषण, बिहारी और केशव के सिर पर प्रायः एक ही तरह की पगड़ियाँ हैं, जो मध्यप्रदेश और महाराष्ट्र देश ही के निवासियों की पगड़ियों से विशेष मेल खाती हैं। जूते सब को उठी हुई नोक के पहनाये गये हैं--वैसे जूते जैसे आज कल पंजाब में बनते हैं। मतिराम और उनके शिष्यों के चपकन तो बिलकुल ही मराठी-फैशन

के हैं। उनके और उनके एक शिष्य ने जिस ढंग से डुपट्टा डाला है वह ढंग भी आज कल के महाराष्ट्रों ही का है। क्या मतिराम के समय में इसी तरह डुपट्टा लिया जाता था ? बिहारी और देव के समय में भी क्या गले में इसी तरह डुपट्टा डाला जाता था ? पुराने ज़माने के जामे और पटके का प्रचार कब और कहाँ था ? देव जी लम्बा चपकन पहने, पगड़ी रक्खे, डुपट्टा डाले–सजे बजे–बैठे हुए कविता लिख रहे हैं। क्या कवि पूरी पोशाक पहन कर ही कविता करने बैठते हैं ? बिहारी के चित्र में जो दृश्य दिखाया गया है, उसके वर्णन में, नीचे, यह दोहा है–

मोछ मिरोरत रसिक मनि लखहु बिहारीलाल।
नर नारिन को न्हान हैं तकत खरे ढिग ताल।।

लेखकों ने जिसे महाकवि की उपाधि दी है उसे इस तरह तालाब के किनारे मोछ मरोड़ते हुए खड़ा करना और यह कहना कि नरों और नारियों, दोनों को, स्नान करते समय, देखने ही के लिए ये यहाँ आये हैं, बहुत ही अनुचित जान पड़ता है।

## कवियों का श्रेणी-विभाग

जिन कवियों के चरित और जिनकी पुस्तकों की आलोचनायें हिन्दी-नवरत्न में हैं उन्हें लेखकों ने रत्न-श्रेणी (Reserved Class) में रक्खा है। परन्तु इस श्रेणी का लक्षण क्या है, यह उन्होंने नहीं बताया। यह कवि साधारण श्रेणी का है, वह नीच श्रेणी का; इसकी कविता उससे उत्तम है, उसकी उससे; यह अमुक की श्रेणी का है, वह अमुक की। यह तो लेखकों का कथन मात्र हुआ। यह कोई लक्षण नहीं। वे अपनी रुचि के अनुसार जिसको जैसा चाहे समझ सकते हैं। यदि किसी को रामायण से आल्हा अच्छा जँचे तो वह उसे ही रत्न समझ सकता है। पर यदि वह यह चाहता हो कि और लोग भी उससे इस विषय में सहमत हों तो उसे अपने मत की पुष्टि में कुछ कहना भी चाहिए। ऐसा करने ही से और लोग उसके मत की सारता या असारता की परीक्षा कर सकेंगे। लेखकों ने पहले तो तुलसीदास आदि नौ कवियों को रत्न-श्रेणी में रक्खा है। फिर इस श्रेणी के भी तीन टुकड़े किये हैं–वृहत्त्रयी, मध्यत्रयी और लघुत्रयी। पहली त्रयी में तुलसी, सूर और देव को, उन्होंने रक्खा है; दूसरी में बिहारी, भूषण और केशव को और तीसरी में मतिराम, चन्द और हरिश्चन्द्र को। पहली त्रयी के तीनों कवियों की योग्यता उन्होंने एक सी ठहराई है; किसी को किसी से रत्ती भर भी न्यूनाधिक नहीं समझा। दूसरी और तीसरी त्रयी के कवियों की योग्यता या महत्ता उसी क्रम से उन्होंने न्यूनाधिक निश्चित की है जिस क्रम से उनके नाम उन्होंने दिये हैं। इस श्रेणी और त्रयी-विभाग ने इस विषय को और भी अधिक जटिल कर दिया है। अब, यदि, कोई और विद्वान् देव की पुस्तकों को विचारपूर्वक पढ़ कर यह निश्चय करे कि उनका दरजा बाबू हरिश्चन्द्र से भी नीचे

है तो उसके और प्रस्तुत लेखकों के निश्चय की जाँच किस तरह की जाय और दोनों पक्षों में से बात किस की मानी जाय ?

हिन्दी-नवरत्न के लेखकों को चाहिए था कि पहले वे रत्नश्रेणी के कवियों का लक्षण लिखते। वे दिखलाते कि कौन-कौन बातें होने से किसी कवि की गणना रत्न-कवियों में हो सकती है। फिर, कवि-रत्नों की कविता-दीप्ति की भिन्न-भिन्न प्रभाओं की मात्रा निर्दिष्ट करते; जिससे यह जाना जा सकता कि कितनी प्रभा होने से वृहत्, मध्य और लघु-त्रयी में उन कवियों को स्थान दिया जा सकता है। यदि वे ऐसा करते तो उनके बतलाये हुए लक्षणों की जाँच करने में सुभीता होता—तो लोग इस बात की परीक्षा कर सकते कि जिन गुणों के होने से लेखकों ने कवि को कविरत्न की पदवी के योग्य समझा है, वे गुण वैसे ही हैं या नहीं; और वे प्रस्तुत कवियों में पाये भी जाते हैं या नहीं। परन्तु उन्होंने ऐसा नहीं किया। अतएव जो लोग उनके इस श्रेणी और त्रयी-विभाग को बिना परीक्षा ही के, आँख बन्द कर, मान लेना चाहेंगे वही मान सकेंगे।

लेखकों ने आचार्य और महाकवि की पदवियों का भी स्पष्टीकरण नहीं किया। उन्होंने अपनी इस पुस्तक में इन पदवियों का बाँट-चूँट बड़ी ही उदारता से किया है। अतएव इस विषय में भी वही एतराज किया जा सकता है जो श्रेणी-विभाग के विषय में ऊपर किया गया है। अलंकारशास्त्र में महाकाव्य के जो लक्षण, संस्कृत में, निर्दिष्ट हुए हैं उन लक्षणों से अन्वित काव्य लिखने वालों को लेखक भी यदि महाकवि समझते हों तो वे लक्षण उनके सभी नवरत्न-कवियों के काव्यों में नहीं घटित होते।

होमर और बर्जिल, शेक्सपियर और मिलटन, व्यास और वाल्मीकि, कालिदास और भवभूति का अपने-अपने साहित्य में जो स्थान है सूर और तुलसी का प्रायः वही स्थान हिन्दी में है। अथवा यह कहना चाहिए कि सूर और तुलसी हिन्दी में प्रायः उसी आदर की दृष्टि से देखे जाते हैं जिस दृष्टि से कि ये उल्लिखित कवि संस्कृत और अंगरेज़ी आदि भाषाओं में देखे जाते हैं। जिन सूर और तुलसी के ग्रन्थों की पूजा झोंपड़ियों से लेकर राज-प्रासादों तक में होती है, जिनके कविता-कुसुमों को, छोटे से लेकर बड़े तक, सादर अपने सिर पर धारण करते हैं; जिनकी उच्च-भाव-पूर्ण उक्तियाँ पापियों को पुण्यात्मा और अधार्म्मिकों को धार्म्मिक बनाने का सामर्थ्य रखती हैं; जिनके सदुपदेश और सरस पद्य सुन कर दुराचारी भी सदाचारी हो जाते हैं और पाषाण-हृदयों के भी हृदय पिघल उठते हैं; उन्हीं से देवकवि को रत्ती भर भी कम न समझना कदापि युक्तिसंगत नहीं माना जा सकता। जिसने उच्च भावों का उद्बोधन नहीं किया; जिसने समाज, देश या धर्म्म को अपनी कविता द्वारा विशेष लाभ नहीं पहुँचाया; जिसने मानव-चरित्र को उन्नत करने योग्य सामग्री से अपने काव्यों को अलंकृत नहीं किया—वह भी यदि महाकवि या कविरत्न माना जा सकेगा तो प्रत्येक

देश क्या, प्रत्येक प्रांत में भी, सैकड़ों महाकवि और कविरत्न निकल आवेंगे।

लखनऊ-निवासी पण्डित ब्रजनारायण चकबस्त उर्दू के अच्छे कवि हैं। कुछ समय हुआ, उन्होंने 'हिन्दुस्तान-रिव्यू' के दो अंकों में उर्दू-कवियों पर एक निबन्ध लिख कर प्रकाशित किया था। उसमें उन्होंने कुछ कवियों की अत्यधिक प्रशंसा की थी। एच. एल. सी. नामक एक महाशय ने उन कवियों को उस प्रशंसा का पात्र नहीं समझा। अतएव उन्होंने चकबस्तजी के लेख पर एक आक्षेप-पूर्ण छोटा सा लेख, 'हिन्दुस्तान-रिव्यू' की अक्टूबर-नवम्बर 1911की सम्मिलित संख्या में, प्रकाशित किया है। एच. एल. सी. जी के लेख का कुछ अंश हम नीचे उद्धृत करते हैं। चकबस्त जी के प्रशंसित कवियों के विषय में वे लिखते हैं–

"Do they grapple with any of the problems of life, for the solution of which every individual hungers as soon as the dream and romance of youth are shattered by the cruel realities of the world ? Do they deal with the abiding questions, the answer to which is strenuously sought by every thinking being when the remorseless tide of actual facts sweeps away the hallowed citadel of every hope and illusion ? * * * * The far-fetched ideas of union with the divine through constant doing on the lady's pencilled eye-lids, or on the quaint rimple in the cheek, or on the recalcitrant curl about the brow rather induce the visible tendency than awaken any sacred associations leading the mind godward * * * Some of their ghazals are a store-house of jewelled thoughts, but judged in the mass how puerile achievement—how inadequate and profitless their performance ? The charge of ignorance is a very common place charge, easy to make, but hard to refute. The present writer cannot read Homer, Sophocles, Virgil, Dante, Goethe and Victor Hugo in the original, yet he has been able appreciate their great art, their splendid loquence, thier steady outlook upon life, their clear vision of things divine, their noble enfranchising power. The Hindustani poets refferred to by Mr. Chackbust have failed to make a mark because.

They fed not on the advancing hours.
Their hearts held cravings for the buried day."

हमारी समझ में एच. एल. सी. महाशय का कहना बहुत ठीक है। उनका कथन लेखकों के महाकवि मतिराम आदि के विषय में भी पूरे तौर पर घटित हो सकता है। उन्होंने मनुष्य-समाज को उन्नत करने, अलौकिक आनन्द देने वाले दृश्य दिखाने और प्राकृतिक नियमों का उद्‌घाटन आदि करने के विषय में भी कुछ किया ? नहीं,

तो फिर वे महाकवि, कविरत्न और परमोत्तम कवि होने के कैसे अधिकारी माने जा सकते हैं ?

हिन्दी में यदि कोई कविरत्न कहे जाने योग्य कवि या महाकवि हुए हैं तो वे सूर और तुलसी ही हैं। रस, भाव, अलंकार, छन्दःशास्त्र और नायिका-भेद के परिज्ञान से मनुष्य-जाति का बहुत ही कम उपकार हो सकता है। इन विषयों पर दो एक छोटी-मोटी पुस्तकें लिखने वाले मतिराम जैसे कवि भी यदि रत्न-श्रेणी में परिगणित हो सकेंगे तो यही कहना पड़ेगा कि 'रत्न' शब्द अपने ठीक अर्थ में नहीं व्यवहृत हुआ। कहीं उससे हीरे का अर्थ लिया गया, कहीं केवल काँच का। मतिराम, देव और भूषण चाहे जितने अच्छे कवि रहे हों, पर क्या उनके ग्रन्थ उतने ही महत्त्वपूर्ण हैं जितने कि सूर और तुलसी के ? फिर, वे सूर और तुलसी की श्रेणी की सीमा के भीतर किस तरह आ सकते हैं ? सूर और तुलसी के ग्रन्थों में कुछ विशेषता अवश्य है, जिसके कारण उनका इतना अधिक प्रचार और इतना अधिक आदर है। और, देव तथा मतिराम आदि के ग्रन्थों में तदपेक्षा कुछ हीनता अवश्य है, जिससे उनका इतना प्रचार और आदर नहीं। अतएव ये सब एक ही श्रेणी के कवि नहीं। सूर और तुलसी में अवश्य समता है। मतिराम, भूषण, देव, केशव और बिहारी में समता है, पर विशेष नहीं। चन्द अपने ढंग के एक ही हैं। और बाबू हरिश्चन्द्र तो सब से निराले हैं। लेखकों ने अपने नवरत्न कवियों के जो तीन त्रयीभेद किये हैं वे स्वयं ही इस बात के प्रमाण हैं कि ये सब एक कक्षा के कवि नहीं। आरम्भ में लेखकों ने हिन्दी-नवरत्न का जो अर्थ लिखा है—"साहित्य के नव सर्वोत्तम कवि"—उनके भी 'नव' और 'सर्व' शब्द परस्पर विरोधी हैं।

## तुलसीदास

जितने शब्द हैं, चाहे वे जिस भाषा के हों, सब के अर्थों की सीमा निर्दिष्ट है। प्रत्येक शब्द ने अर्थ विशेष पर अपना अधिकार सा कर लिया है। उससे उतना ही अर्थ निकलता है; न कम न अधिक। अर्थ पर ध्यान न देकर शब्दों का अनिर्बन्धता-पूर्वक प्रयोग करने से प्रबन्ध में विशृंखलता आ जाती है। यदि कोई कहे कि अमुक कवि का अमुक काव्य सर्वोत्तम है। और, फिर, कुछ दूर आगे चलकर, वही उस कवि के किसी और काव्य के विषय में भी कहने लगे कि वह भी सर्वोत्तम है, या उसकी बराबरी का काव्य किसी भाषा में है ही नहीं, तो उसकी कौन सी बात मानी जाय—पहली या दूसरी ? अथवा केवल दो चार भाषाओं का जानने वाला कोई विद्वान् यदि यह कहे कि अमुक ग्रन्थकार के अमुक ग्रन्थ की समता इस दुनिया की किसी भाषा का कोई ग्रन्थ नहीं कर सकता तो उसकी इस उक्ति या सम्मति को कोई किस तरह विश्वसनीय या मान्य समझेगा। इस तरह की बातें किसी इतिहासकार के ग्रन्थ

में यदि पाई जायँ तो उसके इतिहास का महत्त्व कम हुए बिना नहीं रह सकता। इतिहास-लेखक की भाषा तुली हुई होनी चाहिए। उसे बेतुकी बातें न हाँकनी चाहिए। अतिशयोक्तियाँ लिखना इतिहासकार का काम नहीं। उसे चाहिए कि वह प्रत्येक शब्द, वाक्य और वाक्यांश के अर्थ को अच्छी तरह समझ कर उसका प्रयोग करे। यह भी परमोत्तम, वह भी सर्वोत्तम–इस तरह की भाषा उसे न लिखनी चाहिए। खेद की बात है, इस पुस्तक के लेखकों ने अनेक स्थलों में शब्दार्थ का ठीक-ठीक विचार नहीं किया। वे हिन्दी का इतिहास लिख रहे हैं और हिन्दी-नवरत्न का इतिहास से घनिष्ठ सम्बन्ध बतलाते हैं। अतएव उनकी भाषा में ऐसे दोषों का होना दुःख की बात है।

जब किसी वस्तु के सर्वांश का ज्ञान हो जाता है–जब उसके प्रत्येक अवयव तक के पूर्ण ज्ञान से हृदय लबालब भर जाता है और यह ज्ञान स्पष्टतापूर्वक एक निश्चित रूप में अनुभूत होने लगता है–तभी वह शब्दों द्वारा स्पष्टतापूर्वक औरों पर प्रकट भी किया जा सकता है। ज्ञान का आभास जितना ही धुँधला होगा शब्दचित्र भी उसका उतना ही धुँधला और अस्पष्ट होगा। ठप्पा जितना ही अच्छा होता है, नक़्श भी उसका उतना ही अच्छा होता है। जब दस पाँच वस्तुओं की पारस्परिक तुलना करने–प्रत्येक के गुण-दोष की जाँच करके, गुणानुसार, उनकी पारस्परिक उच्चता या अनुच्चता निश्चित करने–की आवश्यकता होती है तब तो उन वस्तुओं के सर्वांश का और भी अधिक स्पष्ट ज्ञान प्राप्त करना पड़ता है। ऐसा ज्ञान न प्राप्त करने से उसका प्रकटीकरण कभी स्पष्ट नहीं होता। यह भी उत्तम, वह भी उत्तम और सभी उत्तम–ऐसी ही दशा में क़लम से निकलता है।

लेखकों ने इस पुस्तक में 'उत्तम' शब्द का बेहद व्यय किया है–व्यय क्या अप-व्यय कहना चाहिए। किसी-किसी पृष्ठ पर तो वह तीन-तीन चार-चार दफ़े आ गया है। उदाहरण के लिए भूमिका ही के उनतीसवें पृष्ठ पर उसका प्रयोग पाँच दफ़े हुआ है। उत्तम, उत्तमतर, परमोत्तम, सर्वोत्तम, उत्तमोत्तम, अतिउत्तम इत्यादि अनेक रूपों में वह इस पुस्तक में प्रयुक्त हुआ है। इस कारण इस शब्द की अर्थ-मर्यादा अनेक स्थलों में नष्ट हो गई है। लेखकों की राय में–'नेवाज, हरिकेश और लाल परमोत्तम कवि थे'। आलम, शेख, गज्जन आदि भी 'परमोत्तम कवि थे'। दत्त, सदल, बेनी आदि भी 'बहुत उत्तम कवि थे'। तिस पर भी–'भाषा बहुत ही उत्तम' लिखने और 'उत्तम कवित्त और सवैया बनाने' के कारण मतिराम को लेखकों ने महाकवि बनाकर उन्हें नवरत्न की पदवी दे दी और नेवाज आदि के 'परमोत्तम कवि' होने पर भी उन्हें नवरत्न में रखने लायक़ न समझा। अतएव लेखकों के 'परम' 'उत्तम' और 'उत्तमोत्तम' आदि शब्द अनेक स्थलों में अपने प्राकृतिक अर्थ के बोधक नहीं। उनका प्रयोग-बाहुल्य निरर्थक है। कृपाराम 'कवि-शिरोमणि' होकर भी और 'परम मनोहर दोहे' लिख कर भी बिहारी की बराबरी के न समझे गये। मलिक मुहम्मद जायसी ने 'परमोत्तम प्रेम-ग्रंथ' लिखा, और नरसैया तथा हरिदास ने 'महात्मा' होने के सिवा 'परमोत्तम कविता' भी

की। तिस पर भी वे केशवदास के पास आसन पाने के अधिकारी न समझे गये। इस दशा में लेखकों के 'शिरोमणि' 'महात्मा' और 'परमोत्तम' शब्द उस अर्थ के बोधक नहीं माने जा सकते जो अर्थ उनसे निकलना चाहिए। भूमिका के छब्बीसवें पृष्ठ पर लेखक-महाशयों ने लिखा है-'उत्तम कवि भी बहुत हुए पर बहुत ही अच्छे कवियों का एक प्रकार से अभाव सा रहा'। इससे ठीक-ठीक कोई यह नहीं कह सकता कि उनके 'उत्तम' और 'बहुत ही अच्छे' में परस्पर कितना भेद है और कौन विशेषण कितनी अच्छाई और उत्तमता का सूचक है। उनके लिखने के ढंग से तो यही जान पड़ता है कि बिना विशेष सोच-विचार के उन्होंने इस पुस्तक में छोटे-बड़े, कवि, महाकवि, महात्मा और तदितर-सभी के लिए मनमाने 'उत्तम', 'परमोत्तम' और 'उत्तमोत्तम' विशेषणों का प्रयोग किया है। अतएव कवियों की उत्तमता या अनुत्तमता से सम्बन्ध रखने वाली उनकी सम्मतियाँ मानने योग्य नहीं। उनके जो जी में आया है लिख दिया है। आपटे ने 'उत्तम' शब्द का अर्थ-Best, Excellent, Foremost, Highest, Greatest-किया है; और 'परम' का अर्थ भी प्रायः वही, अर्थात्-Highest, Best, Most excellent, Greatest किया है। परन्तु लेखकों के उल्लिखित कितने ही काव्यकर्त्ता Double excellent कवि होकर भी रत्न-पदवी पाने के योग्य नहीं समझे गये। इस कारण इस बात की और भी अधिक आवश्यकता थी कि रत्न-श्रेणी के कवियों का लक्षण साफ शब्दों में अच्छी तरह लिख दिया जाता। उसके न लिखे जाने और लेखकों के द्वारा 'उत्तम' और 'परमोत्तम' आदि विशेषणों के बेहद और बे-हिसाब प्रयुक्त होने से लेखकों की अनेक बातों में बेतरह शैथिल्य और असंयत भाव आ गया है।

लेखकों ने जब होमर और शेक्सपियर आदि के ग्रन्थ अँगरेज़ी में पढ़े हैं तब, बहुत सम्भव है, उन्होंने जानसन के कविचरित और गिबन तथा ल्यकी के इतिहास भी पढ़े होंगे। अतएव यदि वे इन ग्रन्थकारों की रचना और शब्द-प्रयोग की तुलना अपनी इस पुस्तक की रचना और शब्द-प्रयोग से करेंगे तो उन्हें तत्काल ही मालूम हो जायगा कि दोनों में कितना अन्तर है। इतिहास-लेखक ने जिसके लिए जो बात कह दी वह यदि, बिना उसकी इच्छा ही के, औरों के विषय में भी घटित हो गई तो वह इतिहास-लेखक अच्छे लेखकों में नहीं गिना जा सकता।

लेखकों ने रामचरितमानस को 'संसार-साहित्य का मुकुट' (पृष्ठ 38) माना है और अयोध्या-काण्ड के एक-एक अक्षर को असाधारण (पृष्ठ 51) समझा है। आप लोगों की राय में इस काण्ड की रचना 'संसार के समस्त-साहित्यों की रत्न है'। 'ऐसी मन-मोहनी (?) कविता' आप साहबों ने 'किसी भाषा में नहीं देखी'। तुलसीदास की कविता के विषय में आपकी राय है कि उसके-'शब्द शब्द में अद्वितीय चमत्कार देख पड़ता है'। अयोध्या-काण्ड में रामचन्द्र और भरत की बातचीत के समान-'सर्वांग-सुन्दर वार्तालाप कराने में किसी भाषा का कोई भी कवि समर्थ नहीं

हुआ है' । लेखकों की–'जानिबकारी (?) में तुलसीदास से बढ़कर कभी किसी भी भाषा में कोई कवि संसार भर में कहीं नहीं हुआ' । रामचरितमानस की नीचे दी हुई चौपाइयाँ देखिए–

जो पुर गाँऊँ बसहिं मग माहीं । तिनहिं नागसुर-नगर सिहाहीं ।।
केहि सुकृती केहि घरी बसाये । धन्य पुन्यमय परम सुहाये ।।
जहँ जहँ रामचरन चलि जाहीं । तेहि समान अमरावति नाहीं ।।
परसि राम-पद-पदमु-परागा । मानति भूरि भूमि निज भागा ।।

इनके विषय में अब लेखकों की राय सुनिए–

"नम्बर तीन पर जो चार चौपाई (चौपाइयाँ ?) उद्धृत की हुई हैं उनमें जितना साहित्य का सार कूट-कूट कर भरा है उतना शायद संसार-सागर (?) के (की ?) किसी भाषा के किसी पद्य में कहीं भी न पाया जायगा । जहाँ तक हम लोगों ने कविता देखी या सुनी है हमने इन पंक्तियों का सा स्वाद क्या अँग्रेज़ी क्या फारसी क्या हिन्दी क्या उर्दू क्या संस्कृत, किसी भी भाषा में कहीं नहीं पाया ।"

इन सम्मतियों के सम्बन्ध में हमें इतना ही कहना है कि किसी इतिहासकार या प्रतिष्ठित लेखक को ऐसी अर्गलारहित बातें लिखना और ऐसी अत्युक्तियाँ अपनी लेखनी से निकालना शोभा नहीं देता । संसार अनन्त, काल अनन्त, भाषायें अनन्त । मनुष्य की उम्र थोड़ी । इस दशा में सारे संसार की सारी भाषाओं के सारे साहित्य का कितना ज्ञान मनुष्य को हो सकता है, यह पाठक ही समझ देखें । किसी एक भाषा के साहित्य का सर्वांगीण परिचय होना दुःसाध्य है; फिर सारी भाषाओं का ! लेखक क्या इस बात का दावा कर सकते हैं कि अँगरेज़ी, फ़ारसी और संस्कृत-भाषाओं के भी सारे काव्य उन्होंने देख डाले हैं ? यदि नहीं, तो उनको ऐसी भुवनव्यापिनी अत्युक्ति न कहनी चाहिए । उन्होंने अपनी दो एक पूर्वोक्त उक्तियों की सीमा को–'शायद', 'जानकारी' और 'जहाँ तक हम लोगों ने कविता देखी या सुनी है'–से परिमित कर दिया है । यह सच है, परन्तु मनुष्य की अल्पज्ञता के ख़याल से उन्हें दुनिया भर की भाषाओं की बात कदापि न कहनी चाहिए थी । रामायण को संसार-साहित्य का मुकुट बताने और रामचन्द्र-भरत की बात-चीत के सदृश संवाद लिखने में किसी भी भाषा के किसी भी कवि को असमर्थ ठहराने में तो आप लोगों ने 'शायद' और 'जानकारी' के प्रयोग की भी आवश्यकता नहीं समझी । अतएव, दुःख से कहना पड़ता है कि आपकी इस तरह की उक्तियों का आदर समझदार आदमी कभी नहीं कर सकते । आपके कथन से यह भाव ध्वनित होता है कि आपकी राय में व्यास, वाल्मीकि, कालिदास, होमर, शेक्सपियर आदि किसी के भी ग्रन्थ साहित्य का मुकुट होने की योग्यता नहीं रखते । रखता है केवल रामचरितमानस, जिसके प्रत्येक शब्द में आप लोगों को 'अद्वितीय चमत्कार' देख पड़ा है ।

लेखकों की राय में–समस्त 'बालकाण्ड उत्तमोत्तम बन पड़ा है' और

अयोध्याकाण्ड की–'रचना अन्य काण्डों से इतनी उत्तमतर है कि इसकी प्रशंसा करने के लिए कोश में शब्द नहीं'। अन्त में, 64 पृष्ठ पर, आप लोगों ने अयोध्या-काण्ड को पहला और बाल-काण्ड को दूसरा नम्बर दिया है। सो यहाँ पर आपका 'उत्तमतर' शब्द 'उत्तमोत्तम' से भी बढ़ गया ! 'उत्तमोत्तम' शब्द सर्वोत्तम का बोधक होकर भी उसे 'उत्तमतर' से हार माननी पड़ी !

विनयपत्रिका के विषय में लेखक महोदयों की राय है–"विनय-सम्बन्धी ऐसा अद्‌भुत और भाव-पूर्ण ग्रन्थ हमने अब तक किसी भी भाषा में नहीं देखा"। मालूम नहीं, आपने किन-किन भाषाओं के कौन-कौन विनय-सम्बन्धी ग्रन्थ देखे हैं। संस्कृत में स्तुतिकुसुमांजलि नाम का एक ग्रन्थ है। उसके विषय में भी यदि कोई संस्कृतज्ञ विद्वान् अपनी सम्मति प्रकट करता तो बहुत अच्छा होता।

कृष्णगीतावली को आप लोगों ने 'बड़ा ही विशद' ग्रन्थ बतलाया है। पर किस आधार या प्रमाण पर आपने इसे तुलसीदास-कृत निश्चित किया, यह नहीं लिखा। तुलसीदास ने तो प्रायः रामचरित ही का गान किया है। अतएव कुछ प्रमाण देना था कि यह तुलसीदास ही की रचना है और किसी दूसरे की नहीं; और इसकी कविता तुलसीदास की अन्यान्य कविता से कहाँ तक मिलती-जुलती है।

आप कहते हैं–"रामचन्द्रजी ने अयोध्या लौटते समय पहले प्रयाग और अयोध्या का दर्शन करके तब त्रिवेणीजी में स्नान किया इसमें कोई आश्चर्य की बात नहीं है, क्योंकि विमान ऊँचा उठने के कारण प्रयाग से अयोध्या देख पड़ना असम्भव नहीं"। इस पर हमारा निवेदन है कि उस जमाने में गीधों तक की दृष्टि 'अपार' थी। सैकड़ों योजन दूर की चीज़ें वे देख सकते थे। रामचन्द्रजी ने प्रयाग से 98 मील दूर फैजाबाद देख लिया तो सचमुच ही क्या आश्चर्य ! विज्ञानवेत्ताओं को कुछ आश्चर्य तो हो सकता है, औरों को नहीं। कवि और कवि-कर्म के ज्ञाता ऐसी बातों पर आश्चर्य नहीं करते। मालूम नहीं, लेखकों ने इस बात पर क्यों जोर दिया। हनूमानूजी एक पर्वत-शिखर उखाड़ कर लंका को उड़ गये; भरतजी उस शिखर समेत उन्हें अपने बाण पर बिठला कर लंका भेजने को तैयार हुए; दशरथ के द्वार पर ऐसी-ऐसी भीड़ें हुईं कि पहाड़ भी यदि वहाँ पड़ता तो पिस कर 'रज' हो जाता। यह भी तो सब तुलसीदासजी ने लिखा है। कवियों की सृष्टि में भी क्या सर्वत्र सम्भवनीयता ढूँढ़ी जाती है ?

लेखकों ने तुलसीदास के जन्म-समय के विषय में लिखा है कि उनका–'जन्म ··· संवत् 1589 में हुआ था'। बस, जैसे उन्हें गोस्वामीजी का जन्मपत्र मिल गया हो। प्रमाण-स्वरूप इस विषय में कुछ तो लिखना था। डाक्टर ग्रियर्सन आदि ने भी यदि तुलसीदास का जन्म-संवत् यही माना तो मानने दीजिए। वे इतिहासकार होने का दावा नहीं करते। परन्तु नवरत्न के कर्त्ताओं ने इस पुस्तक का इतिहास से घनिष्ठ सम्बन्ध बतलाया है। अतएव उन्हें तो अपने इस मत के पुष्टीकरण में कुछ ज़रूर ही कहना था।

इसी तरह आप लोगों ने भूपति कवि के विषय में लिखा है कि उन्होंने संवत् 1344 में भागवत के दशम स्कन्ध का अनुवाद हिन्दी में किया। परन्तु मुंशी देवीप्रसाद जी ने इस बात को निर्मूल सिद्ध कर दिखाया है। उन्होंने भूपति ही के ग्रन्थ से यह प्रमाणित कर दिया है कि उसकी रचना संवत् 1744 में हुई थी, 1344 में नहीं।

चालुक्य-वंशी कुमारपाल, सन् 1143 ईसवी के लगभग, अण्हिलवाड़ का राजा था। उसका एक चरित जिनमण्डन गणि ने लिखा है; दूसरा जयसिंह सूरि ने; तीसरा चरित्रसुन्दर गणि ने; और चौथा, प्राकृत में, हेमचन्द्र ने। इनमें से कोई अप्राप्य नहीं सुना गया। परन्तु नवरत्न के लेखक कहते हैं–"संवत् 1300 के लगभग कुमारपालचरित्र नामक एक ग्रन्थ किसी कवि ने बनाया पर यह ग्रन्थ अब अप्राप्य है"। किस कुमारपालचरित से आपका मतलब है, नहीं मालूम। क्या किसी हिन्दी के भी कुमारपालचरित का आपको पता मिला है ? यदि हाँ, तो उसके विषय में आपको अपने मन की बात साफ-साफ लिखनी थी। इतिहास के लिखने वालों को समझ बूझ और खूब छान-बीन करके अपने विचार प्रकट करने चाहिए।

लेखकों का कथन है कि विद्वानों की सम्मति में तुलसीदास 'संस्कृत के अच्छे ज्ञाता न थे और यह बात विशेषणों के अधिक प्रयोग एवं एक स्थान पर व्याकरण की एक अशुद्धि आ जाने से ठीक प्रतीत होती है'। परन्तु आपने उस एक अशुद्धि को नहीं बतलाया। आपकी ऐसी-ऐसी त्रुटियों को देख कर दुःख होता है। उस एक अशुद्धि को बतला देने में कौन बड़ा परिश्रम था। लोगों को मालूम तो हो जाता कि वह कौन सी अशुद्धि है जिसे विद्वान् अशुद्धि मानते हैं और जो उनकी राय में तुलसीदास के अच्छे संस्कृतज्ञ न होने का प्रमाण है। विशेषणों का अधिक प्रयोग भी यदि अच्छी संस्कृत न जानने का प्रमाण हो सकेगा तो बाण कवि को संस्कृत से बिल्कुल ही अनभिज्ञ मानना पड़ेगा, क्योंकि इस कवि की कादम्बरी में विशेषणों का अत्यधिक बाहुल्य है। लेखकों की सम्मति के अनुसार तुलसीदास ने संस्कृत-व्याकरण-सम्बन्धिनी एक भूल की है। परन्तु नागरी-प्रचारिणी सभा के सम्पादित रामचरितमानस में सात आठ अशुद्धियों का उल्लेख है। यथा–(1) 'विज्ञानधामावुभौ', (2) 'सद्धर्म्मवर्मौ,' (3) 'केकीकण्ठाभनीलं,' (4) 'पाणौ नाराचचापं,' (5) 'मनभृंगसंगिनौ,' (6) 'कुन्दइन्दुदरगौरसुन्दरं,' (7) 'कारुणीक कलकंजलोचनं,'। इन सब को रामायण के सम्पादकों ने–"संस्कृत-व्याकरण से अशुद्ध" बतलाया है। 'नमामीशमीशान निर्वाणरूपं' आदि स्तुति को तो उन्होंने–"संस्कृत-व्याकरणानुसार बहुत ही अशुद्ध" कहा है। वे सब स्थल अशुद्ध हैं या नहीं, इसका विचार संस्कृत के अच्छे वैयाकरण ही कर सकते हैं। परन्तु, कुछ भी हो, नागरी-प्रचारिणी सभा के सदस्यों ने स्पष्टतापूर्वक कह तो दिया कि उनकी समझ में ये ये स्थल अशुद्ध हैं। नवरत्न के लेखकों को विद्वानों की सम्मत्यनुसार एक ही अशुद्धि मिली; और उसका भी उन्होंने उल्लेख न किया। प्रश्न यहाँ पर यह है कि क्या संस्कृत के अच्छे ज्ञाताओं से भी यदा कदा व्याकरणसम्बन्धिनी भूलें नहीं हो जातीं ?

तुलसीदास ने रामचरितमानस में, जैसा कि उन्होंने बाल-काण्ड के आरम्भ में कह भी दिया है, संस्कृत के अनेक ग्रन्थों के भावों का सन्निवेश किया है। यह बात उनके अच्छे संस्कृतज्ञ होने का प्रमाण है। कहीं-कहीं पर इन भावों को उन्होंने ऐसी खूबी से घटा-बढ़ा कर रक्खा है कि उनकी सुन्दरता मूल से भी विशेष बढ़ गई है। खेद है, इस पुस्तक के लेखकों ने भावों के ऐसे बिम्ब-प्रतिबिम्ब वाले दो-चार स्थलों के भी उदाहरण नहीं दिये। संस्कृत, अँगरेज़ी, उर्दू और फ़ारसी के साहित्य का मन्थन करके भी क्यों उन्होंने ऐसा नहीं किया, कुछ समझ में नहीं आता। जिन भाषाओं के जानने की सूचना उन्होंने इस पुस्तक में दी है उनमें संस्कृत भी है। तो क्या संस्कृत के किसी ग्रन्थ में उन्हें कोई भाव ऐसा नहीं मिला जिसका गुम्फन गुसाँईजी ने रामचरितमानस में किया हो ? यदि ऐसा हुआ हो तो हम यही कहेंगे कि उन्होंने उन ग्रन्थों को अच्छी तरह देखा ही नहीं। बिना देखे ही उन्होंने लिख दिया कि रामायण संसार के साहित्य का मुकुट है। उनकी इस पुस्तक का तुलसीदास-विषयक निबन्ध पढ़ते समय हम जैसे अल्पज्ञ को भी संस्कृत की ऐसी अनेक सूक्तियाँ स्मरण हो आईं जिनका भावार्थ गोसाईंजी की उस कविता में, किसी न किसी रूप में, वर्तमान है जिसे लेखकों ने उद्धृत किया है, या जिसका उन्होंने हवाला दिया है। उदाहरण के लिए पुस्तक का 136 वाँ पृष्ठ देखिए। वहाँ लिखा है–

"अंगद का राज्य छिन गया था इस कारण उनको यह जान पड़ा कि ब्रह्मा ने चन्द्रमा का सारा भाग हर लिया अतः उसकी छाती में छेद हो गया",–

इसे पढ़ते ही हमें नैषधचरित का यह श्लोक याद आ गया–

हृतसारमिवेन्दुमण्डलं दमयन्तीवदनाय वेधसा।<br>
कृतमध्यबिलं विलोक्यते धृतेगम्भीरखनीखनीलिम।।

ऊपर उद्धृत किये गये हिन्दी-नवरत्न के वाक्य में वाक्य-विच्छेदक एक भी चिह्न का न होना भी बहुत खटकनेवाली बात है।

रामचरितमानस पर एक बहुत ही उपादेय और मनोरंजक पुस्तक लिखी जा सकती है। तुलसीदास की कविता की विशेषताएँ; तुलसीदास की उपमाएँ; तुलसीदास का चरित्रचित्रण; तुलसीदास के प्राकृतिक दृश्य; तुलसीदास की राजनीति; तुलसीदास की साधारण नीति; तुलसीदास की वर्णित देशभक्ति; पितृभक्ति, भ्रातृभक्ति, मातृभक्ति और पतिभक्ति–आदि पर लिखने के लिए बहुत सामग्री है। खेद की बात है, हिन्दी-नवरत्न के विद्वान् लेखकों ने इस सामग्री का यथेष्ट उपयोग नहीं किया। जहाँ कहीं इन विषयों पर उन्होंने कुछ लिखा भी है वहाँ मार्मिकता से नहीं लिखा।

## मतिराम

मतिराम की बनाई हुई रसराज नामक एक पुस्तक है। उसके विषय में नवरत्न के

लेखकों की राय है कि उसमें मतिराम ने 'कुल नायका (?)–भेद कह के अन्त में कह दिया है कि भाव भेद में यह आलम्बन विभाग में आता है'। मतिराम की दूसरी पुस्तक ललितललाम है। उसमें अलंकार-वर्णन है। सब मिला कर 444 पद्य उसमें हैं। उनकी तीसरी पुस्तक छन्दसार पिंगल है, जिसके आरम्भ के केवल दो ही चार पृष्ठ लेखकों के देखने में आये हैं। मतिराम की एक और भी पुस्तक का अभी हाल में पता लगा है; पर लेखकों के द्वारा मतिराम पर निबन्ध लिखे जाने के बाद। अतएव पूर्वोक्त दो पूरी पुस्तकों और तीसरी पुस्तक के कुछ ही पृष्ठों में अभिव्यक्त हुए कविकर्तव्य की बदौलत मतिराम महाकवि ही नहीं माने गये, किन्तु हिन्दी-कवियों में रत्न की उपाधि-योग्य भी वे समझे गये। लेखकों की राय में–'रसराज मतिराम का बहुत उत्तम ग्रन्थ है। नायका (?) भेद के ग्रन्थों में इसका बहुत ऊँचा पद है'। जान पड़ता है, मतिराम के इसी ग्रन्थ-पारिजात पर मुग्ध होकर लेखक-मधुकरों ने मतिराम को कविरत्न बनाया है। यदि यही बात है तो कृष्ण-गीतावती की आलोचना करते समय, पृष्ठ 32 पर, आप लोगों ने तुलसीदास के विषय में यह क्यों कहा कि–'इन्होंने नायक-नायिकाओं के घृणित प्रेम को छोड़ कर ऊँचे दर्जे के प्रेम का वर्णन किया है'। यदि नायक-नायिकाओं का प्रेम घृणित प्रेम है तो मतिराम के–'केलि कै राति अघाने नहीं दिनहूँ में लला पुनि घात लगाई'–इत्यादि पद्य भी घृणित प्रेम-पूर्ण हैं या नहीं ? यदि हैं तो फिर ये कैसे महाकवि और कैसे कविरत्न !

मतिराम की 'बहुत अच्छी' उपमाओं का लेखकों ने एक यह नमूना दिया है–

पिय आयो नव बाल तन बाढ्यो हरष विलास।
प्रथम बारि बूँदन उठै ज्यों बसुमती सुबास।।

परन्तु हमारी प्रार्थना है कि यह उपमा मतिराम की उपज नहीं। रघुवंश के तृतीय सर्ग के तृतीय श्लोक–

तदाननं मृत्सुरभि क्षितीश्वरो रहस्युपाघ्राय न तृप्तिमाययौ।
करीव सिक्तं पृषतैः पयोमुचां शुचिव्यपाये वनराजिपल्वलम्।।

में कही गई उपमा का रूपान्तर मात्र है। रघुवंश का हिन्दी अनुवाद करते समय इस श्लोक पर शायद आपकी नज़र गई भी हो।

मतिराम और बिहारी ने संस्कृत के अनेक सुश्लोकों का भाव अपनी-अपनी कविता में रख दिया है। बिहारी की ऐसी कविता के कई एक उदाहरण 'सरस्वती' में प्रकाशित भी किये जा चुके हैं।

मतिराम के महाकवि या कविरत्न होने की योग्यता या अयोग्यता के विषय में विशेष लिखने की आवश्यकता नहीं।

## देव

इस कवि के रसविलास-नामक ग्रन्थ के विषय में लेखक महाशयों की सम्मति है–"इस ग्रन्थ से उत्तम ग्रन्थ भाषा-साहित्य में मिलना कठिन है। केवल इतना ही खेद है कि इसका विषय नायका भेद है"। आपको इसका खेद है; हमें इसका खेद है, और बहुत खेद है, कि आप नायिका-भेद को बार-बार 'नायका भेद' लिखते हैं। यही नहीं, आप 'नायका' और 'भेद' को अलग-अलग भी कर देते हैं, एकत्र नहीं लिखते। सैकड़ों जगह आपने यह अशुद्धि की है। इससे इसे कोई दृष्टिदोष नहीं मान सकता। अच्छा, यह तो आपने कहा ही नहीं कि इस ग्रन्थ में नायिका-भेद होने से इसका महत्त्व कम हो गया; केवल खेद आपने प्रदर्शित किया। अतएव आपकी यह सम्मति कि इस ग्रन्थ से उत्तमतर ग्रन्थ हिन्दी में मिलना कठिन है; पूर्ववत् रही। तो क्या रामायण और सूरसागर भी इससे बढ़ कर नहीं ? और, यदि इस पुस्तक में नायिका-भेद होने से इसका महत्त्व कम हो गया तो मतिराम के रसराज का क्यों न हुआ ? यदि रसराज महत्त्वहीन पुस्तक मानी जाय तो अलंकार-विषयक ललितललाम और एक पिंगल लिखने ही से मतिराम किस प्रकार महाकवि और कविरत्न हो सकेंगे ?

पुस्तक के 207 वें पृष्ठ पर लेखक महोदय देव के विषय में लिखते हैं–"ऐसे उत्तम छन्द किसी अन्य कविता में स्वप्न में भी नहीं देखे जाते। इनके उत्तम छन्दों के बराबर किसी विद्या में कोई छन्द पाना कठिन है"। इसी उक्ति का पिष्टपेषण 211वें पृष्ठ पर इस प्रकार आप लोग करते हैं–"जितने उत्तमोत्तम छन्द देवजी की कविता में हैं उतने किसी की कविता में नहीं पाये जाते। यदि छन्दों की उत्तमता के हिसाब से विचार करें तो देवजी ही सर्वोत्तम कवि ठहरेंगे"। इसी कथन को आगे चलकर और भी कई दफ़े आपने दुहराया-तिहराया है। आप क्षमा करें, हमें भी स्वप्न में भी कभी यह खयाल न था कि आप ऐसी-ऐसी बेतुकी बातें लिखेंगे। आपके इस 'उत्तम' शब्द ने आपकी इस पुस्तक के गौरव को बेतरह घटा दिया है। किसी 'विद्या' का क्या अर्थ ? 'विद्या' भी क्या कोई भाषा है ? और 'छन्द' से आपका क्या मतलब ? दोहा, चौपाई, घनाक्षरी, सवैया आदि से यदि आपका मतलब है तो इन छन्दों में और लोगों ने भी कविता की है। देव और कौन से लोकोत्तर या उत्तमतर छन्द निकाल लाये ? यदि छन्द से मतलब आपका पद्य से है तो जिन पद्यों पर आप मुग्ध हों उनके गुणों–अर्थ, रस, भाव, अलंकार, सरसता, रोचकता, लालित्य, लक्षणा, व्यंजना आदि–के विषय में जो कुछ कहना था, कहते। छन्द की क्या तारीफ ! यदि देव के जैसे छन्द किसी भाषा के किसी कवि की कविता में नहीं तो फिर तुलसीदास की कविता की जो आप इतनी तारीफ कर आये और उनके रामचरितमानस को संसार-साहित्य का मुकुट ठहरा आये सो क्यों ?

लेखकें ने जिस पृष्ठ पर देव के छन्दों की इतनी तारीफ की है उसी पृष्ठ पर,

लगे हाथ ही, आप उनके विषय में लिखते हैं–

"इनके मध्या और प्रौढ़ा के भेद उतने बढ़िया नहीं आते जितने मुग्धा के।··· इनकी कविता में औरों से चोरी बहुम कम मिलती है। अधिक निर्लज्जता देवजी में कम पाई जाती है"।

मुग्धा की बात ही और है; मध्या और प्रौढ़ा उसकी बराबरी भी तो नहीं कर सकतीं। आपकी राय में देव अधिक नहीं, थोड़े निर्लज्ज ज़रूर हैं, और चोरी भी करते हैं; पर औरों की इतनी नहीं। अच्छा तो, फिर, जिसके काव्य में ऐसे-ऐसे दोष हों वह महाकवि कैसे माना जा सकेगा ? जिसे आप कवि-रत्न की पदवी दे रहे हैं उसका कुछ तो आदर करना था। उसके विषय में चोरी और निर्लज्जता आदि कठोर शब्दों का प्रयोग आपको करना उचित नहीं। स्त्रियों की जाति; नायिकाओं के भेद; प्रेम, राग, रस, भाव, शब्द और काव्य की व्याख्या; और राजा-रईसों के विलास-ग्रन्थ लिखनेवाले देव के किस अद्भुत गुण पर मोहित होकर आपने उन्हें तुलसी और सूर के ठीक बराबर समझ लिया, इसका आपको युक्तिपूर्ण समर्थन करना चाहिए था। आपकी उड़ती हुई सम्मतियों मात्र से ही यह बात सिद्ध नहीं मानी जा सकती।

देव के सुखसागरतरंग नामक ग्रन्थ के विषय में लेखकों की राय है–"भाषा-साहित्य में तुलसीकृत रामायण, सतसई और सूरसागर को छोड़कर ऐसा उत्तम कोई भी ग्रन्थ नहीं है"। अच्छा, इस ग्रन्थ में है क्या ? "मोटी रीति से इसे नायका भेद का ग्रन्थ कह सकते हैं। भाषा में नायका-भेद का इतना सांगोपांग और सर्वांगसुन्दर ग्रन्थ कोई नहीं है"।* सो चन्द का रासो, केशव की रामचन्द्रिका और हरिश्चंद्र के नाटकों से भी यह बढ़ कर ठहरा ! यहाँ, इस ग्रन्थ में घृणित नायिका-भेद होने से भी इसकी महत्ता कम न हुई ! देव-विषयक आपकी कुछ उक्तियाँ सुनिए–

देवजी ने–"ऐसी अनूठी उपमायें लिखी हैं जो केवल यही लिखते हैं दूसरा नहीं लिखता। इनकी सभी बातें अनूठी हैं" (पृष्ठ 214)।

"देवजी की कविता में जो गुण हैं वह अद्वितीय हैं। ऐसी उत्तम कविता किसी कवि के ग्रन्थ में एक स्थान में नहीं पाई जाती" (पृष्ठ 216)।

अब तक सुनते चले आते थे कि उपमा-अलंकार में कालिदास ही अद्वितीय हैं। पर अब उनका आसन नवरत्न के कर्ताओं ने देव को दे डाला। किसी-किसी की राय में अन्य हिन्दी-कवियों की उपमाओं की अपेक्षा तुलसीदास की उपमायें सब से अच्छी हैं। परन्तु वह राय भी लेखकों को मान्य नहीं। न सही, परन्तु देव की 'अनूठी उपमाओं' और 'अनूठी बातों' के यदि दो-चार भी उदाहरण देकर आप यह दिखलाने की चेष्टा करते कि उनमें आपको कौन-सा ऐसा अनूठापन देख पड़ा जो

---

* यह तथा और जितने अवतरण हिन्दी-नवरत्न से इस लेख में दिये गये हैं सब मूल पुस्तक के अनुसार यथावत् नक़ल किये गये हैं। –म. प्र. द्विवेदी

किसी और कवि की कविता में नहीं तो आप की बात पर विचार करने का मौका तो मिलता। परन्तु आपने ऐसा करने की ज़रूरत न समझी। फिर कहिए, आपकी बात को कोई कैसे मान सकता है। यदि देव में 'अद्वितीय गुण' है तो इनको आपने सूर और तुलसी से भी ऊँचे दरजे का कवि क्यों न माना? क्या समझ कर आपने भूमिका में यह लिख दिया कि–'तीनों कवियों में न्यूनाधिक कोई भी नहीं समझ पड़ा'। इधर आप सूर, तुलसी और देव में से किसी को न्यूनाधिक भी नहीं समझते, उधर देव में अद्वितीय गुणों का होना और उनकी सी उत्तम कविता का किसी अन्य कवि के ग्रन्थ में एक स्थान में न पाया जाना भी लिखते हैं; और, फिर, एक ही पृष्ठ आगे, (पृष्ठ 218 पर) इन्हीं तीनों कवियों में '99 और 100 का अन्तर' भी आप बतलाते हैं। इस तरह की पूर्वापर-विरुद्ध और असम्बद्ध बातें आपकी पुस्तक के महत्त्व को बढ़ाने वाली नहीं, किन्तु घटानेवाली हैं। आपके अनुसार जिस देव का 'चाल चलन बहुत ठीक न था,' और जिसने 'पूर्ण रसिक' होने के कारण 'प्रत्येक जाति और प्रत्येक देश की स्त्रियों का बड़ा ही सच्चा वर्णन किया है' उसकी और विषयों की कविता में भी उसके रसियापन का कहाँ तक प्रभाव पड़ा होगा, इसका अन्दाज़ा सहज ही में हो सकता है। ऐसे कामुक कवि की भी कविता सूर और तुलसी की पवित्र, उच्च और मंगलकारिणी कविता की बराबरी कर सकती है या नहीं, इसके विचार का भार हम सत्कविता के ज्ञाताओं ही पर छोड़ते हैं।

लेखक महोदयों ने देव के 14 ग्रन्थ देखे हैं। उन्हीं की, सरसरी तौर पर, उन्होंने इस पुस्तक में समालोचना भी की है। उस समालोचना में लेखकों ने देव की शुद्ध और सुहावनी ब्रजभाषा की प्रशंसा की है; अनुप्रासों और यमकों की बहुलता की प्रशंसा की है; नायिकाभेद-वर्णन की प्रशंसा की है; रूपक-रचना की भी प्रशंसा की है; उत्तम कलेजा निकालकर रख देने वाले छन्दों की भी प्रशंसा की है; पर उदाहरण नहीं दिये; केवल पद्यों के संख्या-सूचक अंक भर दे दिये हैं। देवजी के चोज़ के दो उदाहरण आप लोगों ने दिये हैं, जिनमें से एक यह है–'जोगहू ते कठिन संयोग पर नारी को'। देवजी की अनूठी उपमाओं के भी केवल दो उदाहरण आपने दिये हैं। उनमें से एक है–'उर में उरोज जैसे उमगत पाग है'। इसी अनूठेपन के कारण इस कवि को उपमा-अलंकार में आपने सबसे बढ़ गया बताया है। यह सब तो हुआ। देवजी अच्छे कवि थे, इसमें भी कोई सन्देह नहीं। परन्तु जो कुछ लेखकों ने इस पुस्तक में देवजी के विषय में लिखा है उससे उनका तुलसीदास और सूर के सदृश होना नहीं साबित होता। उससे तो देव का उनसे सर्वथा हीन होना ही साबित होता है। लेखकों ने पृष्ठ 217 पर लिखा है–

"जो गुण सूरदास तथा तुलसीदास की कविता में हैं वे गुण देवजी भी नहीं ला सके हैं। यदि देवजी किसी भारी कथा-प्रसंग का काव्य करते तो नहीं मालूम कि उनका वर्णन कैसा होता। सम्भव है कि ये भी वैसा काव्य कर सकते जैसा कि उन

महात्माओं ने किया है परन्तु जब तक कोई वैसा साहित्य रच कर दिखा न दे तब तक यह कहा नहीं जा सकता कि वह अवश्य ऐसा कर सकता है। चाहे कितना बड़ा कवि वह क्यों न हो।"

बहुत अच्छा। आपकी यह सम्मति सर्वथा मान्य है। देव ने कोई वैसा काव्य नहीं रचा। अतएव वे तुलसी और सूर की बराबरी के नहीं। इन ऊपर के वाक्यों के आगे पीछे देव की कविता के विषय में, आपने जो बड़ी-बड़ी और पूर्वापर विरोधिनी बातें लिखी हैं उन्हें हम निरर्थक समझ कर आपकी इस युक्ति-संगत सम्मति को माने लेते हैं।

## बिहारीलाल

बिहारी को इस पुस्तक के लेखक–'बहुत ही उत्तम कवि' समझते हैं और–'तुलसीदास, सूरदास, और देव को छोड़ कर' उन्हें 'सर्वोत्कृष्ट कवि' मानते हैं। उनकी राय है कि बिहारी 'बड़े ही शृंगारी' थे और उनके चित्त में 60 वर्ष की अवस्था के लगभग पहुँचे बिना शान्त रस का प्रादुर्भाव न हुआ होगा। बिहारी बड़े नामी कवि हो गये, इसमें सन्देह नहीं। उनकी कविता बड़ी सरस, भावभरी और ध्वनिपूर्ण है। परन्तु विचार इस बात का करना है कि एक मात्र सात सौ दोहे की सतसई लिखने के कारण बिहारी को महाकवि और कविरत्न की पदवी दी जा सकती है या नहीं। यदि पुस्तककार महाकवि और कविरत्न की परिभाषा लिख देते तो इस बात का विचार करने में बहुत सुविधा होती। नहीं मालूम किन गुणों के कारण वे कवियों को महाकवि और कविरत्न की पदवी के योग्य समझते हैं। बिहारी को उन्होंने महाकवि लिखा है। रत्न तो वे हैं ही, क्येंकि 'नवरत्न' में उन्हें स्थान मिला है।

'रत्न' नई उपाधि है। अतएव उसका लक्षण संस्कृत के ग्रन्थों में नहीं मिलता। परन्तु महाकाव्य का लक्षण मिलता है। दण्डी ने काव्यादर्श में 'सर्गबन्धो महाकाव्यमुच्यते–' लिखा है। 'इतिहासकथोद्भूतं; चतुर्वर्गफलोवर्तं; चतुरोदात्तनायकं; असंक्षिप्तं; लोकरंजकं'–आदि महाकाव्य के और भी कितने ही विशेषणों का उन्होंने उल्लेख किया है। यदि ऐसे महाकाव्य के कर्ता ही को लेखक–महोदय महाकवि समझें और दण्डी के वचनों को मानें तो उनके बिहारी, देव और मतिराम आदि तुरन्त ही महाकवि के आसन से खिसक पड़ें। परन्तु यदि इस लक्षण को वे असंगत समझें तो हिन्दी का जो वृहदितिहास वे लिख रहे हैं उसमें कृपा करके 'नवरत्न' और 'महाकवि' की परिभाषा ज़रूर लिख दें। इससे लोगों को मालूम हो जायगा कि किन गुणों के होने से कवि को महाकवि की और महाकवि को कविरत्न या नवरत्न की पदवी मिल सकती है। स्त्री को सबसे अधिक चित्ताकर्षक समझना, साठ वर्ष की उम्र तक उसी की 'रसरीति' में निमग्न रहना और उसी के हावभाव आदि का नाना भाव-भंगियों से वर्णन

करना भी यदि महाकवि के लक्षणान्तर्गत हो तो बिहारी अवश्य ही महाकवि थे।

नवरत्न के 222 वें पृष्ठ पर लेखकों ने लिखा है–

"महाराजा जयसिंह एक छोटी सी लड़की के प्रेम में उन्मत्त हो गये थे"–लड़की, सो भी छोटी सी ! यह बात समझ में नहीं आती। क्या वह अज्ञातयौवना नायिका की उम्र की भी न थी ! लड़की किसकी ? क्या वह जयसिंह की रानी न थी ? न थी तो इसका प्रमाण ? किसी की लड़की के प्रेम में उन्मत्त होना महाराजा जयसिंह की कीर्ति का वर्द्धक नहीं।

लेखक महोदयों का अनुमान है कि सतसई के एक-एक दोहे पर बिहारी का एक-एक अशरफी पाना सच नहीं। क्योंकि–'बिहारी को कलि के दानियों से सदा शिकायत रही। इससे जान पड़ता है कि इनका पूरा सम्मान कभी नहीं हुआ। यदि प्रति दोहा एक मोहर मिलती तो ये हज़ारों दोहे बना डालते'। परन्तु यह एक अनुमान मात्र है। कलि के दानियों से उनका मतलब यदि महाराजा जयसिंह को छोड़कर और दानियों से रहा हो तो ? और, बिहारी 700 अशर्फियों के दान को कुछ न समझते रहे हों तो ? आप सात सौ को शायद बहुत समझते हैं; पर बिहारी भी ऐसा ही समझते थे, इसका क्या प्रमाण ? और, सारी सतसई बन चुकने पर जयसिंह ने दोहों की संख्या के अनुसार बिहारी को अशर्फियाँ दी हों; अतएव उनकी शिकायत इसके पहले की हो तो ? जैसे लेखकों का वह अनुमान है, वैसा ही यह भी है। परम्परा से सुनी गई जनश्रुति के खण्डन में सबल प्रमाण आवश्यक होते हैं। हिन्दी के इतिहास में, आशा है लेखक वैसे प्रमाण देने की चेष्टा करेंगे।

नवरत्न के कर्ता-महाशयों का कथन है–"इन्होंने संवत 1719 में सतसई समाप्त की और उसके पीछे कोई ग्रन्थ या छन्द नहीं बनाया"। आप लोगों की यह निश्चयवाचक उक्ति खटकने वाली है। इसका क्या प्रमाण कि यदि कोई ग्रन्थ नहीं बनाया तो एक आध छन्द भी नहीं बनाया ? सतसई के बाद की उनकी कोई रचना नहीं देखी गई; इसी से आप ऐसा कहते हैं न ? परन्तु किसी वस्तु की अप्राप्ति उसके अभाव या अनस्तित्व का सूचक कैसे मानी जा सकती है।

बिहारी ने–"एक आध स्थानों पर औरों के भी कुछ भाव लिये हैं"–यह लिख कर लेखक महोदयों ने कुछ उदाहरण ऐसे दिये हैं जिनमें बिहारी के भाव देव, रहीम, सीतल, केशव आदि के भावों से लड़ गये हैं। इस पर हमारा निवेदन है कि बिहारी की कविता में एक आध नहीं, अनेकों जगह, संस्कृत के प्राचीन कवियों के भाव पाये जाते हैं। उनमें से कितनों ही का निदर्शन 'सरस्वती' में हो चुका है।* सम्भव है अभी आगे भी हो।

---

* द्विवेदीजी के समकालीन समालोचक पद्मसिंह शर्मा ने 'सरस्वती' के कई अंकों में बिहारी के संस्कृत से भावापहरण के उदाहरण देते हुए लेख लिखे थे।–सम्पादक

इस पुस्तक में पिष्टपेषण बहुत है। देव के विषय में लिखते समय ऊपर एक जगह; इसका सप्रमाण उदाहरण हम दे आये हैं। बिहारी पर जो कुछ लेखकों ने लिखा है उसमें भी यह दोष है। पुस्तक के 221 पृष्ठ पर है–

"बिहारी का जन्म-स्थान वसुआ गोविन्दपुर नामक एक ग्राम जो ग्वालियर के निकट है कहा जाता है"। इसके अगले ही पृष्ठ पर यह बात फिर दुहराई गई है–"इनका जन्म ग्वालियर के समीप वसुआ गोविन्दपुर में हुआ था।" इस पुनरुक्ति में इतनी विशेषता है कि गाँव के नाम के पूर्वार्द्ध और उत्तरार्द्ध दोनों अंश मिलाकर एक ही जगह रख दिये गये हैं; बीच में स्पेस नहीं छोड़ा गया। जो अच्छे लेखक हैं वे व्यर्थ पिष्टपेषण नहीं करते।

## हरिश्चन्द्र

लेखकों ने हिन्दी-नवरत्न की भूमिका में लिखा है–"हम इन महाशयों को इनके किसी खास समय में उत्पन्न होने के कारण तो नवरत्न में रखते नहीं हैं वरन् इनकी उत्तमता ही इनके इस मान का कारण है। तब इसी उत्तमता के अनुसार पूर्वापर क्रम न रख कर काल-क्रम का सहारा लेना हमें युक्तिसंगत नहीं समझ पड़ा।" आपके इन 'उत्तम' और 'उत्तमता' आदि शब्दों की माया कुछ भी समझ में नहीं आती। जब तक आप अव्याप्ति और अति-व्याप्ति दोषों से रहित, तर्कशास्त्र सम्मत, इनका लक्षण नहीं बतलाते तब तक कौन आपकी इस बात को मानेगा कि आपके उल्लिखित सभी लेखक या कवि रत्न थे। हरिश्चन्द्र के विषय में आप लोग लिखते हैं–"हम भाषा के नौ प्रसिद्ध और सर्वोत्तम कवियों में इनको भी समझते हैं"। समझिए। पर समझना एक बात है, समझाना दूसरी बात। यदि आपकी यह इच्छा हो कि आपकी बात और भी कोई मान ले तो हिन्दी के इतिहास में आप इस बात को युक्ति और तर्क द्वारा सिद्ध कीजिए कि कैसी और कितनी उत्तमता के कारण आपने मतिराम को भी रत्न समझा और हरिश्चन्द्र को भी। जिन हरिश्चन्द्र ने भिन्न-भिन्न विषयों के कितने ही गद्यपद्यात्मक काव्य, नाटक और इतिहास आदि लिखे और जिनकी बदौलत हिन्दी-भाषा ने एक नया रूप पाया वे भी रत्न ! और, पुराने पन्थ के पथिक, नायिका-भेद आदि पर बहुत ही कम उपयोगी ग्रन्थ लिखनेवाले मतिराम और देव भी रत्न ! रत्न शब्द की इससे अधिक अवहेलना और क्या हो सकती है ? लेखकों के अनुसार 'प्रतिनिधि' कवि होकर भी बेचारे हरिश्चन्द्र नवरत्न की लघुत्रयी ही में नहीं पटके गये; किन्तु मतिराम महाराज के आसन से भी नीचे उतार दिये गये !!! मध्यत्रयी और लघुत्रयी में लेखकों ने कवियों को उनकी योग्यता के अनुसार ही आगे पीछे रक्खा है; और लघुत्रयी में हरिश्चन्द्र ने सब के अन्त में स्थान पाया है। अर्थात् वे नवरत्न के निकृष्ट रत्न हैं। इस स्थानदान में निर्दिष्ट कवियों को लेखकों ने

दृढ़तापूर्वक उत्तमता में एक दूसरे के आगे पीछे पाया है। उत्तमता और योग्यता का ऐसा ज्ञान किस प्रकार की परीक्षा से लेखकों के हृदय में दृढ़ हुआ यह वही जानते होंगे।

चन्द को हुए कोई आठ सौ वर्ष हुए; मतिराम को हुए को ढाई सौ वर्ष; और हरिश्चन्द्र तो अभी कल हुए हैं। चन्द के समय का कवि-रत्न मतिराम के समय में कविरत्न नहीं माना जा सकता और मतिराम के समय का हरिश्चन्द्र के समय में नहीं। समय के अनुसार भाषाओं में परिवर्तन होता है और समय के अनुसार ही मनुष्यों की रुचि भी बदलती है। एक समय था जब रासों के सदृश ग्रन्थ लिखने वालों को बड़ी-बड़ी जागीरें मिलती थीं। एक समय ऐसा भी आया जब नायिका-भेद के सदृश विषयों पर लिखे गये ग्रन्थों के लिए कवियों को खिलतें मिलने लगीं। अब वह समय भी नहीं रहा। अतएव भिन्न-भिन्न समयों में होने वाले, और उपयोग तथा उच्च विचारों की दृष्टि से न्यूनाधिक महत्त्व के ग्रन्थ लिखने वाले, कवि-कुसुम एक ही माला में नहीं गूँथे जा सकते। ऐतिहासिक काव्य लिखने वाले चन्द आदि पुराने कवियों को अलग रखिए; देव, मतिराम और बिहारी आदि को अलग और हरिश्चन्द्र आदि आधुनिक हिन्दी के लेखकों को अलग। तब प्रत्येक क्लास में कवि, महाकवि और रत्न ढूँढ़िये। सूर और तुलसी आदि के काव्यों के समान सर्वोपकारी, उच्चविचारपूर्ण और चिरकाल तक पुराने न होने वाले ग्रन्थों के प्रणेता कवियों ही की आप, समय का ख़याल न करके, कोई एक श्रेणी नियत कर सकते हैं, औरों की नहीं।

हरिश्चन्द्र के विषय में लेखक कहते हैं–"हम मुक्तकण्ठ (?) कहेंगे कि ऐसा उत्तम अनुवादक भाषा-कवियों में कोई भी नहीं है"। आप लोगों की यह भी राय है कि हरिश्चन्द्र के–"नाटकों की गणना संस्कृत के उत्तम नाटकों के साथ होगी। शेक्सपियर के सब नाटक इनकी बराबरी नहीं कर सकते"। इस पर हमारी प्रार्थना है कि आपकी राय, सम्भव है, बहुत ठीक हो। परन्तु आप इस तरह की बातें इस ढंग से न कहा कीजिए। कृपा करके आप अपने इतिहास में हरिश्चन्द्र के अनुवादों के कुछ अंशों को मूलसहित उद्धृत करके तब अपनी राय जाहिर कीजिएगा। ऐसा करने से पढ़नेवालों पर आपकी राय का अधिक असर पड़ेगा। इसी तरह संस्कृत के और शेक्सपियर के नाटकों का मुकाबला हरिश्चन्द्र के नाटकों से करके तब अपनी सम्मति दीजिएगा। अन्यथा आपकी बात के न माने जाने का डर है। यदि कोई यह कहे कि सारे संसार की भाषाओं में आज तक जितने ग्रन्थकार हुए हैं उनमें हिन्दी का अमुक ग्रन्थकार सबसे बढ़कर है तो उसकी बात तर्कशास्त्र की दृष्टि में उतनी ही आदरणीय होगी जितनी कि आपकी हरिश्चन्द्र-सम्बन्धिनी ये बातें हैं। मैजिस्ट्रेट जब किसी मुकद्दमे का फैसला लिखता है तब वह केवल अपनी आज्ञा ही सुनाकर चुप नहीं हो जाता। पहले वह दोनों पक्षों के प्रमाण-प्रमेयादि का उल्लेख करता है। फिर उनको युक्ति और तर्क की कसौटी पर कसता है। इसके अनन्तर वह अपना

सिद्धान्त स्थिर करता है। तब, तदनुकूल, वह आज्ञा सुनाता है। अच्छे लेखकों को भी दो या तदधिक विषयों की तुलना करते समय उनमें से किसी एक को ऊँचा या नीचा बतलाने के पहले इसी प्रणाली का अवलम्बन करना चाहिए।

## भाषा-दोष

इस लेख में हिन्दी-नवरत्न से जो अनेक अवतरण अब तक दिये जा चुके हैं वही इस बात का अन्दाजा करने के लिए काफी हैं कि इस पुस्तक की भाषा कैसी होगी। जिन कवियों पर लेखकों ने निबन्ध लिखे हैं उनकी कविता में शिथिलता के होने या न होने का उन्होंने अनेक बार उल्लेख किया है। मालूम नहीं, इस शिथिलता से उनका क्या मतलब है। पर, यदि इससे उनका यह मतलब है कि रचना तुली हुई नहीं है–उसमें असंयत-भाव है–तो यह दोष इस पुस्तक में भी है और बहुत अधिक है। इसके कारण इस पुस्तक का महत्त्व नष्ट सा हो गया है। जो जिस दोष को जानता है वही यदि उसे करे तो बड़े आश्चर्य की बात है। सावधानतापूर्वक लिखने से ऐसे दोष दूर हो सकते हैं। भाषा इसकी परिमार्जित नहीं। विचारों की व्यर्थ पुनरावृत्तियाँ भी इस पुस्तक में बहुत हैं। इस बात के दो एक उदाहरण भी ऊपर दिये जा चुके हैं। अनेक स्थलों की रचना व्याकरण-च्युत भी है। सम्भव है, तीन आदमियों की शिरकत इसकी भाषा के अधिकांश दोषों का कारण हो। अच्छे लेखकों की भाषा जैसी होनी चाहिए वैसी भाषा इस पुस्तक की नहीं। दो चार उदाहरण लीजिए–

(1) –"हिन्दी कविता के समान संसार में किसी भाषा की रचना ऐसी सौष्ठव और श्रुति-मधुर नहीं है"। भूमिका–पृष्ठ 30।

"किसी भाषा की रचना ऐसी सौष्ठव··· नहीं है"–यह बिलकुल ही अशुद्ध है। सौष्ठव की जगह 'सुष्ठु' चाहिए। इसके सिवा सारे संसार की भाषाओं के विषय में वही मनुष्य कुछ कह सकता है जो उन सब को जानता हो। क्या लेखक उन सबको जानने का दावा कर सकते हैं?

(2) –"ये क्षेपक गोस्वामीजी की रामायण में ऐसे लग गये हैं कि प्रायः रामलीलाओं में वे भी खेली जाती हैं"। पृष्ठ 15।

इस पर टीका करना व्यर्थ है।

(3) –"इसके वर्णनों में किसी स्थान को उत्तम और किसी को साधारण कहना गोस्वामीजी से घोर अन्याय करना है"। पृष्ठ 51

किसी 'पर' अन्याय किया जाता है, किसी 'से' नहीं।

(4) –"कहते हैं कि गोस्वामीजी ने पहले सीयस्वयंवर और अयोध्या-कांड की कथा बनाई थी और इतना बन जाने पर उन्हें समग्र रामायण बनाने की लालसा हुई और तब उन्होंने शेष ग्रन्थ भी बनाया"। पृष्ठ 51।

इसमें पिछले दो 'और' आ जाने से बेतरह शिथिलता आ गई। उन्हें निकाल कर उनकी जगह एक एक पाई (फुल-स्टाप) रख देने से यह दोष दूर हो जाता।

(5) –"हमने उनका वर्णन थोड़े में स्थालीपुलाक न्याय दिखा दिया है"। पृष्ठ 215।

दूषित भाषा का यह बहुत ही बुरा उदाहरण है। इस विषय के अधिक उदाहरण देकर हम लेख नहीं बढ़ाना चाहते। इतने ही उदाहरण देखकर स्थालीपुलाक न्याय से पाठक समझ सकेंगे कि इसकी भाषा सदोष है या निर्दोष और सदोष है तो कितनी।

## वाक्य और वाक्यांश दोष

जान पड़ता है कि न तो इस पुस्तक को प्रेस में देने के पहले ही किसी ने ध्यान से पढ़कर देखा, और न पीछे प्रूफों ही का सावधानी से संशोधन किया। तीन-तीन विद्वान् जिस पुस्तक के कर्ता हों उसकी ऐसी दशा हुई देख दुःख होता है। मामूली मुहावरों तक को लेखकों ने कहीं कहीं पर बिगाड़ दिया है। इस पुस्तक में सैकड़ों अशुद्धियाँ ऐसी हैं जो थोड़ी ही सावधानता रखने से दूर हो सकती थीं। दस पाँच उदाहरण लीजिए–

(1) 'राजसभा की गाम्भीर्य' (पृष्ठ 28)

(2) 'शिखनखों की बाहुल्य' (पृष्ठ 60)

(3) 'रुद्राष्टक बनाई है' (पृष्ठ 69)

(4) 'मनुष्यों के उपयोगी बातें' (पृष्ठ 68)

(5) 'बड़े ही उत्तम रीति से वर्णित किये गये हैं' (पृष्ठ 132)

(6) 'इनकी चातुर्य' (पृष्ठ 237)

लेखकों ने 'गाम्भीर्य', 'बाहुल्य' 'चातुर्य', और 'काव्य', आदि शब्दों को, न मालूम किस आधार पर, स्त्री-लिंग माना है।

(7) 'जन्म पर्यन्त में सात सै दोहे बनाकर रख दिये' (पृष्ठ 225)

(8) 'तब तक भला उन बूँदों भेंट कहाँ हो सकती है' (पृष्ठ 225)

(9) 'मरण आदि की अनुमानै अवलम्बित हैं' (पृष्ठ 219)

(10) 'दोनों कथानक एक ही व्यक्ति की रचना नहीं हो सकती' (पृष्ठ 20)

(11) 'बदचलन स्त्रियों के नाक काटने की रीति' (पृष्ठ 54)

(12) 'कृष्णानन्द की सच्ची भक्ति··· अधिकता से नहीं रही' (भूमिका, पृष्ठ 21)

'कृष्णा की भक्ति' का अर्थ तो सभी समझ सकते हैं, 'कृष्णानन्द की भक्ति' का अर्थ बिना लेखकों की व्याख्या के शायद ही कोई समझ सके।

## शब्द-दोष

'अनुमति' शब्द का अर्थ, आपटे के अनुसार, आज्ञा और स्वीकृति है। वह अँगरेज़ी शब्द Permission, Consent और Approval के अर्थ में विशेष करके व्यवहृत होता है। परन्तु लेखकों ने उसका प्रयोग सम्मति और सलाह के अर्थ में किया है। देखिए–

(1) 'उनकी अनुमति थी कि जिस कविता का बुध आदर न करें वह वृथा है' (पृष्ठ 40)।

(2) 'हम उसे··· ललितललाम पढ़ने की अनुमति देंगे' (पृष्ठ 309)।

लेखक-महोदयों ने इस शब्द का कई जगह इन्हीं अर्थों में व्यवहार किया है। किस कोश की आज्ञा से, मालूम नहीं।

हिन्दी-नवरत्न के लेखक पार्वती को 'पारवती' (पृष्ठ 39) अवतार को 'औतार' (पृष्ठ 81) और ओषधि या औषध को 'औषधि' (पृष्ठ 86) लिखते हैं।

पुस्तक के 292 पृष्ठ पर लेखकों ने कथाप्रसंग-वर्णन की दो प्रणालियाँ बतलाई हैं–"एक तो गोसाईंजी की भाँति दोहा चौपायों वाली और दूसरी केशवदास की भाँति विविध छन्दोंवाली"। केशवदास को आप लोगों ने इस पिछली प्रथा का प्रचारक माना है। परन्तु यदि सूरदास की तरह पदों में कोई कथा कहे तो क्या उस की गिनती किसी भी प्रणाली में न हो ? अथवा रामकलेवा लिखने वाले रामनाथ प्रधान की तरह यदि कोई न विविध छन्द ही लिखे और न तुलसीदास की भाँति दोहे-चौपाई ही, तो आप उसकी कविता को किस प्रणाली के अन्तर्गत समझें ? क्या किसी के अन्तर्गत नहीं ? रामनाथ ने जिस छन्द में रामकलेवा लिखा है वह तुलसीदास की चौपाई तो है नहीं। खैर, यह तो एक अवान्तर बात हुई। उस अवतरण में जो 'विविध' शब्द है वह सर्वथा शुद्ध है। पर शुद्धि-पत्र में वह अशुद्ध उल्लिखित हुआ है। उसकी जगह 'विविधि' को दी गई है ! जो अशुद्ध नहीं उसकी शुद्धता के लिए तो इतना प्रयास, परन्तु इसी 'विविध' के ऊपर पाँच ही छः शब्द पहले चौपाइयों की जगह जो 'चौपायों' छप गया है उस पर आप लोगों का ध्यान ही नहीं गया।

पुस्तक के पृष्ठ 89 पर आप लोगों ने लिखा है–

(1) 'राजनैतिज्ञता कूट कूट कर भरी थी' (2) 'राजनैतिज्ञता तो यहाँ तक बढ़ी चढ़ी थी' (3) 'राजनैतिज्ञता के मामले में··· विचार नहीं करता था'।

'नैतिज्ञता' और 'राजनैतिज्ञता' के और भी ऐसे ही अनेक प्रयोग आप लोगों ने किये हैं। मालूम नहीं, हिन्दी के पारदर्शी पण्डित इन प्रयोगों को कैसा समझेंगे। हम तो केवल इतना ही कहना चाहते हैं कि ये प्रयोग हिन्दी में बिलकुल ही नये हैं। 'नेचर-निरीक्षण' भी एक नया सामासिक शब्द लेखकों ने इस पुस्तक में कई जगह लिखा है। आप लोगों के प्रयुक्त 'पद-निर्म्मायक' और 'निःप्रयोजनीय' शब्द भी नूतनता से खाली नहीं। नायिका को तो आपने सैकड़ों जगह 'नायका' लिख डाला है।

'सूक्ष्म' शब्द का प्रधान अर्थ बारीक है। वह अल्पार्थक भी है; पर इस पिछले अर्थ में वह बहुत कम प्रयुक्त होता है। लेखक-महोदयों ने इस पुस्तक में उसे विशेषतः अल्पार्थक ही माना है–

(1) 'आश्रयदाताओं के विषय में इतना लिख कर अब हम साहित्य इतिहास का सूक्ष्मतया कुछ वर्णन करते हैं'। भूमिका, पृष्ठ 13।

(2) 'इसी स्थान पर साहित्य का यह सूक्ष्म इतिहास समाप्त होता है'। भूमिका, पृष्ठ 30।.

(3) 'या तो ये महाराज (सूरदास जी) बहुत सूक्ष्म वर्णन करते हैं या पूर्ण विस्तार के साथ'। पृष्ठ 160।

(4) 'हम विस्तापूर्वक बिहारी के कुलादि के विषय न लिख कर सूक्ष्मतया अपना मत प्रकाशित करते हैं'। पृष्ठ 221।

इस 'सूक्ष्म और सूक्ष्मतया' के ऐसे ही प्रयोग इस पुस्तक में, जगह जगह पर, पाये जाते हैं।

दूसरी बहुत बड़ी विलक्षणता इस पुस्तक में यह है कि 'विषय' शब्द के आगे 'में' प्रायः इसमें रक्खा ही नहीं गया। ऊपर नं. (1) और (4) के उदाहरणों में तो इस विलक्षणता के दर्शन आपको हो ही गये। दो चार औरों के भी दर्शन नीचे कीजिए–

(1) 'बड़े-बड़े कवियों के कुल गोत्रादि के विषय भी सन्देह बना रहता है'। पृष्ठ 219।

(2) 'वैसा ही सन्देह इस महाकवि के विषय भी उपस्थित है'। पृष्ठ 219।

(3) 'अपने विषय भी इन्होंने केवल एक दोहा लिख कर सन्तोष किया है'। पृष्ठ 219।

(4) 'इनके विषय एक तीसरा दोहा भी प्रसिद्ध है'। पृष्ठ 219।

ये चारों उदाहरण एक ही पृष्ठ से लिये गये हैं। इन प्रयोगों की इस पुस्तक में बेतरह भरमार है। एक ही शब्द और एक ही मुहावरे को बार-बार लिखते लोग संकोच करते हैं। ऐसा करना वे बुरा भी समझते हैं। परन्तु लेखक-महोदयों ने इसकी कुछ परवा नहीं की। वे शायद ऐसा ही प्रयोग सही समझते हों। पर यदि यह बात है तो कई जगह उन्होंने 'विषय' के आगे 'में' क्यों लिखा, यथा–

'रामायणों के विषय में भी क्षेपक होने का पूरा सन्देह है'–पृष्ठ 19।

जान पड़ता है यह दशा या दुर्दशा भी लेखक-महाशयों की शिरकत का ही नतीजा है।

'काल' और 'समय' शब्द के साथ 'में' के प्रयोग-विषय में भी आप लोगों ने मनमानी की है। कहीं 'में' लिख दिया है कहीं नहीं लिखा–

(1) 'मुबारक भी इस काल में अच्छे कवि हो गये हैं'। भूमिका, पृष्ठ 22

(2) 'अकबर बादशाह भी इसी काल में हुए हैं'। भूमिका, पृष्ठ 22

(3) 'गंजन आदि परमोत्तम कवि इसी समय में हो गये हैं'। भूमिका, पृष्ठ 24
(4) 'केशवदास ने इसी समय में रसिकप्रिया ग्रन्थ बनाया'। भूमिका, पृष्ठ 21
(5) 'इसी काल कुतुबन और जायसी का नाम आता है'। भूमिका, पृष्ठ 20
(6) 'इसी समय मतिराम ने भी रचना की'। भूमिका, पृष्ठ 23

## फुटकर दोष

लिंग और वचन-सम्बन्धी भूलों का इस पुस्तक में बहुत ही आधिक्य है। एक ही शब्द दो तरह लिखा गया है। कुछ उदाहरण नीचे दिये जाते हैं–

(1) **शूर्पनखा** के नाक कान–पृष्ठ 89
**सूर्पनखा** से झूँठ ही यह बात कहला दी–पृष्ठ135

(2) **कैकेयी** पहले राम को बड़ा प्यार करती थी–पृष्ठ 93
**केकयी** मन्थरा··· दशरथ-केकयी–पृष्ठ 123

(3) **कुम्भकरण** रावण का छोटा भाई था–पृष्ठ 91
**कुम्भकर्ण** कपि सेना पराजित कर लंका जा रहा था–पृष्ठ 60

(4) **ऐसी** उत्तम काव्य–पृष्ठ 127
**इनके** काव्य–पृष्ठ 128

(5) ··· झूलना रामायण तथा रोला रामायण हमारे
देखने में नहीं **आये**–पृष्ठ 30
**थोड़ी** भी रामायण पढ़ने से–पृष्ठ 126-27

(6) **ये** उनकी वन-यात्रा मांगलिक समझते थे–पृष्ठ 43
**परन्तु वह** नहीं बोले–पृष्ठ 73
**वे**··· बनाने लगे थे–पृष्ठ 144

(7) बिहारी सतसई **अपनी** टीका समेत छपवाई थी– पृष्ठ 220
ललितललाम **का** टीका गुलाब कवि द्वारा बनवाया–पृष्ठ 308

(8) **दोहाओं** द्वारा बातचीत होना कहा गया है–पृष्ठ 3
**दोहों** में क्रमबद्ध रामायण कही गई है–पृष्ठ 19

(9) **सवैया** कहे हैं–पृष्ठ 312
**सवैयाओं** से देवजी का **स्मर्ण** आता है–पृष्ठ 313

कहीं 'काव्य' शब्द स्त्रीलिंग, कहीं पुलिंग, कहीं 'दोहा' और 'सवैया', पुलिंग, कहीं स्त्रीलिंग; कहीं 'यह' और 'वह' एकवचन कहीं बहुवचन। इस प्रकार के न मालूम कितने उदाहरण इस पुस्तक में विद्यमान हैं।

सामासिक शब्द कहीं मिलाकर लिखे गये हैं, कहीं अलग-अलग। किसी एक नियम की पाबन्दी नहीं की गई। 'कविता काल', 'हिन्दी रचना,' 'भक्ति विचार' 'चिर विमर्दित,' और 'हिन्दू राज्य' आदि सैकड़ों सामासिक शब्दों के बीच में स्पेस छोड़

दिया गया है।

'ब; और 'व' की तो बड़ी ही दुर्दशा हुई है। 'व्रजभाषा,' 'वल्लभाचार्य,' 'विरहु' 'विषय,' 'वध' और 'वियोग,' आदि हजारों शब्द इसमें ऐसे हैं जिनमें 'व' के बदले 'ब' का प्रयोग हुआ है। लेखक-महोदयों ने स्वयं अपने नामों के 'विहारी' शब्द में भी 'ब' ही का प्रयोग किया है। हाँ, जिल्द के ऊपर जो नाम छपे हैं उनमें 'व' अवश्य हैं पर वह शायद प्रेसवालों, की कृपा का फल है।

प्रूफ भी पुस्तक के अच्छी तरह नहीं देखे गये। छापे की कितनी ही अशुद्धियाँ रह गई हैं। लेखक महाशयों ने विराम-चिह्नों के यथास्थान प्रयोग में भी बड़ी अवहेलना की है। विषयांश के अनुसार अपने कथन को समुचित पैराग्राफों में विभक्त तक नहीं किया। भूमिका के तीसरे पृष्ठ से जो एक पैरा चला है तो दसवें पृष्ठ पर समाप्त हुआ है !

## उपसंहार

इस पुस्तक के गुणों का उल्लेख समष्टिरूप से लेखारम्भ में हम कर आये हैं। यहाँ पर हम फिर भी कहते हैं कि यह पुस्तक उपादेय है। इसे लिख कर लेखक-महोदयों ने हिन्दी-साहित्य की सेवा की है। तदर्थ वे प्रशंसा के पात्र हैं। गुणों की अपेक्षा दोषों को विशेष विस्तार से दिखाने का कारण यह है कि–"अपनी रचना की त्रुटियाँ किसी को जान ही नहीं पड़तीं"। यह इस पुस्तक के लेखकों ही की राय है। उनकी यह राय सरस्वती के पहले भाग के पृष्ठ 421 पर मिलेगी। हिन्दी-काव्य की आलोचना में उन्होंने उसकी त्रुटियों को दूर करने के इरादे से दोषों ही का विशेष उल्लेख किया है। अतएव हमने भी उन्हीं के दिखाये हुए मार्ग पर चलना उचित समझा। इसका एक कारण और भी है। लेखक-महोदयों का एक पत्र, अभी कुछ ही समय हुआ कितने ही समाचार पत्रों में निकला है। उससे विदित हुआ कि आप लोग पाँच वर्षों से हिन्दी-साहित्य का एक बहुत बड़ा–कोई एक हजार पृष्ठ का–इतिहास लिख रहे हैं। यह इतिहास समाप्त प्राय है। इसमें केवल कुछ आधुनिक कवियों और लेखकों पर निबन्ध लिखना बाकी है। इसी से अपनी अल्पबुद्धि के अनुसार, हमने, संक्षेप में, नवरत्न की त्रुटियाँ दिखाने का साहस किया है। लेखकों ने यदि हिन्दी का इतिहास लिखकर प्रकाशित करने की सूचना न दी होती तो हम इतनी लम्बी समालोचना लिखने की आवश्यकता भी न समझते। अब यदि इस लेख में कुछ भी सार हो तो उसे ग्रहण करके लेखक-महोदय हिन्दी-साहित्य के इतिहास को निर्दोष बनाने की चेष्टा करें। और, यदि, न हो तो जाने दें।

**['सरस्वती' के जनवरी और फरवरी, 1912 के अंकों में प्रकाशित तथा 'समालोचना-समुच्चय' पुस्तक में संकलित।]**

# नाट्यशास्त्र

# निवेदन

यह निबन्ध लिखे हमें कोई आठ वर्ष हुए। फरवरी 1903 में यह लिखा गया था। तब से यह एक मित्र के यहाँ पड़ा रहा। वहाँ से अभी लौट कर आया है। इसके प्रकाशन में देरी होने का यही कारण है।

बाबू हरिश्चन्द्र की लिखी हुई इस विषय की एक छोटी सी पुस्तक बहुत पहले से विद्यमान है। मराठी में कई एक अच्छी-अच्छी पुस्तकों के लेखक पण्डित बलवन्त कमलाकर ने नाट्यशास्त्र पर जो एक प्रबन्ध लिखा है उसका भी हिन्दी-अनुवाद एक महाशय ने कर डाला है। उसे भी हिन्दी-साहित्य में सम्मिलित हुए कई वर्ष हुए। इन महाशय ने इस 'मराठी-पुस्तक' का यद्यपि अथ से इति पर्यन्त अनुवाद किया है तथापि मूल पुस्तक के कर्त्ता का नाम देना आप भूल गये हैं। अतएव, हम भी आप का, आप की पुस्तक का और आप की पुस्तक के प्रकाशक का नाम देना भूल जाना ही उचित समझते हैं।

इस निबन्ध में जिन पुस्तकों का नाम आया है उनके सिवा अँगरेज़ी और संस्कृत की और भी अनेक पुस्तकों को पढ़ कर यह लेख हमने लिखा है। बाबू हरिश्चन्द्र और पण्डित बलवन्तराव की पुस्तकों से भी हमने लाभ उठाया है। अतएव इन सब विद्वानों के हम परम कृतज्ञ हैं। पिछले दिनों साहित्य सेवियों की पुस्तकों में लिखी गई कितनी ही बातें इस निबन्ध में भी मिलेंगी। परन्तु, पाठक ऐसी भी अनेक बातें इसमें पावेंगे जो पूर्वोक्त पुस्तकों में से किसी में भी नहीं–अर्थात् हिन्दी में वे प्रायः बिलकुल ही नई हैं। अतएव, आशा है, इसका प्रकाशन अनावश्यक न समझा जायेगा।

**—महावीरप्रसाद द्विवेदी**

**जुही, कानपुर**
**24 नवम्बर, 1910**

## विषय-प्रवेश

संस्कृत में एक धातु 'नट्' है। वह नाचने के अर्थ में प्रयोग किया जाता है। उदाहरण–

कम्रे कटाक्षरुचिरंगतले कृपाख्या
शैलूषकी नटति शंकरवल्लभे ते।

(मूककवि-कृत कटाक्षशतक)

अर्थात्, हे गिरिजे! तुम्हारी कटाक्षरूपिणी सुन्दर रंगभूमि में कृपा नाम की नटी नाच रही है। इस उदाहरण में 'नटति' क्रिया 'नट्' धातु ही से बनी है। 'नट्' धातु में अच् प्रत्यय लगाने से नट् शब्द बना है, उसका अर्थ नाचने वाला है। अर्थात् नटों का व्यवसाय नाचना है। नाट्य और नाटक शब्द भी 'नट्' धातु ही से बने हैं। ये दोनों शब्द नटों के कर्म-व्यवसाय के बोधक हैं। अर्थात नटों का कर्म नाट्य अथवा नाटक कहलाता है। इससे यह सूचित हुआ कि नाट्यशास्त्र में नटों से सम्बन्ध रखने वाले कार्यों अथवा भावों का वर्णन होना चाहिए। यह यथार्थ है। इस शास्त्र में नट, नटी और उनके सहयोगियों के कार्यकलाप से सम्बन्ध रखनेवाली बातों ही का वर्णन है।

नाटक का दूसरा नाम रूपक भी है। नाट्यशास्त्र के आचार्यों ने इस दूसरे ही नाम का अपने ग्रन्थों में विशेष प्रयोग किया है। नाटक में प्रत्येक पात्र किसी दूसरे का रूप धारण करके उसी के अनुसार बर्ताव करता है। अर्थात् यदि दुष्यन्त का वर्णन आता है तो उस पर दुष्यन्त के रूप का आरोप होता है और दुष्यन्त का रूप धारण करके जैसे हाव-भाव दुष्यन्त ने किये होंगे वैसे ही हाव-भाव वह भी, अपने को दुष्यन्त ही मान कर, सबको दिखलाता है। ऐसा करने में एक व्यक्ति पर दूसरे व्यक्ति का आरोप होता है। इसीलिए नाट्य का दूसरा नाम रूपक रक्खा गया है। रूपक का लक्षण 'रूपारोपात्तु रूपकम्' है। अर्थात् जिसमें रूप का आरोप किया जाता है वह रूपक है।

काव्य दो प्रकार के हैं–एक श्रव्य, दूसरे दृश्य। जिसमें कवि किसी वस्तु का स्वयं वर्णन करता है वह श्रव्य काव्य है। अर्थात् जिसे सुनने से आनन्द मिलता है

उसे श्रव्य काव्य कहते हैं। रघुवंश, किरात, नैषध, रामायण, सतसई आदि श्रव्य काव्य हैं। जिसमें कवि स्वयं कुछ नहीं कहता; जो कुछ उसे कहना होता है उसे वह उन बातों से सम्बन्ध रखने वाले व्यक्तियों से कहलाता है–उसे दृश्य काव्य कहते हैं। अर्थात् जिसे देख कर आनन्द मिलता है वह दृश्य काव्य है। शाकुन्तल, रत्नावली, विक्रमोर्वशीय, सत्यहरिश्चन्द्र और नीलदेवी आदिक दृश्य काव्य हैं।

किसी वस्तु का वर्णन सुनने से जितना आनन्द मिलता है उससे बहुत ही अधिक उसे प्रत्यक्ष देखने से मिलता है। देखने और सुनने में बड़ा अन्तर है। अतएव जिस काव्य के द्वारा किसी कवि की कविता का रस नेत्रद्वारा साक्षात् पान करने को मिले वही काव्य श्रेष्ठ है। इसीलिए श्रव्य काव्यों की अपेक्षा दृश्य काव्यों की महिमा अधिक है। कालिदास की जो इतनी कीर्ति देश-देशान्तरों में फैली है वह उसके दृश्य काव्य ही की कृपा का फल है। यदि सर विलियम जोन्स अभिज्ञान-शाकुन्तल का अँगरेज़ी में अनुवाद न करते तो रघुवंश और मेघदूत आदि के द्वारा कालिदास का यश ग्रेट ब्रिटेन, फ्रांस और जरमनी आदि विदेशी देशों में अब तक उतना न फैलता जितना इस समय फैला हुआ है। कविकुलगुरु के नाटकों ही ने उनकी महिमा को विशेष बढ़ाया है। परन्तु, खेद है, हिन्दी बोलने वाले, हम लोग, लाभदायक और उपयोगी विषयों को नाटक के रूप में लाकर उनके द्वारा मनोरंजन करने की ओर बहुत ही कम ध्यान देते हैं। यदि कोई नाटक लिखता भी है तो वह प्रायः ऐसा बेसिर-पैर का लिखता है कि उसके अभिनय की बात तो दूर रही, उसे पुस्तक ही में देख कर दुःख होता है।

रूपक अर्थात् नाटक में नट दूसरे का रूप धारण करके उसके कार्यों का अनुकरण करता है। इस अनुकरण का नाम अभिनय है। अभिनय, संस्कृत में, 'नी' धातु के पहले 'अभि' उपसर्ग और पीछे 'अच्' प्रत्यय लगाने से बना है। 'नी' का अर्थ 'ले जाना' और 'अभि' का अर्थ 'चारों ओर' है। अर्थात् जिसमें किसी के कार्य का अनुकरण अंग से, वाणी से, वेशभूषा से, अथवा मनोवृत्ति-सूचक शारीरिक चिह्नों से सब ओर दिखलाया जाय उसे अभिनय कहते हैं। नाटक में हर्ष-शोक आदिक मानसिक विकार और हँसना, रोना, चलना, फिरना, कहना, सुनना आदिक शारीरिक विकार किंवा कार्य, सब, अभिनय द्वारा तद्वत् दिखलाये जाते हैं। अभिनय में मनुष्य की सब अवस्थाओं और उसके सब विकारों का अनुकरण करके देखने वालों को उनका प्रत्यक्ष अनुभव कराया जाता है। ये अभिनय इस प्रकार किये जाते हैं कि दर्शकों को यह नहीं प्रतीत होता कि वे खेल देख रहे हैं। यदि ऐसा न हो तो यह समझना चाहिए कि अभिनय ठीक नहीं हुआ।

नट शब्द के धात्वर्थ का विचार करने से जान पड़ता है कि पहले पहल इस देश में जब नटों ने खेल आरम्भ किया तब वे केवल नाचते ही थे। 'अभिनय' में जिन-जिन क्रियाओं का समावेश होता है वे सब क्रियाएँ उस समय प्रचलित न थीं।

यदि होतीं तो शायद नट के लिए कोई दूसरा ही नाम दिया जाता। और यही ठीक भी जान पड़ता है; क्योंकि आदि में सभी कलाएँ अपूर्ण रहती हैं; उनकी उन्नति धीरे-धीरे होती है।

इसका पता लगाना कठिन है कि किस समय से अभिनय ने अपना पूर्ण रूप धारण किया। नाट्यशास्त्र के आचार्य भरत मुनि हैं। ये बहुत प्राचीन हैं। परन्तु यह नहीं निश्चित कि वे कब हुए। उनके भी पहले नाटक लिखे जा चुके थे। यदि ऐसा न होता तो भरत को नाट्यशास्त्र-सम्बन्धी सूत्र न बनाने पड़ते। उन्होंने एक बड़ा ग्रन्थ लिखा है। उसमें उन्होंने नाट्यशास्त्र के लक्षण विस्तारपूर्वक दिये हैं। जिस प्रकार भाषा के अनन्तर व्याकरण बनता है, उसी प्रकार लक्ष्य-ग्रन्थों के अनन्तर लक्षण ग्रन्थ बनते हैं। इसीलिए यह कहना निर्मूलक नहीं कि भरत के पहले अनेक नाटक बन चुके होंगे। उन नाटकों में नाट्य-कला के दोष देख कर उस शास्त्र के लक्षण लिखने की इच्छा भरत को हुई होगी। अर्थात् भरत के बहुत पहले ही, भरतखण्ड में नाटक-ग्रन्थ बन चुके थे और उनका प्रयोग भी होता था। व्याकरण के आचार्य पाणिनि भरत से भी पुराने हैं। भाषा उत्पन्न होने पर पहले व्याकरण की आवश्यकता होती है; नाटक इत्यादि पीछे बनते हैं। अतएव यह अनुमान अनुचित नहीं कि पाणिनि मुनि भरत से पहले हुए हैं। यदि न भी पहले हुए हों तो वे कुछ आज के तो हुए नहीं; प्राचीन अवश्य हैं। उन्होंने अपने व्याकरण में नाट्यशास्त्र के दो आचार्यों के नाम लिखे हैं–शिलालिन् और कृशाश्व। इससे यह सिद्ध है कि पाणिनि और भरत के पहले भी नाट्य-कला का प्रचार इस देश में था। प्रचार ही नहीं, किन्तु उसके लक्षण-ग्रन्थ तक बन गये थे। नाट्य-कला की आदिम अवस्था में नट केवल नाचते ही थे; ठीक अभिनय नहीं करते थे। परन्तु शिलालिन् और कृशाश्व के समय में नाट्यकला की उन्नति हो चुकी थी। उस समय अंग से, वाणी से और वेश इत्यादि से पूरा-पूरा अभिनय होने लगा था। इसका प्रमाण पतंजलि-मुनि का व्याकरण-महाभाष्य है। पाणिनि के सूत्रों की व्याख्या करते समय पतंजलि कहते हैं कि नट गाते थे और दर्शक उनका गाना सुनने जाते थे। यही नहीं ; वे और भी कुछ कहते हैं। वे लिखते हैं कि कृष्ण के द्वारा कंस का वध किया जाना और विष्णु के द्वारा बलि का छला जाना भी रंगभूमि में दिखलाया जाता था। इन प्रमाणों से सिद्ध है कि ईसा के बहुत पहले नाट्य-कला का पूरा-पूरा प्रचार इस देश में था। अतएव जो लोग यह कहते हैं कि भारतवर्ष ने और और देशों की सहायता से अपनी नाट्य-कला की उन्नति की, वे भूलते हैं। डेढ़ दो हज़ार बर्ष के लगभग तो कालिदास ही को हुए हुआ। उनके समय में नाट्य-कला परिपक्व दशा को पहुँच चुकी थी।

नाट्य-कला का उल्लेख पुराणों में भी है। हरिवंशपुराण के 93 वें अध्याय में लिखा है कि वज्रनाभ के नगर में प्रद्युम्न आदि ने 'कौवेररम्भाभिसार' नाटक खेला था। उस नाटक में जिसने जिसका रूप लिया था उसका भी वर्णन है। जो लोग पुराणों

को वेदव्यास-कृत मानते हैं और उनको अत्यन्त प्राचीन समझते हैं उनके लिए तो कुछ कहने की आवश्यकता ही नहीं। परन्तु जो ऐसा नहीं समझते उनको हरिवंश के प्राचीनत्व का प्रमाण दरकार होगा। अतएव उनको बंकिम बाबू के कृष्णचरित्र का प्रमाण देते हैं। वहाँ उन्होंने सिद्ध किया है कि हरिवंशपुराण महाभारत से थोड़े ही दिन पीछे बना है। अतएव पुराणों में नाटकों के खेले जाने का पता लगने से यही मानना पड़ता है कि यह कला हम लोगों ने बहुत प्राचीन समय में सीखी थी।

भरत ने अपने ग्रन्थ में शिलालिन् और कृशाश्व आदि आचार्यों का नाम तो नहीं दिया; परन्तु उनके लिखने के ढंग से यह सूचित होता है कि उनके पहले नाट्य-शास्त्र-सम्बन्धी और कई ग्रन्थ लिखे जा चुके थे। यदि ऐसा न होता तो भरत मुनि अपने सूत्रों को इतना सर्वांग-सुन्दर शायद न बना सकते और सूक्ष्म से सूक्ष्म बातों का विवेचन भी उसमें न कर सकते। सुना जाता है कि नाट्यकला को भरत ने ब्रह्मा से सीखा था। यदि ब्रह्मा ने पहले पहल यह कला भरत को सिखलाई तो कृशाश्व आदि ने उसे किससे सीखा ? वे तो भरत से भी पहले हुए जान पड़ते हैं। परन्तु, इन प्राचीन बातों पर तर्क-वितर्क करते बैठना व्यर्थ कालक्षेप करना है। अतएव हमारे लिए इतना ही जानना बस है कि नाट्य-कला बहुत ही प्राचीन कला है और उसके कई आचार्य हो गये हैं, जिनमें से केवल भरत मुनि का सूत्र-बद्ध ग्रन्थ इस समय उपलब्ध है। भरत के ग्रन्थ के अनन्तर चाहे जितने ग्रन्थ नाट्यशास्त्र-सम्बन्धी बने हों, परन्तु, इस समय, एक ही और प्रामाणिक ग्रन्थ इस विषय का पाया जाता है। इसका नाम दशरूपक है। इसे धनंजय नाम के कवि ने ग्यारहवें शतक में लिखा था। इसमें नाट्यशास्त्र का बहुत ही अच्छा विवरण है। यह ग्रन्थ सर्वमान्य है। संस्कृतज्ञ विद्वान् इसे विशेष प्रामाणिक मानते हैं। इसके अतिरिक्त काव्यप्रकाश, काव्यादर्श, सरस्वती-कण्ठाभरण और साहित्यदर्पण आदि में भी नाट्यशास्त्र का संक्षिप्त वर्णन है।

आरम्भ में अप्सराएँ और गन्धर्व आदि नाटकों का अभिनय देवताओं के सम्मुख करते थे। उन्हीं का अनुकरण मनुष्य करने लगे और देवालयों में अभिनय होने लगा। पहले केवल नाच था; फिर नाच के साथ गाना भी होने लगा; और, अन्त में, क्रम-क्रम से, अभिनय ने अपना पूरा रूप धारण किया। प्राचीन समय में देवताओं के उत्सवों पर नाटकों का प्रयोग होता था। बंगदेश की 'यात्रा' और इन प्रान्तों की 'रामलीला' पुराने नाटकों का चिह्न जान पड़ती है। धीरे-धीरे राजाओं की रंगशालाओं में, मनोरंजन और उपदेश के लिए, नाटकों का खेल होने लगा। इस प्रकार, क्रम-क्रम से, नाट्य-कला ने उन्नत रूप धारण किया और उसका देशव्यापी प्रचार हुआ। परन्तु बंबई, कलकत्ता आदि नगरों में बने हुए थियेटर (नाट्यशाला) के समान सर्व-साधारण के लिए कोई नाट्य-मन्दिर, इस देश में, पहले कभी न था।

जैसा ऊपर लिखा जा चुका है, नाटक का व्यापक अर्थ नक़ल (अनुकरण) करना

है। किसी के इशारों को, किसी की बातों को और किसी के कार्यों को तद्वत् करके अथवा कहके बतलाना नाटक कहलाता है। मनुष्य में स्वभाव ही से अपने मन के विचारों को वाणी से अथवा अंग भंगों से प्रकट करने की इच्छा उत्पन्न होती है। उनके प्रकट करने की रीति को वह औरों के सहवास से सीख लेता है। यह बात सभ्य और असभ्य–सभी–देशों में पाई जाती है। नक़ल, अर्थात् अनुकरण, करने में आनन्द भी मिलता है। इसीलिए छोटे-छोटे लड़के, दूसरों का अनुकरण करके हँसते और आनन्दित होते हैं। अफ्रीका के असभ्य हबशी और अमेरिका के असभ्य इंडियन लोगों को भी अनुकरण करना आता है। अनुकरण करना मनुष्यों में स्वाभाविक है। इस अनुकरण का बीज मनुष्य की इच्छा में रहता है। उस इच्छा को हम चाहे मानुषिक कहें, चाहे ईश्वरोत्पादित कहें–इच्छा अथवा मन से ही अनुकरण करने की भावना उत्पन्न होती है; और अनुकरण ही नाटक है। मनुष्य-जाति में अनुकरण सर्वत्र प्रचलित है। परन्तु इस अनुकरण की गणना नाटक में होने के लिए अनुकरण से उत्पन्न हुए कार्यों का भाषा के साहित्य में कोई रूप प्राप्त होना चाहिए। अनुकरण को कोई रूप मिले बिना उसे साहित्य में स्थान नहीं मिल सकता; अतएव वह साहित्य की शाखा भी तब तक नहीं हो सकता। ऐसी अनेक मनुष्य-जातियाँ पृथ्वी पर हैं जिनमें अनुकरण बराबर होता है; परन्तु वह अनुकरण नाटक के रूप में नहीं होता। इसीलिए उनमें नाट्य-साहित्य का अभाव है।

अनुकरण को नाटक का नाम प्राप्त होने के लिए नियमों की आवश्यकता होती है। जिन नियमों के अनुसार अनुकरण किया जाता है उन नियमों के समुदाय ही को नाट्यशास्त्र कहते हैं। इस अनुकरण का पर्याय-वाचक शब्द 'अभिनय' बहुत व्यापक शब्द है। नाटक के कार्यों के सूचक सब भाव इस शब्द में बँधे हुए हैं। इसके उच्चारण करते ही रंगभूमि में अनुकरण करने की सब रीतियों का उदय मन में तत्काल हो आता है। अतएव अनुकरण के स्थान में 'अभिनय' शब्द का ही उपयोग उचित है। अभिनय का उल्लेख ऊपर हमने किया है और यह भी बतलाया है कि अभिनय के कितने प्रकार हैं। भरत और धनंजय ने अपने-अपने ग्रन्थों में अभिनय के नियमों का विस्तृत वर्णन किया है। इन नियमों में से कोई-कोई नियम बहुत ही सूक्ष्म हैं। वे ऐसे हैं कि नाटककार कवियों ने उनका बहुधा उल्लंघन किया है। स्थूल नियमों में से भी, देश-दशा और समय के परिवर्तन के कारण, बहुतेरे नियम, यदि, आज कल, काम में न लाये जायँ तो कोई हानि नहीं। सच तो यह है, नियम पीछे बनाये गये है; नाट्य-कला का उदय पहले ही हुआ है। अनुकरण करने की रीतियाँ अनन्त हैं। कोई यह नहीं कह सकता कि अमुक ही रीति से अनुकरण हो सकता है। अतएव मानसिक विकारों के परम ज्ञाता प्रतिष्ठित कवि अपनी अनन्त-अनुकरण-शीलता के बल से यदि नाट्यशास्त्र के नियमों का उल्लंघन भी कर जायँ तो कोई आश्चर्य अथवा दोष की बात नहीं। नाट्यशास्त्र के नियमों को पढ़कर ही कोई अच्छा नाटककार

नहीं हो सकता। अच्छा नाटककार वही हो सकता है जो अच्छा कवि अथवा अच्छा लेखक है; और जो अपनी लिपिबद्ध वाणी में मानसिक विकारों का सजीव चित्र खींच सकता है। यदि ऐसे कवि अथवा लेखक ने नाट्यशास्त्र पढ़ा है तो और भी अच्छा है; परन्तु यदि नहीं भी पढ़ा है–नाटक की स्थूल ही प्रणाली वह जानता है–तो भी उसके रचित नाटक से मनुष्यों का अवश्य मनोरंजन होगा। अनुकरण करने की शक्ति का होना उसमें प्रधान है। इस शक्ति के बिना भरत और धनंजय, अरिस्टाटल और ल्यसिङ्, कार्नील और ड्राइडन बहुत कम काम दे सकते हैं।

अनुकरण को उत्पन्न करने वाली इच्छा अथवा शक्ति ही से नाटककार का कार्य आरम्भ होता है। इस शक्ति के बल से नाटककार के मन में पहले एक भाव उत्पन्न होता है। भाव के अनन्तर विषय की उत्पत्ति होती है। अतएव भाव ही नाटक का बीज है। भाव ही पर विषय अवलम्बित रहता है। शकुन्तला की कथा उसकी सामग्री मात्र है। उसे अनुकरण द्वारा प्रत्यक्ष दिखलाने का भावोदय ही अभिज्ञान-शाकुन्तल का प्रधान कारण है। भावोदय होने पर सामग्री, अर्थात विषय, कवि के इच्छानुकूल घट-बढ़ सकता है। यदि कवि चाहे तो सारे संसार को वह अपने नाटक का विषय कर सकता है। नाटक की सामग्री को नाटककार आचार-व्यवहार के अनुसार, रूढ़ि के अनुसार, मनुष्यों की रुचि के अनुसार और स्वयं अपने आग्रह अथवा अनुभव के अनुसार न्यूनाधिक किंवा परिवर्तित अवस्था में दिखला सकता है। परन्तु विषय, अर्थात् सामग्री, का कार्य में परिणत होना, अर्थात् अनुकरण द्वारा भली भांति दिखलाया जाना, नाटककार के लिए सबसे अधिक आवश्यक काम है। अपूर्ण और अनुचित अनुकरण अभिनय-दर्शकों को कदापि अच्छा नहीं लगता। यथार्थ अभिनय होने के लिए नाटककार को मनुष्य मात्र की चित्तवृत्ति से परिचित होना चाहिए; सब प्रकार के व्यवहार, सब प्रकार की मानसिक चेष्टाएँ, सब प्रकार की बातचीत और सब प्रकार की रसज्ञता का ज्ञान उसे होना चाहिए। जो रूप जो व्यक्ति धारण करे उसे उसी का वेश, उसी की चाल, उसी की वाणी, उसी की चेष्टा और उसी की मनोवृत्ति का यथार्थ–यथातथ्य, जैसे का तैसा–अभिनय करके दिखलाना चाहिए। यह अनुकरण ऐसा उत्तम होना चाहिए कि देखनेवालों के मन में यह भाव न उदित हो कि वे नाटक देख रहे हैं। उन्हें यही भासित होना चाहिए कि वे अभिनय की गई घटना का प्रत्यक्ष अनुभव कर रहे हैं। इसकी सिद्धता का सबसे बड़ा प्रमाण यह है कि देखनेवाले अभिनय करनेवाले ही के से विकार प्रकट करने लगें। अर्थात् अभिनयकार को कारुणिक अभिनय करते देख देखनेवालों की आँखों से आँसू गिरने लगें। उसे भयभीत हुआ देख वे भी भयभीत हो जायँ, और उसके हास्यरसपूरित अभिनय को देख दर्शक भी हँसने लगें। इन बातों का होना तभी सम्भव है जब कवि मनुष्य-जाति के मानसिक विकारों से पूरा-पूरा परिचित होकर उनका अनुभव स्वयं अपने मन में कर सकता है; और उसके साथ ही सब प्रकार के व्यवहारों में वह दक्ष

भी होता है। क्योंकि, इन्हीं बातों को कवि, व्यक्तिविशेषों के द्वारा, अभिनयपूर्वक दिखलाता है। अतएव नाटककार होना बहुत कठिन काम है। जो लोग इन बातों में प्रवीणता प्राप्त किये बिना और नाट्यशास्त्र के नियमों का अत्यल्प में परिचय पाये बिना, आज कल, हिन्दी में नाटक लिखते हैं वे केवल अपना उपहास कराते हैं। मनोरंजकता का प्रधान कारण रस है। रस की सिद्धि अभिनय पर अवलम्बित रहती है। यदि अभिनय अच्छा न हुआ तो रसहानि हो जाती है; और रसहानि होने से नाटक का सत्यानाश हो जाता है।

रसहानि न होने के लिए अभिनय द्वारा दिखलाई गई वस्तु का यथार्थ अनुकरण होना चाहिए। जीवन की घटनाएँ, इतिहास में वर्णन की गई बातें, नाटक के विषय से सम्बन्ध रखने वाली कथाएँ, ये सब, एक प्रकार की प्रचण्ड लहरें हैं। इन सबको अस्तव्यस्त न बहने देना चाहिए। इन्हें एक शृंखला से बाँध कर यथास्थान रखना और अपेक्षानुसार, जिसका जब समय आवे, उठने देना चाहिए। अर्थात् अनेक बातों को एक शृंखला से बाँधकर यथाक्रम, यथासमय, और यथोचित रीति पर उनको अभिनीत करना चाहिए। जिस वस्तु का अभिनय होता है उसके सब अवयव जब यथास्थान रख कर उचित शब्द, उचित वेशभूषा और उचित अंग-भंगी द्वारा दिखलाये जाते हैं तभी देखनेवालों को आनन्द आता है।

अभिनय पूर्ण होना चाहिए; उसका अपूर्ण रह जाना दोष है। इतिहास-लेखक किसी बात को अपूर्ण भी रख सकता है, क्योंकि वह सर्वज्ञ नहीं है। परन्तु नाटककार, एक प्रकार, सर्वज्ञ है। जो बात उसके मन में आती है और जिसे वह अभिनय-द्वारा दिखलाना चाहता है उसका कारण, उसका कार्य, और उसके सब अंग उसे विदित रहते हैं। अतएव उसका यह काम है कि अभिनीय वस्तु को वह यथाक्रम सम्पूर्णरूप में दिखलावे; उसका कोई अंश रह न जाने पावे। अर्थात् जिस वस्तु का अभिनय हो उसके विषय की कोई बात दर्शकों से छिपी न रहे। सब बातों के गुण-दोष, और उनके द्वारा प्राप्त हुए भले-बुरे फल, सब प्रत्यक्ष हो जायँ। इस प्रत्यक्षीकरण का नाम अनुकूलता अथवा कार्यक्षमता है।

## रूपक

नाट्यशास्त्र के आचार्यों ने अभिनय को पहले तीन भागों में बाँटा था–नाट्य, नृत्य और नृत्त। सुनते हैं, शिव ने इन तीनों में दो भेद और बढ़ाये–ताण्डव और लास्य। नाट्य को छोड़ कर अभिनय के शेष चारों प्रकार नाचने वालों ही के काम के हैं। इसलिए उनको छोड़ कर, यहाँ पर, हम केवल नाट्य के भेदों को लिखते हैं।

नाट्य के दो भेद हैं—रूपक और उपरूपक। रूपक दस भेदों में बँटा हुआ है। यथा—नाटक, प्रकरण, भाण, व्यायोग, समवकार, डिम, इहामृग, अंक, वीथी और प्रहसन।

**1. नाटक**—रूपक के सब भेदों में नाटक मुख्य है। नाट्यशास्त्र के आचार्यों का मत है कि नाटक में पाँच संधि, चार वृत्ति, चौंसठ सन्ध्यंग, छत्तीस लक्षण और तेंतीस नाट्यालंकार होने चाहिए। उसकी रचना उदात्त होनी चाहिए; सन्धियाँ सुश्लिष्ठ होनी चाहिए; अंक पाँच और दस के बीच में होने चाहिए। नायक धीरोदात्त, कुलीन, प्रतापी और दिव्य अथवा अदिव्य होना चाहिए। शृंगार, वीर अथवा करुण—रस प्रधान होकर दूसरे रस गौण होने चाहिए; सन्धि में अद्‌भुत रस आना चाहिए। कोई अंक छोटा और कोई बड़ा होना चाहिए; अथवा सब अंक उत्तरोत्तर छोटे होते जाने चाहिए।

नाटक में जिस वस्तु का वर्णन रहता है उसके विभागों का नाम अंक है। अंक बहुत बड़ा न होना चाहिए। प्रत्येक अंक में जो-जो बातें रमणीय और सरस हों वही दिखाई जायँ; शेष को छोड़ देना उचित है। अनेक वर्षों के काम एक-एक दिन में बाँट कर दिखलाना अच्छा होता है। जो बातें मुख्य कार्य के विरुद्ध न हों उन्हीं को अंक में रखना चाहिए। प्रत्येक अंक में चार-पाँच पात्रों से अधिक पात्र न हों। दूर से आना, युद्ध, वध, भोजन, शाप, मृत्यु, रति, शयन, चुम्बन, स्नान, नखच्छेद, नगरावरोध इत्यादि अनुचित और लज्जाजनक बातें प्रत्यक्ष न दिखलाना चाहिए।

अंक के बीच में, सूत्रधारकृत, मंगल और प्रस्तावना के सहित बीजयुक्त जो दूसरा अंक होता है उसे गर्भांक कहते हैं—उदाहरणार्थ—बालरामायण नाटक में सीता-स्वयंवर नामक गर्भांक है।

जब करना कुछ होता है, परन्तु किसी कारण के अकस्मात् आ जाने से और ही कुछ करना पड़ता है, तब उस कार्य को पताका-स्थानक कहते हैं। योग्य स्थल में पताका-स्थानक को काम में लाना चाहिए। यह कई प्रकार से आता है। यथा—

1. प्रेमयुक्त व्यापार से सहसा इष्टसिद्धि हो जाने से—जैसे रत्नावली में राजा वत्स जब वासवदत्ता का कण्ठपाश छुटाने गया तब जिसे वह वासवदत्ता समझता था उसे सागरिका पा कर कृतकृत्य हो गया।

2. श्लेष-युक्त अथवा चतुरतागुम्फित वाक्यों से—जैसे वेणीसंहार—

रक्तसाधितभुवः क्षुतविग्रहाश्च
स्वन्धा भवन्तु कुरुराजसुताः सभृत्याः।

इस वाक्य में रक्त आदि श्लिष्ट-पदों से नायक का मंगल सूचित हुआ।

3. किसी दूसरे ही अभिप्राय से कहे गये वाक्य का और ही अर्थ होकर उससे किसी कार्य के निश्चय होने से। जैसे, वेणीसहांर में कंचुकी ने 'भग्नं भीमेन भवतः' कह कर वायु द्वारा रथ की पताका का उखड़ जाना कहा; परन्तु उसके अस्पष्ट अक्षरों से दुर्योधन के ऊरुभंग का अर्थ सूचित हुआ।

4. प्रधान फल के सूचक श्लिष्ट वचनों से। जैसे रत्नावली में 'उद्दामोत्कलिकां'–इस श्लोक में, भावी बात की सूचना श्लेष से व्यंजित हो गई।

इन चार प्रकारों से आनेवाले पताका-स्थानों को जहाँ कवि की इच्छा हो वहाँ लावे। इससे वर्ण्य वस्तु में चमत्कार आ जाता है। इसीलिए इनके लाने का नियम रक्खा गया है।

जो बातें प्रत्यक्ष दिखलाने योग्य नहीं होतीं; परन्तु जिनकी सूचना देना आवश्यक होता है, उनको कविजन अर्थोपक्षेपक नामक व्यापार द्वारा दिखलाते हैं। अर्थोपक्षेपक के पाँच भेद हैं। विष्कम्भक, प्रवेशक, चूलिका, अंकावतार और अंकमुख।

1. **विष्कम्भक**–जो बातें पहले हो गई हैं, अथवा जो आगे होनेवाली हैं, उनकी सूचना जिस संक्षिप्त रीति से होती है वह विष्कम्भक कहलाता है। उदाहरणार्थ–मालतीमाधव में, पाँचवें अंक के अन्तर्गत, श्मशान-दृश्य के पहले कपाल-कुण्डला का कथन।

2. **प्रवेशक**–इससे भी विगत और भाविनी बातों की सूचना की जाती है। यह सूचना नीच पात्रों के द्वारा होती है। पहले अंक में प्रवेशक नहीं आता। वह सदैव दो अंकों के बीच में आता है। उदाहरणार्थ–वेणीसंहार नाटक में राक्षस-मिथुन।

3. **चूलिका**–नेपथ्य से जिस वस्तु अथवा जिस अर्थ की सूचना की जाती है उसे चूलिका कहते हैं।

4. **अंकावतार**–एक अंक के अन्त में पात्रों के द्वारा अगले अंक में होनेवाली बातों की कहीं-कहीं सूचना होती है। इस सूचना के अनुसार जब अगला अंक आरम्भ होता है तब उसे अंकावतार कहते हैं। उदाहरणार्थ–अभिज्ञानशाकुन्तल में, पाँचवें अंक के अन्त में, पात्रों की सूचना के अनुसार छठे अंक का आरम्भ हुआ है।

5. **अंकमुख**–अंक में जिन बातों का वर्णन है उनके बीज, अर्थात् कारण, की जिसमें सूचना होती है उसे अंकमुख कहते हैं। उदाहरणार्थ–मालतीमाधव के प्रथम अंक में कामन्द की और अवलोकिता ने भूरिवसु इत्यादि आगे आने वाले पात्रों के आगमन की सूचना की है।

नाटक में वर्णन की गई वस्तु का आरम्भ करने के पहले कई भूमिकाएँ आवश्यक होती हैं। उनके नाम पूर्व रंग, प्ररोचना और प्रस्तावना हैं।

1. **पूर्व रंग**–पूर्व रंग के कई अंग हैं, परन्तु उनमें नान्दी मुख्य है। देवता, ब्राह्मण किंवा राजा की आरम्भ में जो स्तुति रहती है उसे नान्दी कहते हैं। नान्दी का अर्थ आनन्ददायक है। नान्दी एक प्रकार का मंगलाचरण है; इसी से नाटक के आरम्भ में उसका प्रयोग होता है। नान्दी के लिए एक अथवा दो पद्य बस होते हैं; परन्तु

कहीं-कहीं अधिक देखे जाते हैं। उदाहरणार्थ–वेणीसंहार में छः श्लोक हैं। नाटक का प्रधान परिचालक सूत्रधार होता है। अर्थात् खेल का सूत्र उसी के हाथ में रहता है। वही नान्दी कहाता है। कहीं-कहीं 'नान्द्यन्ते सूत्रधाराः' इन शब्दों को देख कर कोई-कोई यह अर्थ करते हैं कि नान्दी के अन्त में सूत्रधार आता है। परन्तु यह ठीक नहीं; नाटक का मुख्य प्रबन्धकर्त्ता सूत्रधार ही होता है और वही नान्दी उच्चारण करता है। इन संस्कृत शब्दों का यह अर्थ है कि नान्दी हो जाने पर सूत्रधार ने अगला कार्य आरम्भ किया।

**2. प्ररोचना**–वस्तु की, कवि की, नाटक की अथवा प्रसंग की प्रशंसा करके दर्शकों को खेल देखने के लिए उन्मुख करने का नाम प्ररोचना है। इसी को सभापूजा भी कहते हैं। रत्नावली नाटक में "श्रीहर्षा निपुणः कविः परिषदप्येषा गुणग्राहिणी" यह श्लोक प्ररोचना का उदाहरण है। इस प्ररोचना में कवि का नामनिर्देश आदि प्रायः स्वयं कवि ही का किया होता है। परन्तु ऐसा करने में आत्मश्लाघा का दोष नहीं आ सकता; क्योंकि यह कथन रंगभूमि में, सूत्रधार के मुख से निकलता है; कवि वहाँ स्वयं नहीं कहता। कभी-कभी यह कवि-प्रशंसा दूसरों के द्वारा लिखी जाती है। उदाहरणार्थ–मृच्छ-कटिक नाटक की प्ररोचना शूद्रक कवि के मरने की सूचना देती है; अतएव वह किसी दूसरे की लिखी हुई है।

**3. प्रस्तावना**–कवि और नाटक इत्यादि का नामनिर्देश हो जाने पर सूत्रधार, नटी अथवा अपने साथी (पारिपार्श्विक) से, नाटक के पात्रप्रवेशादि समयोचित कर्मों के सम्बन्ध में जो बातचीत करता है उसे प्रस्तावना अथवा आमुख कहते हैं। इस प्रस्तावना के 5 भेद हैं। यथा–उद्घातक, कथोद्घात, प्रयोगातिशय, प्रवर्तक और आवलगित।

**1. उद्घातक**–किसी ने किसी दूसरे ही अभिप्राय से कुछ कहा; परन्तु उस वाक्य का दूसरा ही अर्थ लेकर कार्य आरम्भ करने को उद्घातक कहते हैं। उदाहरणार्थ–मुद्राराक्षस नाटक में चन्द्र-सम्बन्धी वाक्य से चन्द्रगुप्त अर्थ निकाल कर कार्यारम्भ हुआ है।

**2. कथोद्घात**–जहाँ सूत्रधार के कहे हुए वाक्य अथवा वाक्यार्थ को लेकर पात्रप्रवेश होता है उसे कथोद्घात कहते हैं। जैसे, वाक्य का विचार करके रत्नावली में योगन्धरायण का प्रवेश हुआ है; और वाक्यार्थ का विचार करके वेणीसंहार में भीमसेन का प्रवेश हुआ है।

**3. प्रयोगातिशय**–जहाँ सूत्रधार आदि के भाषण में यह, वह, वे, इत्यादि दर्शक सर्वनामों के द्वारा प्रत्यक्ष रूप में किसी का उल्लेख रहता है और उसके अनुसार पात्र-प्रवेश होता है वहाँ प्रयोगातिशय समझना चाहिए।

**4. प्रवर्तक**–जिस समय खेल हो रहा हो उस समय के अनुकूल ऋतु आदि का वर्णन करके उस वर्णन की सदृशता के बहाने जहाँ पात्र-प्रवेश होता है वहाँ प्रवर्तक

नामक प्रस्तावना होती है।

**5. आवलगित**–किसी के उच्चारण किये गये वाक्यार्थ से, उसी के समान, अथवा किसी दूसरे कार्य की सिद्धि होने से आवलगित नामक प्रस्तावना होती है। जैसे अभिज्ञान-शाकुन्तल में सूत्रधार अपनी स्त्री से कहता है–"तेरे मधुर गान को सुन कर मैं ऐसा आकर्षितान्त करण हो गया हूँ जैसा यह राजा दुष्यन्त हरिण के द्वारा यहाँ खींच लाया गया है"।

नाट्य-शास्त्र-सम्बन्धिनी, अभी, अनेक बातों का विचार करना है; परन्तु रूपक और उपरूपक के भेदों का हम पहले निदर्शन करना चाहते हैं। तदनन्तर और और बातों का हम उल्लेख करेंगे।

**2. प्रकरण**–रूपक का दूसरा भेद प्रकरण है। उसमें सब बातें प्रायः नाटक ही की सी होती हैं। अन्तर इतना ही है कि इसमें वर्णन की गई कथा बहुत उन्नत नहीं होती। इसका विषय कल्पित होता है; किसी पुराण आदि से नहीं लिया जाता। इसमें शृंगार रस प्रधान रहता है। नायक किसी राजा का मन्त्री, अथवा ब्राह्मण, अथवा वैश्य होता है। नायिका कुलकामिनी अथवा वेश्या होती है। यदि कुलकामिनी नायिका होती है तो वह प्रकरण शुद्ध कहलाता है; और यदि वेश्या होती है तो संकीर्ण कहलाता है। वेश्या से अभिप्राय आज कल की सी वेश्याओं से नहीं है; मृच्छकटिक की वसन्तसेना के समान गाने-बजाने में प्रवीण, धार्मिक, नम्र और प्रीतिसम्पादन योग्य स्त्रियों से है। मालतीमाधव और मृच्छकटिक प्रकरण हैं।

**3. भाण**–धूर्त और दुःशील लोगों के चरित को दिखला कर सामाजिकों को हँसाने और वैसे आचरण से दूर रहने के लिए भाण की रचना की जाती है। इसमें एक ही मनुष्य अपनी अथवा दूसरे की अनुभव की हुई बातें, अपने ही आप, आकाश की ओर देख कर कहता है; और अपने ही आप उनका उत्तर भी देता है। इसमें एक ही अंक होता है। इसका वृत्तान्त कल्पित होता है, अथवा किसी के चरित को लक्ष्य करके लिखा जाता है। शारदातिलक, वसन्ततिलक, प्रंचायुधप्रपंच इत्यादि भाण संस्कृत में हैं।

**4. व्यायोग**–इसमें वीर-रस प्रधान होता है। स्त्रीपात्र नहीं होते अथवा बहुत कम होते हैं। इसलिए शृंगारिक बातें भी कम आती हैं। इसमें एक ही अंक होता है; आदि से अन्त तक एक ही कार्य के उद्देश्य से सब क्रियाएँ होती हैं; और एक ही दिन की कथा का वर्णन रहता है। इसका नायक प्रसिद्ध देवर्षि, राजर्षि अथवा और कोई धीरोद्धत स्वभाव का होता है। धनंजय-विजय और जामदग्न्यजय इसके उदाहरण हैं।

**5. समवकार**–इसमें तीन अंक रहते हैं और 12 तक नायक होते हैं। सब नायक देवता, दानव अथवा मनुष्यों से चुने जाते हैं। इन नायकों की क्रियाओं का फल पृथक्-पृथक् होता है। इसमें प्रधान रस वीर रहता है। बिन्दु और प्रवेशक नहीं आते।

गायत्री और उष्णिक् आदिक वैदिक छन्द रहते हैं। इसके तीनों अंकों में यथाक्रम 24, 6 और 4 घड़ी में होने वाली घटनाओं का वर्णन होता है। शृंगार-रस बहुत ही कम रहता है; वीर-रस की प्रधानता होती है। इसमें शत्रुता और द्वेष सूचक बातें; दैविक और कृत्रिम उपद्रव; नगरों का घेर लिया जाना; युद्ध की तैयारी तथा हाथी, घोड़ा, रथ इत्यादि दिखलाये जाते हैं। संस्कृत में समुद्र-मंथन नाम का समवकार है।

**6. डिम**–समवकार की अपेक्षा डिम और भी अधिक भयानक खेल है। इसमें 4 अंक होते हैं। इसके नायक देवता, दैत्य, राक्षस, गन्धर्व, भूत, प्रेत इत्यादि 16 तक होते हैं। इसमें विष्कम्भक और प्रवेशक नहीं आते। लड़ाई, इन्द्रजाल, माया, मारपीट इत्यादि अद्‌भुत और रौद्ररस-प्रधान बातें रहती हैं। उदाहरण के लिए त्रिपुरदाह नामक डिम है।

**7. इहामृग**–इसका नायक मनुष्य अथवा देवता होता है। उसका स्वभाव धीरोद्धत होना चाहिए। उसका प्रतिपक्षी एक प्रति-नायक भी होना चाहिए। इहामृग में एक नायिका भी होती है। नायक और प्रतिनायक परस्पर में एक दूसरे का अपकार करने के यत्न में रहते हैं। नायिका के लिए उनमें परस्पर युद्ध भी होता है। वह युद्ध किसी निमित्त से रुक जाता है। नायक को नायिका नहीं मिलती, उसे निराश होना पड़ता है; परन्तु मरने से वह बच जाता है। कुसुमशेखर-विजय नामक इहामृग संस्कृत में है।

**8. अंक**–इसमें नायक मनुष्य होता है; करुण-रस प्रधान रहता है; स्त्रियों का शोक विशेष वर्णन किया जाता है; जय, पराजय और बातूनी युद्ध का भी वर्णन रहता है। इसमें एक ही अंक होता है उदाहरण के लिए 'शर्मिष्ठाययाति' नामक अंक है।

**9. वीथी**–इसमें और भाण में बहुत ही कम भेद है। इसमें भी एक ही अंक होता है और एक ही पात्र खेलने वाला रहता है। दशरूपक के मत में दो नट होने चाहिए। इसमें शृंगार रस की प्रधानता रहती है। इसमें भी नट अपने आप, जो कुछ कहना होता है, कहता है। विनोद और आश्चर्यजनक बातों की इसमें विशेषता रहती है। इसका उदाहरण नहीं मिलता।

**10. प्रहसन**–इसकी भी रचना प्रायः भाण ही की सी होती है। इसमें कवि-कल्पित निंद्य लोगों का चरित दिखलाया जाता है। हास्य-रस प्रधान रहता है। इसका नायक तपस्वी, सन्यासी, राजा अथवा ब्राह्मण इत्यादि प्रौढ़ स्वभाव का होता है। जार, चारण, भाट, वेश्या, विदूषक, नपुंसक इत्यादि अनेक पात्रों के द्वारा यह खेला जाता है। इसका मुख्य उद्देश्य हँसाना और साथ ही उपदेश देना भी है। हास्यार्णव, धूर्तनर्तक और लटकमेलक आदि संस्कृत में कई प्रहसन हैं।

## उप-रूपक

हमारे नाट्याचार्यों ने दृश्य-काव्य के इतने सूक्ष्म भेद किये हैं कि उनका पहचानना और पृथक्करण कठिन हो गया है। दृश्य काव्य का मुख्य भेद जो रूपक है उसी के उन्होंने इतने भेद किये हैं कि दो चार भेद प्रायः एक दूसरे से मिलते हैं। यह बात उपरूपकों में और भी अधिक पाई जाती है; उनमें परस्पर और भी कम भेद हैं। उनके भेद भी अधिक अर्थात् 18 हैं। उनके नाम ये हैं—नाटिका, त्रोटक, गोष्ठी, सट्टक, नाट्यरासक, प्रस्थान, उल्लाप्य, काव्य, प्रेंखण, रासक, संलापक, श्रीगदित, शिल्पक, विलासिका, दुर्मल्लिका, प्रकरणिका, हल्लोश और भाणिका। इन सब का विस्तृत लक्षण लिखने से यह निबन्ध बहुत बढ़ जायगा। इस वृद्धि को कम करने के लिए हम संक्षेप में, इन उपरूपकों का लक्षण लिखते हैं। जो बातें, प्रत्येक भेद के विषय में, विशेष कही जायँगी। उनके अतिरिक्त इन उपरूपकों का लक्षण नाटक ही का-सा समझना चाहिए।

**1. नाटिका**—इसमें 4 अंक होते हैं। इसका विषय कल्पित होता है। नायक प्रसिद्ध, धीर-ललित और राजा होता है। नायिका राज-कुल की तरुणी और गाने-बजाने में प्रवीण होती है। नायक उस पर आसक्त रहता है; परन्तु अपनी जेठी स्त्री के डर से, शंकित होने के कारण उससे यथेष्छ नहीं मिल सकता। यदि नाटिका की रचना प्रकरण से अधिक मिलती है तो वह प्रकरणिका कहलाती है; और यदि नाटक से अधिक मिलती है तो नाटिका कहलाती है। रत्नावली और विद्धशालभंजिका की गिनती नाटिकाओं में है।

**2. त्रोटक**—इसमें शृंगाररस प्रधान रहता है। नायक दिव्यादिव्य अर्थात् आधा मनुष्य और आधा देवता होता है। 5, 7, 8, अथवा 9 अंक होते हैं। विक्रमोर्वशीय त्रोटक उदाहरण है।

**3. गोष्ठी**—एक अंक, 9 अथवा 10 पुरुष तथा 5 अथवा 6 स्त्री-पात्र; रस शृंगार; उदाहरण, रैवतमदनिका।

**4. सट्टक्**—रस अद्भुत; भाषा प्राकृत; बिना विष्कम्भक और प्रवेशक का। शेष लक्षण नाटिका के समान। उदाहरण, कर्पूरमंजरी।

**5. नाट्य-रासक**—अनेक प्रकार के ताल और लय संयुक्त नृत्य और गान; हास्य किंवा शृंगार-रस प्रधान; नायिका वासकसज्जा; अंक एक; नायक धीरोदात्त; उप-नायक पीठमर्द। उदाहरण, नर्म्मवती।

**6. प्रस्थान**—नायक दास; नायिका दासी; उनके सहयोगी सब नीच जाति के; अंक दो; गाना-बजाना विशेष सुरापान भी खूब। उदाहरण, शृंगारतिलक।

**7. उल्लाप्य**—अंक एक; विषय कल्पित; रस शृंगार, हास्य अथवा करुण। किसी किसी के मत में अंक तीन और नायिकायें चार। उदाहरण, देवी-महादेव।

**8. काव्य**–अंक एक; विषय शृंगारिक; छन्द अनेक मात्रात्मक तथा गणात्मक; गाना और बजाना, दोनों। उदाहरण, यादवोदय।

**9. प्रेंखण**–अंक एक; विषय युद्ध और वध इत्यादि। बिना सूत्रधार का। नान्दी नेपथ्य के भीतर ही होता है। उदाहरण, बालि-वध।

**10. रासक**–अंक एक; पात्र पाँच; भाषा नाना प्रकार की; नायक मूर्ख; नायिका चतुर। इसमें सूत्र-धार नहीं होता। उदाहरण, मेनकाहित और अनेकमूर्त्त।

**11. संलापक**–अंक एक, तीन अथवा चार; नायक पाखण्डी; विषय-युद्ध, विद्रोह, छल इत्यादि। शृंगार और करुण को छोड़ कर दूसरे रस। उदाहरण, मायाकापालिक।

**12. श्रीगदित**–इसमें भी एक ही अंक होता है। प्रसिद्ध नायक की योजना की जाती है। 'श्री' शब्द अधिक आता है। किसी-किसी के मत में नायिका ही श्री–लक्ष्मी–का रूप धारण करती है। उदाहरण, क्रीडा-रसातल।

**13. शिल्पक**–अंक चार; स्थल श्मशान; नायक ब्राह्मण; प्रतिनायक हीन; शान्त और हास्य को छोड़ कर दूसरे रस। उदाहरण, कनकावती-माधव।

**14. विलासिका**–इसे कोई-कोई लासिका भी कहते हैं। अंक एक; शृंगार-रस प्रधान; विदूषक, पीठमर्द और विट से संयुक्त; गद्य अधिक, पद्य कम; नायकहीन। उदाहरण नहीं पाया जाता।

**15. दुर्मल्लिका**–अंक चार; नायकहीन; नागरिक मनुष्यों की अधिकता। पहले अंक में विट की क्रीडा का वर्णन; दूसरे में विदूषक का भाषण; तीसरे में पीठमर्द का भाषण; चौथे में नायक का चरित। उदाहरण, बिन्दुमन्ती।

**16. प्रकरणिका**–नाटिका के तुल्य। भेद इतना ही है कि इसमें नायक धनवान् वणिक् होता है, और नायिका उसी के कुल की होती है।

**17. हल्लीश**–अंक एक; पात्रों में एक पुरुष और आठ अथवा नौ स्त्रियाँ; नृत्य और गान की अधिकता। उदाहरण, केलि-रैवतक।

**18. भाणिका**–नायकहीन; नायिका उदात्त; अंक एक; विषय शृंगारिक। उदाहरण, कामदत्ता।

इस प्रकार 10 रूपक और 18 उपरूपकों में नाट्याचार्यों ने दृश्य काव्य को बाँटा है। इन भेदों में कोई-कोई भेद एक दूसरे से इतना मिलता है कि उसका पहचानना कठिन काम है। इससे एक बात यह अवश्य सूचित होती है कि प्राचीन समय में, यहाँ, यह कला बहुत ही उच्च अवस्था को प्राप्त थी। यदि ऐसा न होता तो दृश्य काव्य के इतने सूक्ष्म भेद न किये जाते; और इतने अधिक नियमों से यह काव्य न जकड़ा जाता। ये सब पूर्वोक्त भेद हमने, यहाँ पर, वाचकों के जानने के लिए लिख तो दिये हैं; परन्तु हमारा यह मत है कि हिन्दी में नाटक लिखनेवालों के लिए इन सब भेदों का विचार करना विशेष आवश्यक नहीं। इन भेदों का विचार करके इनमें से किसी एक शुद्ध प्रकार का नाटक लिखना, इस समय, प्रायः असम्भव भी है। देश,

काल और अवस्था के अनुसार लिखे गये सभी नाटक, जिनसे मनोरंजन और सदुपदेश मिले, प्रशंसनीय हैं। वे चाहे हमारे प्राचीन आचार्यों के सारे नियमों के अनुकूल बने हों चाहे न बने हों; उनसे लाभ अवश्य ही होगा। इससे यह अर्थ न निकालना चाहिए कि नाट्यशास्त्र के आचार्यों में हमारी भक्ति नहीं है। हमारे कहने का तात्पर्य इतना ही है कि ये सब जटिल नियम उस समय के लिए थे जिस समय भरत और धनंजय आदि ने अपने ग्रन्थ लिखे हैं। इस समय यदि उनको कोई परिवर्तित दशा में प्रयोग करे; और ऐसा करके, यदि वह सामाजिकों का मनोरंजन कर सके; तथा, अपने खेल के द्वारा वह सदुपदेश भी दे सके; तो कोई हानि की बात नहीं।

## पात्र-कल्पना

दृश्य काव्य में पात्रों का नियमन कठिन काम है। चाहे जैसा देश हो, चाहे जैसा समाज हो, चाहे जैसी रुचि हो, पात्र-सम्बन्धी नियम सब कहीं एक ही से माने जाते हैं। प्रत्येक मनुष्य की जीवित दशा में जिन बातों को देख कर चित्त पर असर होता है, अथवा जिन बातों का विचार करके यह तत्काल भासित होने लगता है कि वे बातें औरों में नहीं पाई जातीं, उन्हीं बातों का साक्ष्य दृश्य काव्य के प्रत्येक पात्र में मिलना चाहिए। प्रत्येक मनुष्य के स्वभाव में कुछ न कुछ अन्तर अवश्य रहता है। यह अन्तर, अभिनय के समय, प्रत्येक पात्र में स्पष्ट रूप से देख पड़ना चाहिए। पात्र चाहे जिस अवस्था का हो, चाहे जिस वृत्ति का हो, चाहे पुरुष हो, चाहे स्त्री हो–उसके सब काम उसी के से होने चाहिए। उसके स्वभाव का साक्ष्य बात-बात में मिलना चाहिए। एक बार वह जो कुछ करे अथवा जो कुछ कहे, वह उसके अगले कथन अथवा अगले कार्य से सर्वदा एकता सूचित करे; किसी प्रकार की भिन्नता न पाई जाय। इसलिए नाटककार को चाहिए कि अपने मन में वह प्रत्येक पात्र का स्वभाव पहले ही से स्थिर कर ले और उसी के अनुसार उससे सब काम ले। उसका यह काम नहीं है कि किसी पुरुष-विशेष अथवा स्त्री-विशेष के स्वाभाविक चरित को वह अपने काव्य में अंकित करे। नहीं; उसका यह काम है कि जिस प्रकार का वह वर्णन करना चाहता है अथवा जैसा खेल वह दिखलाना चाहता है उसी के अनुसार वह पात्र की कल्पना करे। तात्पर्य यह कि, कार्य के अनुसार पहले ही पात्र की कल्पना होनी चाहिए; पात्र के अनुसार कार्य की कल्पना नहीं। रंगभूमि में प्रत्येक पात्र का काम उसी का सा हो; उसमें किसी दूसरे के स्वभाव का मेल न हो। उसकी बात, उसके कार्य, उसकी अंग-भंगी से सामाजिकों को तत्काल ही उसका परिचय हो जाना चाहिए। हमारे प्राचीन नाटककारों ने इस बात का बहुत अच्छा निर्वाह किया है। जिसने बंग-भाषा में शकुन्तलातत्त्व

नामक पुस्तक देखी है वह कह सकेगा कि किस चतुरता से कालिदास ने शकुन्तला के पात्रों का नियमन किया है और किस कुशलता से प्रत्येक पात्र के कार्य का उसकी अवस्था, उसकी वृत्ति और उसके स्वभाव के अनुकूल निर्वाह किया है। रावणरूपी पात्र में उदारता; परशुराम में करुणा का उद्रेक; रामचन्द्र में छल इत्यादि का दिखलाना बड़ी भारी भूल है। ये बातें इन पुरुषों के स्वभाव से सर्वथा प्रतिकूल हैं। अतएव ये यदि किसी मूल कथा में हों, तो भी नाटककार को उन्हें अपने काव्य में न स्थान देना चाहिए। शकुन्तला जिस समय अपने पति के यहाँ जाने लगी उस समय कण्व ने कहा–"हमारा कण्ठ रुद्ध हो गया है; चित्त उत्कण्ठित हो रहा है; आँसू निकलना चाहते हैं; हमारे सदृश विरक्त अरण्य-निवासियों की जब यह दशा है तब, कन्या विदा होते समय, गृहस्थों की क्यों न बुरी दशा हो"। इस प्रकार का कथन कण्व के बहुत ही स्वभावानुकूल है। वहीं, यदि, वे चिल्ला-चिल्ला कर रोने लगते तो कदापि वह रस न रहता जो उनकी इस उक्ति में है; क्योंकि विरक्त मुनियों को रोना शोभा नहीं देता। उनके लिए रोना सर्वथा अस्वाभाविक है।

संस्कृत-नाट्यशास्त्र में पात्रों के अनेक भेद हैं। उनमें से मुख्य-मुख्य भेदों का वर्णन हम यहाँ, संक्षेप से, करते हैं।

**नायक**–रूपक अथवा उपरूपक में वर्णन की गई वस्तु के फल का जो भोक्ता होता है उसे नायक कहते हैं। जैसे अभिज्ञानशाकुन्तल में दुष्यन्त, रत्नावली में राजा वत्स, उत्तररामचरित में रामचन्द्र। जैसा नायक होता है, वैसा ही उसका चरित भी होता है। यदि वह बुरा है तो उसका चरित भी बुरा होना चाहिए; और यदि भला है तो चरित भी भला होना चाहिए। बुरे नायक के कार्यों का परिणाम बुरा बतलाना चाहिए, जिसे देखकर देखने वालों को उपदेश मिले और बुरे कामों से उनका मन हट जाय।

कुलानुसार नायक के तीन भेद रक्खे गये हैं। दिव्य, अदिव्य और दिव्यादिव्य। देवताओं को दिव्य, मनुष्यों को अदिव्य और जिनकी अवतारों में गिनती है ऐसे मनुष्यरूपी देवताओं को दिव्यादिव्य कहते हैं।

स्वभाव के अनुसार नायकों के चार भेद हैं। धीरोदात्त, धीरोद्धत्त धीरललित और धीर प्रशान्त।

**1. धीरोदात्त**–जो क्षमाशील, गम्भीर और गर्वहीन होता है; जो अपनी बड़ाई अपने मुँह से नहीं करता; जो हर्ष और शोक आदि में सम रहता है; उसे धीरोदात्त कहते हैं। जैसे, रामचन्द्र, युधिष्ठिर और दुष्यन्त।

**2. धीरोद्धत**–जो गर्विष्ठ और बलवान् होता है; जो आत्मश्लाघा करता है; जो स्वभाव से धृष्ट होता है; और जो कभी-कभी कपट भी कर बैठता है; वह धीरोद्धत है। यथा, भीमसेन।

**3. धीर-ललित**–जो चतुर, विनोदशील और विलास-प्रिय होता है; गाने-बजाने

से जो प्रीति रखता है; अनेक प्रकार की कलाओं में जो निपुण होता है; उसे धीरललित कहते हैं। यथा, श्रीकृष्ण और वत्सराज।

**4. धीर-प्रशान्त**–ऊपर कहे गये विशेष गुण जिसमें नहीं होते; किन्तु सामान्य सभ्य मनुष्य के लिए जो बातें आवश्यक होती हैं वे जिसमें पाई जाती हैं उसकी गिनती धीर-प्रशान्त में है। जैसे, मालतीमाधव का माधव।

इसके अतिरिक्त शृंगार-रस का अवलम्बन करके, स्त्रियों के साथ नायक के व्यवहारानुकूल, और भी उसके चार भेद होते हैं। वे ये हैं–दक्षिण, धृष्ट, अनुकूल और शठ। इनके लक्षणों की यहाँ पर आवश्यकता नहीं।

पूर्वोक्त प्रकारों का एक दूसरे से मेल करने पर नायक के 48 भेद हो जाते हैं। इन 48 को दिव्यादिव्यता के अनुसार गुणित करने पर सब भेदों की संख्या कोई 150 के लगभग पहुँचती है। इन सब भेदों का विचार करके नायक नियत करना और उसके स्वभावानुकूल सब कामों का निर्वाह करना बहुत कठिन है। संभव है, पूर्व-काल में कठिन न रहा हो; परन्तु इस समय इन सूक्ष्म भेदों को ध्यान में रख कर तदनुकूल किसी का चरित्र अंकित करना अवश्य कठिन नहीं, महा कठिन काम है।

जैसे नायक के अनेक भेद हैं वैसे ही नायिका के भी हैं। ये भेद वही हैं जिनका वर्णन नायिका-भेद के प्रेमी कवियों ने विस्तार से किया है। हम उनके नाम मात्र यहाँ पर देते हैं। पहले तीन भेद–स्वकीया, परकीया, और सामान्या। स्वकीया के फिर तीन भेद–मुग्धा, मध्या और प्रगल्भा। शृंगार-रस में, अवस्थाभेद से, स्वकीया के और भी आठ भेद हैं। यथा–स्वाधीनपतिका, खण्डिता, अभिसारिका, कलहान्तरिता, विप्रलब्धा, प्रोषितपतिका, वासक-सज्जा और विरहोत्कण्ठिता। परकीया के भी दो भेद हैं–ऊढ़ा (विवाहिता) और अनूढ़ा, अर्थात् अविवाहिता-कन्या।

स्त्री-पात्रों का विचार करते समय एक बात, हम, यहाँ पर, और लिखना चाहते हैं। वह यह है कि प्राचीन समय में स्त्रियाँ परदे में न रहती थीं। यह हमारे पुराने रूपक और उपरूपक ग्रन्थों से प्रमाणित है। परदा हम लोगों ने पीछे से सीखा है। पहले स्त्रियों में परदे का प्रचार यहाँ बिलकुल न था। प्रवास के समय सीता और दमयन्ती ने परदे का बिलकुल विचार नहीं किया। रामचन्द्र की माता कौशल्या, वाल्मीकि के आश्रम को दो ही चार रक्षक और सेवक साथ लेकर गई थीं। बहुत प्राचीन समय में साधारण स्त्रियों की तो कोई बात ही नहीं, रानियों तक, जब और जहाँ उनकी इच्छा होती थी, तब और तहाँ वे चली जाया करती थीं। वे नाटक का खेल खेलने के लिए रंगभूमि में उपस्थित रहती थीं; विवाह आदि कार्यों में भी बाहर निकलती थीं; और स्नान-पूजन के लिए भी जाया करती थीं। मन्दिरों में पूजन के लिये और तीर्थादिकों में स्नान के लिए तो अब तक वे जाती हैं। स्त्रियों की पूर्वकालीन स्वतन्त्रता का एक यही पिछला चिह्न बचा है। स्त्रियों में परदे का प्रचार थोड़े ही दिनों से हुआ है; इसके अनेक प्रमाण हैं। रत्नावली नाटिका के अनुसार राजा वत्स

का मन्त्री, सिंहलद्वीप से आये हुए दूत को लेकर, राजमन्दिर के भीतर चला गया था, वहाँ राजा के पास ही उसकी रानी भी थी। विवाहिता स्त्रियाँ दूसरों के साथ बातचीत तक करती थीं। शकुन्तला ने दुष्यन्त की सभा में उसके साथ, सबके सामने, वार्तालाप किया और वासवदत्ता ने अपने पिता के यहाँ से आये हुए दूत के साथ, बिना संकोच के, बातचीत की। मालविकाग्निमित्र के अनुसार–अग्निमित्र की रानी और उसकी परिपोषिता बहन मेखला ने तो विदूषक के साथ विनोद तक किया। अविवाहिता स्त्रियाँ अन्य पुरुषों की बात का उत्तर तो न देती थीं; परन्तु बाहर अवश्य निकलती थीं; और यदि उनसे कोई कुछ कहता था तो उसे वे सुन भी लेती थीं। यह बात मालतीमाधव और रत्नावली से सिद्ध है।

दृश्य काव्य में नायक और नायिकाओं के सिवा और भी अनेक पात्र आवश्यक होते हैं। उनमें से ये मुख्य हैं–उपनायक, सूत्रधार, नट-नटी, पारिपार्श्विक अर्थात् मारिष, विदूषक, पीठमर्द, विट और चेट।

**1. उपनायक**–नायक का प्रतिपक्षी, अर्थात् जिसके विषय में नायक का पराक्रम वर्णन किया जाता है, उपनायक कहलाता है। जैसे, रामायण में रामचन्द्र नायक और रावण उपनायक अथवा प्रतिनायक है। यह प्रायः वीर-रसात्मक रूपकों ही में आता है।

**2. सूत्रधार**–नाटक की सारी व्यवस्था करनेवाले और सब पात्रों को यथोचित रूप देकर उनसे अभिनय कराने वाले को सूत्रधार कहते हैं। उसी के हाथ में नाटक-सम्बन्धी सब सूत्र रहते हैं; इसीलिए वह सूत्रधार कहलाता है। वह चतुर, व्यवहार कुशल और संगीत-शास्त्र में निपुण होता है।

**3. नटी**–सूत्रधार की स्त्री को नटी कहते हैं। वह भी इच्छित रूप धारण करती है।

**4. नट**–अनेक प्रकार के रूप धारण करनेवाले पुरुष।

**5. पारिपार्श्विक**–सूत्रधार की सहायक। गुणों में यह उससे कुछ कम होता है।

**6. विदूषक**–यह नायक का मित्र होता है। इसका काम लोगों को हँसाकर उन्हें प्रसन्न करना है।

**7. पीठमर्द**–यह भी नायक का साथी होता है; परन्तु विदूषक की अपेक्षा यह गुणों में हीन होता है।

**8. विट और चेट**–बात-चीत करने में कुशल, नृत्य और गान आदि कलाओं को थोड़ा बहुत जाननेवाला धूर्तता में प्रवीण, वेष आदि धारण करने में चतुर-पुरुष को विट कहते हैं। ऐसे ही लक्षणों से लक्षित पुरुष को चेट भी कहते हैं। विट और चेट, नायक की शृंगार-रस-सम्बन्धिनी सहायता करने के लिए नियुक्त होते हैं।

सूत्रधार और नटी, अथवा सूत्रधार और पारिपार्श्विक प्रायः सभी नाटकों में होते हैं। दूसरे पात्र, जिसका नाम ऊपर दिया गया है, विशेष करके शृंगार-रस-प्रधान

रूपकों ही में आते हैं। पात्रों की यह नामावली हमने प्राचीन नाट्यशास्त्र के अनुसार दी है। यह कोई आवश्यक बात नहीं कि यही पात्र सब प्रकार के रूपक और उपरूपकों में आवें। वस्तु-स्थिति के अनुसार पात्रों की कल्पना होनी चाहिए अतएव पात्रों के विषय में कोई ठीक नियम नहीं किया जा सकता। कोई-कोई सब प्रकार के खेलों में विदूषक रखते हैं; परन्तु यह ठीक नहीं। विदूषक का काम हँसाना है; इसलिए जिस स्थल में उसका हास्यकारक भाषण शोभा देता हो; उसी स्थल में उसका प्रवेश होना चाहिए।

## भाषा

नाट्यशास्त्र के आचार्य भरतजी की आज्ञा है कि दृश्य काव्य की भाषा बहुत ही परिमार्जित होनी चाहिए। वह ऐसी परिमार्जित हो कि उसे सुनते ही सुननेवाले का चित्त प्रसन्न हो जाय। इस नियम का पालन दृश्य काव्य के कवियों ने बड़ी दृढ़ता से किया है। इसलिए संस्कृत-नाटकों की भाषा क्रम-क्रम से कठिन होती गई है। कालिदास और भवभूति आदि महाकवियों ने अपने नाटकों की भाषा अत्यन्त ललित, अत्यन्त मधुर और अत्यन्त हृदयंगम लिखी है। उनके ग्रन्थों को पढ़ कर उनका भाव समझने में बहुत ही कम प्रयास पड़ता है। परन्तु, पीछे से बने हुए नाटकों की भाषा विशेष क्लिष्ट हो गई है। अनर्घराघव और मुरारिनाटक आदि का समझना, सामान्य संस्कृत के जाननेवाले के लिए, कठिन काम है।

भारतीय नाट्य शास्त्र के नियमानुसार नाटक की साधारण बातें गद्य में लिखी जानी चाहिए। परन्तु जहाँ किसी वस्तु का वर्णन आवे; अथवा जहाँ कोई अद्भुत बात कहनी हो; अथवा जहाँ का भाव बहुत ही अच्छा हो; वहाँ पद्य-प्रयोग करना उचित है। कालिदास, भवभूति और श्रीहर्ष के नाटकों को ध्यानपूर्वक देखने से जान पड़ता है कि कहाँ गद्य और कहाँ पद्य लिखना उचित है। इन कवियों ने ऐसे-ऐसे स्थल चुन कर पद्यों का प्रयोग किया है कि उनकी रुचि और उनकी सहृदयता की पर्याप्त प्रशंसा नहीं की जा सकती। गद्य और पद्य के प्रयोग के विषय में कोई विशेष नियम नहीं बनाये जा सकते। कवि को स्वयं इस बात का निर्णय करना होता है कि कहाँ गद्य और कहाँ पद्य अधिक रुचिकर और अधिक शोभावर्द्धक होंगे।

संस्कृत-नाटकों में पात्रों की योग्यता के अनुसार संस्कृत अथवा प्राकृत बोलने का नियम किया गया है। प्राकृत-भाषाओं में शौरसेनी, मागधी, पैशाची और महाराष्ट्री भाषाओं का विशेष प्रयोग है। नायक, सूत्रधार और पढ़े-लिखे उच्च स्थिति वाले पात्र संस्कृत बोलते हैं; स्त्रियाँ शौरसेनी, सेवक मागधी; राजपूत और वणिक् अर्द्धमागधी;

विदूषक प्राची; भूत, प्रेत और असभ्य लोग पैशाची। इसके अतिरिक्त अपने-अपने प्रान्त के अनुसार साधारण लोग द्राविड़ी, बाल्हीक और आवन्तिक आदिक भाषाएँ भी बोलते हैं। ये प्राचीन नियम प्राचीन समय के लिए थे। अब इनका प्रतिपालन नहीं हो सकता। अब संस्कृत ही का विशेष प्रचार नहीं है; पुरानी प्राकृत का तो बिल्कुल ही नहीं। नाटक में पात्रों की भाषा उनकी स्थिति के अनुकूल होनी चाहिए। अर्थात् साधारणतः व्यवहार में, जो जैसी भाषा बोलता हो वैसी ही भाषा का प्रयोग रंग-भूमि में अभिनय के समय भी होना चाहिए। यह नियम करना कि कौन किस भाषा में बात-चीत करे सर्वथा ठीक नहीं है। सर्व-साधारण को उपदेश देने के लिए रंग-भूमि में व्यावहारिक दृश्यों को दिखाना नाटक खेलने का उद्देश होता है। अतएव जिस पात्र की जो भाषा हो उसी भाषा का प्रयोग उचित है। यही नियम ठीक और व्यापक जान पड़ता है।

## रचना-चातुर्य

नाटक-ग्रन्थों का अभिप्राय मनोरंजन के साथ-साथ उपदेश देना है। अतएव दृश्य काव्य में जो बातें दिखलाई जायँ उनका असर देखने वालों पर होना चाहिए। इस असर—इस प्रभाव—को उत्पन्न करने के लिए सरसता आवश्यक होती है। यदि दृश्यों में रस का अच्छा परिपाक होगा तो दर्शकों का चित्त भी अवश्य ही आकर्षित होगा। इसलिए खेल में जिस वस्तु का अनुकरण किया जाय वह ऐसी योग्यता से किया जाना चाहिए कि जिस रस का वह पोषक हो उस रस से सामाजिकों का अन्तःकरण परिप्लुत, पराभूत, किंवा द्रवित हो जाय। दृश्य काव्य के कर्त्ता कवि के कथन में रस रहता है। वह रस अभिनय द्वारा प्रकट किया जाता है। काव्य की सरसता और अभिनय की पूर्णता तब सिद्ध हुई समझनी चाहिए, जब जैसा कहीं हमने ऊपर लिखा है, दर्शकों को रंग-भूमि में, आनन्ददायक दृश्य को देख कर आनन्द हो; खेद-जनक दृश्य को देख कर खेद हो; कोपकारक दृश्य को देख कर कोप हो; और भयानक दृश्य को देख कर शरीर में कम्प होने लगे। अर्थात् जो कुछ वे देखें उसे देखते ही उनमें तत्काल सहानुभूति उत्पन्न हो जाय। इस प्रकार की सरसता और ऐसा प्रभाव उत्पादन करना साधारण कवि और साधारण अभिनेता का काम नहीं है। तदर्थ सभी कुछ असाधारण होना चाहिए। इसीलिए विद्वानों का मत है कि उत्तम रूपक लिखना कठिन है; और अभिनय द्वारा उसकी उत्तमता सिद्ध करना और भी अधिक कठिन काम है।

दृश्य काव्य में शृंगार आदि वे ही रस आते हैं। जिनका वर्णन संस्कृत में रसतरंगिणी आदि ग्रन्थों में है। हिन्दी में भी रस के प्रेमियों ने इस विषय की पुस्तकें

लिखी हैं। इसलिए, यहाँ पर, हम रसों के नाम, लक्षण और उदाहरण आदि नहीं देते।

योरप और अमेरिका में नाटक के दो भेद हैं। एक ट्रैजिडी, दूसरा कॉम्यडी। परन्तु हमारे यहाँ ऐसा विभाग नहीं किया गया। ट्रैजिडी अर्थात् वियोगान्त, किंवा दुःखान्त, नाटकों का सर्वथा अभाव है। हमारे आचार्यों और कवियों का यह सिद्धान्त रहा है, और अब तक भी है, कि किसी वस्तु का अन्त दुःख में न होना चाहिए। मंगल ही से आरम्भ और मंगल ही में अन्त करना उनका नियम है। इसीलिए मंगलात्मक नान्दी और मंगलात्मक ही भरत-वाक्य नाटकों में रक्खे जाते हैं। रूपक अथवा उपरूपक के अन्त में जो प्रार्थना रहती है उसे 'भरतवाक्य' कहते हैं। उसमें 'भरत' शब्द शायद नाट्यशास्त्र के आचार्य भरतजी का बोधक है। वियोगान्त अथवा दुःखान्त नाटकों का क्यों अभाव होना चाहिए ? इसका कोई कारण नहीं देख पड़ता। दृश्य काव्य का अभिप्राय मनुष्यचरित को अभिनय द्वारा दिखलाना ही है। मनुष्य को सुख भी होता है और दुःख भी होता है। दुराचारियों के कर्मों का फल प्रायः दुःखमय ही हुआ करता है। अतएव यदि ऐसों का चरित दृश्य काव्य के रूप में दिखलाया जाय तो उसका अन्त दुःखद होना ही चाहिए। अतएव, वियोगान्त अथवा दुःखान्त नाटक लिखना, हमारी समझ में, अनुचित नहीं है।

रूपक-रचना में तीन बातें विशेष ध्यान में रखने के योग्य होती हैं। उनके नाम हैं—वस्तु, अर्थ-प्रकृति और सन्धि।

रूपक में जिस कथा का वर्णन रहता है उसे वस्तु कहते हैं। उसके दो भेद हैं—एक आधिकारिक, दूसरी प्रासंगिक। मुख्य कथा-भाग को आधिकारिक और उसकी सहायकारिणी दूसरी कथाओं को प्रासंगिक कहते हैं। जैसे बालरामायण में रामचन्द्र की कथा आधिकारिक और सुग्रीव की प्रासंगिक है। कवि को चाहिए कि उत्तमोत्तम वस्तु ढूँढ़ कर उसके आश्रय पर वह कविता करे। और, मुख्य वस्तु से सम्बन्ध रखनेवाली जितनी कथाएँ हों उन सब का परस्पर ऐसा मेल मिलावे जिसमें वे एक दूसरे से पृथक् न जान पड़ें। कवि को यह भी उचित है कि रससिद्धि की ओर वह विशेष ध्यान रक्खे। जिन बातों से रस का विच्छेद होता हो उनको वह पास न आने दे। मूल कथा में यदि कोई रस-विघातक बात आ जाय तो उसे समूल निकाल कर उसके स्थान में कोई और ही कल्पित, परन्तु रस-परिपोषक बात, वह रक्खे। तात्पर्य यह कि रस-विच्छेद किसी प्रकार न होने देना चाहिए। इन्हीं कारणों से भवभूति ने उत्तररामचरित में रामचन्द्र के द्वारा छिपकर बालि का वध नहीं वर्णन किया। क्योंकि, राम के समान धीरोदात्त नायक को वह बात शोभा नहीं देती।

वस्तु-वर्णन में देश और काल का भी भली भाँति विचार रखना चाहिए। जो बात जिस देश और जिस काल के अनुकूल नहीं है उसे कदापि न दिखलाना चाहिए। देश और काल के अनुसार, आचार-विचार, वेशभूषा और रीति-भाँति का वर्णन करना उचित है। जो बातें जिस समय असम्भवनीय हों उनका वर्णन करना अनुचित है।

पण्डितों के लिये पण्डितों की सी, मूर्खों के लिए मूर्खों की सी, स्त्रियों के लिए स्त्रियों की सी, राजाओं और अधिकारियों के लिए उनकी सी भाषा प्रयोग में लानी चाहिए। सबसे बढ़ कर इस बात का विचार रखना चाहिए कि अन्तिम अंक पढ़े अथवा देखे बिना, यह न कोई समझ सके कि कथा का अन्त किस प्रकार होगा। यदि यह बात समझ में आ जायगी तो वाचकों अथवा दर्शकों की उत्कण्ठा जाती रहेगी और नाटक का सारा रस खाक में मिल जायेगा।

नाटक रचना में अर्थ-प्रकृति का भी विचार रखना चाहिए। अभीष्ट अर्थ की सिद्धि के लिए जो दूसरे अर्थों की योजना की जाती है उसके अर्थ-प्रकृति कहते हैं। उसे पाँच भेद हैं–बीज, बिन्दु, पताका, प्रकरी और कार्य।

**1. बीज**–कथा-भाग का मुख्य हेतु, जिससे और अनेक कार्य उत्पन्न होते हैं। और जो क्रम-क्रम से विस्तृत होता जाता है, बीज कहलाता है। वेणीसंहार नाटक में द्रौपदी के केशों का संयमन–बांधना–बीज है; उसी से और अनेक बातों की उत्पत्ति हुई है।

**2. बिन्दु**–समाप्त होने वाली एक कथा को जो बात, निमित्त होकर, आगे बढ़ाती है उसका नाम बिन्दु है। रत्नावली में अनंग-पूजा समाप्त होने पर कथा भी समाप्त होने वाली थी कि, इतने में, सागरिका ने कहा–"क्या यह राजा उदयन है ?" बस, इतना कहने से कथा-प्रसंग आगे चला।

**3. पताका**–प्रधान फल का सिद्ध करने वाला प्रासंगिक वृत्तान्त पताका कहलाता है। जैसे शकुन्तला-नाटक में विदूषक का और वेणीसंहार में भीमसेन का वृत्तान्त।

**4. प्रकरी**–एक देशीय अर्थात् छोटी-छोटी बातों को प्रकरी कहते हैं। जैसे रामचरित में जटायु का मोक्ष।

**5. कार्य**–वर्णित विषय के फल का नाम कार्य है। जैसे रत्नावली नाटिका में वत्स और रत्नावली का विवाह।

कार्य के पाँच अंग होते हैं–आरम्भ, यत्न, प्राप्त्याशा, नियताप्ति और फलागम। निबन्ध बढ़ जाने के डर से इन सबका लक्षण हम नहीं लिखते। इन पाँचों अंगों के मेल से नाटक में वर्णन की गई वस्तु के पाँच विभाग हो जाते हैं। इन विभागों का नाम सन्धि है।

प्रधान कथा से सम्बन्ध रखने वाली जो दूसरी कथाएँ (अंग) होती हैं उनको युक्तिपूर्वक एक दूसरी से युक्त–सम्मिलित–कर देने को सन्धि कहते हैं। सन्धियाँ पाँच प्रकार की होती हैं। यथा–मुख-सन्धि, प्रतिमुख-सन्धि, गर्भ-सन्धि, विमर्ष-सन्धि और निर्वहण-सन्धि।

**1. मुख-सन्धि**–किसी कथा के आरम्भ को मुख-सन्धि कहते हैं। उसी के योग से अगली बातों का विस्तार होता है। जैसे मालतीमाधव में मालती और माधव का परस्पर प्रथम-दर्शन। यह दर्शन यद्यपि अनायास सा हुआ जान पड़ता है; परन्तु यथार्थ

में दूसरों के द्वारा उसकी योजना हुई है।

**2. प्रतिमुख-सन्धि**–मुख-सन्धि में दिखलाये गये बीज का निदर्शन जिसमें कुछ-कुछ प्रकट और कुछ-कुछ अप्रकट रीति पर किया जाता है उसे प्रतिमुख-सन्धि कहते हैं। जैसे रत्नावली में, सागरिका के ऊपर वत्सराज के प्रेम-सम्बन्धी संशय का, वासवदत्ता के मन में उदय।

**3. गर्भ-सन्धि**–प्रतिमुख-सन्धि में प्रकाशित हुए बीज का किसी कारण से लोप सा हो जाना; परन्तु फिर उसके ढूँढ़ने के लिए प्रयत्न होना गर्भ-सन्धि का लक्षण है।

**4. विमर्ष-सन्धि**–वस्तु का बीज विस्तृत होने पर, उसके पूर्ण होने में जब शाप अथवा भय आदि विघ्न आते हैं तब विमर्ष-सन्धि होती है।

**5. निर्वहण-सन्धि**–जिसमें सब सन्धियों का अन्त हो जाता है, अर्थात् सब सन्धियों में वर्णन की गई बातों का जिसमें मेल मिल जाता है, उसे निर्वहण अथवा उपसंहृति-सन्धि कहते हैं।

इन पाँच सन्धियों के 64 भेद हैं, जिनके द्वारा 6 प्रकार से फल की प्राप्ति होती है। ये 6 प्रकार इष्टार्थ-रचना, आश्चर्य-लाभ, वृत्तान्त-विस्तार, दर्शकसन्तोष, गोप्य-गोपन और प्रकाश्य-प्रकाशन कहलाते हैं। इन सब का वर्णन विस्तार-भय से यहाँ पर नहीं किया जाता। इन भेदों का विचार करने से भी यह बात सिद्ध होती है कि किसी समय, नाट्य-कला, भारतवर्ष में, बहुत ही उन्नत अवस्था को प्राप्त थी। यदि ऐसा न होता तो नाट्यशास्त्र-सम्बन्धी इतने भेद न होते और बाल की खाल खींच कर आचार्य लोग, नियमों द्वारा, नाटककारों को इतनी दृढ़ता से न बाँध देते।

## वृत्तियाँ, अलंकार और लक्षण

रस को उत्पन्न करनेवाला, नायक और नायिकाओं का जो व्यापार होता है उसे वृत्ति कहते हैं। नायिका और नायक प्रायः शान्त, उग्र अथवा मुदुस्वभाव के होते हैं। अतएव अपने स्वभाव के अनुसार वे जो चेष्टा करते हैं वही वृत्ति है। वृत्ति ही से रस उत्पन्न होता है। इसलिए वृत्ति को नाट्यशास्त्र के आचार्यों ने बड़ा महत्त्व दिया है। उसके चार भेद हैं। यथा–कैशिकी, सात्वती, आरभटी और भारती। इनमें से पहले की तीनों विशेष करके शृंगार, वीर और रौद्र रस की क्रमशः पोषक होने से उन्हीं में आती हैं। अन्तिम वृत्ति अर्थात्, भारती, सब रसों में काम आती है। भिन्न-भिन्न प्रकार की वृत्ति को, भिन्न-भिन्न प्रकार से नाटक-रचना की प्रणाली समझना चाहिए।

**1. कैशिकी**–जो वृत्ति नृत्य, गीत और अनेक प्रकार की शृंगारिक सामग्री से युक्त होती है; जिसमें स्त्रियों की अधिकता रहती है; और, जिसमें नायक-नायिका आदि

के विलासवर्द्धक व्यापारों का वर्णन रहता है उसे कैशिकी कहते हैं। यह सबसे अधिक हृदयहारिणी और आनन्ददायिनी प्रणाली है। इसके चार भेद हैं–नर्म, नर्मस्फूर्ज, नर्मस्फोट और नर्मगर्भ।

**2. सात्वती**–जिसमें शौर्य, वीर्य, दया, दाक्षिण्य और दानादि की अधिकता वर्णित रहती है; जिसमें शृंगार रहता तो है, परन्तु कम; जिसमें नायक के व्यापार बड़े उत्साह के साथ दिखलाये जाते हैं, वह सात्वती वृत्ति है। उत्थापक, संहात्य, संलाप और परिवर्तक, ये इसके चार भेद किंवा अंग हैं।

**3. आरभटी**–क्रोध, मार-पीट, युद्ध, वध, मायाप्रसार आदि नायक के व्यापारों का जिसमें वर्णन रहता है वह आरभटी वृत्ति कहलाती है। इसके भी चार भेद हैं–वस्तूत्थापन, संफेट, संक्षिप्ति और अवपातन।

**4. भारती**–जिसमें मनोहर, कर्ण-सुखद और परिमार्जित भाषा रहती है उसे भारती-वृत्ति कहते हैं। संस्कृत के रूपकों में जहाँ प्राकृत भाषा कम, और, मधुर और मनोहर संस्कृत विशेष रहती है वहाँ भारती-वृत्ति मानी जाती है। प्ररोचना, वीथी, प्रहसन और आमुख ये इसके चार भेद हैं। इनके लक्षण ऊपर दिये जा चुके हैं। और वृत्तियों के भेदों का लक्षण, निबन्ध बहुत बढ़ जाने के भय से, हम नहीं देते।

रूपक और उपरूपक में आनेवाले अलंकार भी वृत्तियों ही के अन्तर्गत हैं। इसलिए उनकी भी नामावली हम, यहाँ पर, देते हैं। नाट्यालंकारों की गणना 33 है। यथा–

1. आशी
2. आक्रन्द
3. कपट
4. अक्षमा
5. गर्व
6. उद्यम
7. आश्रय
8. उत्प्राशन
9. स्पृहा
10. क्षोभ
11. पश्चात्ताप
12. उपपत्ति
13. आशंसा
14. अध्यवसाय
15. विसर्प
16. उल्लेख

17. उत्तेजन
18. परिवाद
19. नीति
20. अर्थ-विशेषण
21. प्रोत्साहन
22. साहाय्य
23. अभिमान
24. अनुवर्तन
25. उत्कीर्तन
26. यांचा
27. परिहार
28. निवेदन
29. प्रवर्तन
30. आख्यान
31. युक्ति
32. प्रहर्ष
33. उपदेशन

इन अलंकारों का लक्षण नाट्यशास्त्र में देख कर यथाप्रसंग उनकी योजना करनी चाहिए।

अलंकारों के अतिरिक्त नाटक में 36 प्रकार के 'लक्षण' भी आते हैं। उनका संक्षिप्त विवरण इस प्रकार है–

**1. भूषण**–उपमा, उत्प्रेक्षा आदि अलंकार और माधुर्य, ओज आदि गुणों का जहाँ योग होता है वह।

**2. अक्षरसंघात**–चित्तवेधक अर्थ और मधुर अक्षरों से जो वृत्तान्त वर्णन किया जाता है वह।

**3. शोभा**–जिस रचना से प्रस्तुत अर्थ से अप्रस्तुत अर्थ की सूचना होती है वह।

**4. हेतु**–किसी बात के लिए मन में उत्पन्न हुई इच्छा अथवा अभिलाषा।

**5. उदाहरण**

**6. संशय** प्रसिद्ध हैं।

**7. दृष्टान्त**

**8. तर्क**

**9. पदोच्चय**–अर्थ के अनुसार पदों की योजना।

**10. निदर्शन**–दूसरे की बात को असिद्ध प्रकट करने के लिए दृष्टान्त देना।

**11. अभिप्राय**–असम्भावित अर्थ की कल्पना।

12. **प्राप्ति**–विशेषण द्वारा किसी अर्थ का भासित होना।

13. **विचार**–हेतु-गर्भित बातों से अप्रत्यक्ष विषयों की कल्पना करना।

14. **दिष्ट**–देश और काल की सहायता से किसी बात का वर्णन करना।

15. **उपदिष्ट**–उपदेश-गर्भित वाक्य।

16. **गुणातिपात**–गुणों के विपरीत कार्यों की घटना का वर्णन।

17. **गुणातिशय**–यथार्थ से अधिक गुणों का वर्णन।

18. **विशेषण**–प्रसिद्ध अर्थ के अनेक विशेषण देना।

19. **निरुक्ति**–जो बात हो चुकी है उसका वर्णन।

20. **सिद्धि**–अर्थ-सिद्धि के लिए एक ही विषय के साधक अनेक अर्थों का वर्णन।

21. **भ्रंश**–हर्ष अथवा शोक से अभिभूत हुए के मुख से निकले हुए वाक्यों से इच्छित अर्थ का उलटा अर्थ निकालना।

22. **विपर्यय्य**–सन्देह के द्वारा विचारों का अभाव दिखलाना।

23. **दाक्षिण्य**–दूसरे के चित्त का अनुवर्तन।

24. **अनुनय**–मधुर और मनोहर शब्दों से अपने अभिलषित अर्थ को दूसरे के मन में प्रविष्ट करना।

25. **माला**–काव्य-सम्बन्धी एक अलंकार, जिसमें कारण-परम्परा द्वारा वस्तुओं का वर्णन रहता है।

26. **अर्थापत्ति**–अर्थान्तरबोधक वाक्यों से अन्य अर्थ की प्रतीति होना।

27. **गर्हण**–दोष दिखलाते हुए किसी की निन्दा करना।

28. **पृच्छा**–इच्छित वस्तु को विनय-पूर्वक ढूँढ़ना अथवा पूछना।

29. **प्रसिद्धि**–किसी बात को किसी प्रसिद्ध बात के द्वारा जानमा।

30. **सारूप्य**–सदृशता के कारण जो भ्रम उत्पन्न होता है उस भ्रम से दुःख पाना।

31. **संक्षेप**–दूसरे से साधारण प्रकार पर स्वयं बातचीत।

32. **गुणकीर्तन**–गुणों का वर्णन।

33. **लेश**–तुल्यतागर्भित वाक्य।

34. **मनोरथ**–प्रकारान्तर से अपने मन की बात कहना।

35. **अनुक्तसिद्धि**–किसी विशेष बात का विस्तारपूर्वक वर्णन।

36. **प्रियोक्ति**–प्रसन्नता-पूर्वक किसी की प्रशंसा करना।

इन सब लक्षणों का उदाहरण देने से उनका रूप भली-भाँति ध्यान में आ जाता; परन्तु ऐसा करने से बहुत विस्तार होगा। हमें इस निबन्ध को शीघ्र ही समाप्त करना है; अतएव इस विभाग को हम यहाँ ही छोड़ते हैं।

# जवनिका, परदे और वेशभूषा

नाटक के पात्र स्थित होकर जहाँ अभिनय करते हैं उस स्थान का नाम रंगभूमि, किंवा रंगशाला, किंवा रंगस्थल है। इस रंगभूमि के सम्मुख, द्वार पर, जो परदा पड़ा रहता है उसे जवनिका कहते हैं। पात्रों को जब वेश बदलना होता है, अथवा भीतर जब कोई दूसरा दृश्य दिखलाने के लिये तैयारी करनी होती है, तब जवनिका गिरा दी जाती है। जवनिका के भीतर ही से पात्रों का प्रवेश, रंगस्थल में होता है। जवनिका अर्थात् अँगरेज़ी के 'ड्रापसीन' नामक परदे पर नदी, पर्वत, अरण्य, महल आदि के मनोहर चित्र रहते हैं। किसी-किसी पर अभिनय किये जानेवाले दृश्यों का भी चित्र रहता है। आकाशवाणी और दूर से सुनाई पड़नेवाले शब्द रंगभूमि के पीछे होते हैं। इस अन्तरंग-स्थल का नाम नेपथ्य है। नाट्य-सम्बन्धी किसी-किसी ग्रन्थ में जवनिका और नेपथ्य, ये दोनों शब्द, एक ही अर्थ के बोधक माने गये हैं।

नाट्य-सूत्र और दशरूपक को हमने ध्यान से देखा; परन्तु चित्रपट–परदे–के सम्बन्ध में हमको कोई नियम न मिले। यदि यह कहें कि जिस समय के ये ग्रन्थ हैं उस समय भीतरी परदों का प्रयोग न होता था तो ठीक नहीं; क्योंकि प्राचीन नाटकों को देखने से विदित होता है कि नाटकीय पात्र एक ही स्थान में स्थित रहकर भिन्न-भिन्न प्रकार के दृश्यों का उल्लेख करते थे; और नदी, पर्वत, मन्दिर और प्रासादों के दृश्य भी एक दूसरे के अनन्तर देख पड़ते थे। यद्यपि प्राचीन समय में कोई सर्वसाधारण नाट्यशाला (थिएटर) न थी; परन्तु परदों के द्वारा भिन्न-भिन्न दृश्य अवश्य दिखलाये जाते थे। जिस जाति ने नाट्यशास्त्र की इतनी अधिक उन्नति करके सूक्ष्म से सूक्ष्म नियम बना कर नाटकीय खेल को सविशेष मनोरंजक करने का इतना प्रयत्न किया वह यथोचित दृश्यों के दिखलाने की आवश्यकता न समझेगी, यह असम्भव सा प्रतीत होता है। वस्तु-वर्णन के अनुकूल नये-नये दृश्यों को दिखलाने से रंगस्थल की शोभा बढ़ जाती है और दर्शकों को सविशेष आनन्द मिलता है। अतएव चित्रपटों के द्वारा दृश्यों का दिखलाया जाना बहुत ही आवश्यक बात है।

प्राचीन समय में वेशभूषा का यथोचित विचार किया जाता था। जो पात्र जिस वेश और जिस भूषा के योग्य होता था, उसे उसी के अनुकूल अपना रूप बनाना पड़ता था। स्त्रियों का रूप स्त्रियाँ भी कभी-कभी लेती थीं, परन्तु लड़के और पुरुष ही प्रायः स्त्री-पात्र बनते थे। मालतीमाधव की कामन्दकी के समान प्रौढ़ पात्र की जहाँ योजना होती थी वहाँ उसका रूप पुरुषों ही को धारण करना पड़ता था। जिस प्रकार रंग-भूमि की शोभा मनोहर दृश्यों के दिखलाने से बढ़ जाती है, उसी प्रकार अनुकूल वेशभूषा होने से पात्रों के अभिनय की मोहकता भी बढ़ जाती है। प्रत्येक पात्र का वेश और भूषण अनुकूल होने से उसका अभिनय सामाजिकों के चित्त पर अधिक प्रभाव उत्पन्न करता है। परन्तु, इस विषय में न तो कहीं किसी ग्रन्थ में कोई

नियम है। और न कोई नियम बनाया ही जा सकता है। देश, काल और सामाजिकों की रीति तथा रुचि के अनुसार वेश और भूषण की कल्पना होनी चाहिए।

## दृश्य काव्य का काल-विभाग

दृश्य काव्य-सम्बन्धी जितने ग्रन्थ संस्कृत में हैं उनको कालानुसार तीन भागों में बाँट सकते हैं—आदिम, मध्यम और अन्तिम।

ईसा के 100 वर्ष पहले से दशम शताब्दी तक आदिम काल समझना चाहिए। इस समय, भारतवर्ष विद्या, बुद्धि और कला-कौशल में उन्नत अवस्था को प्राप्त था। जितने अच्छे-अच्छे काव्य, नाटक और अन्य उपयोगी ग्रन्थ इस समय पाये जाते हैं वे सब प्रायः इसी समय के हैं। कालिदास और भवभूति ने इसी समय अपने जन्म से भारतभूमि को अलंकृत किया। दृश्य काव्य की रचना में कालिदास की कोई बराबरी नहीं कर सकता। मानुषिक जीवन के सब विकार, सब कार्य और सब भावनाओं का उन्होंने ऐसा अध्ययन किया था कि उनकी शकुन्तला इसी देश में नहीं किन्तु देशान्तरों में भी, उनके इसी गुण के कारण, बड़े ही आदर से देखी जाती है। उनके तीन नाटक—शाकुन्तल, विक्रमोर्वशीय और मालविकाग्निमित्र प्रसिद्ध ही हैं। उनके विषय में यहाँ पर कुछ विशेष कहने की आवश्यकता नहीं। इतना, हम, यहाँ पर, अवश्य कह देना उचित समझते हैं कि कोई-कोई विद्वान् मालविकाग्निमित्र को कालिदास-कृत नहीं कहते।

शूद्रक-कृत मृच्छकटिक भी इसी काल के अन्तर्गत है। इसकी भी रचना बड़ी ही मनोमोहिनी है। इसकी गणना उत्तम नाटकों में है; और सचमुच वह है भी बहुत उत्तम।

आठवीं शताब्दी के ग्रन्थों में भवभूति-रचित-उत्तररामचरित, महावीरचरित और मालतीमाधव हैं। किसी-किसी के मत में भवभूति का आसन नाटक-रचना में, कालिदास के भी ऊपर है। यदि सब बातों में नहीं तो वर्णन-विचित्रता में भवभूति, कहीं-कहीं, कालिदास से अवश्य ही बढ़ गये हैं। भवभूति की भाषा कालिदास की भाषा से कुछ कठिन है; यही एक बात, उनकी बराबरी कालिदास से करते समय खटकती है। भवभूति के मालतीमाधव की शेक्सपियर के रोमियों और जूलियट से तुलना की जाती है।

भट्टनारायण-कृत वेणीसंहार भी इसी विभाग के भीतर है। परन्तु, उसकी रचना पूर्वोक्त कवियों के ग्रन्थों से कई बातों में हीन है।

दृश्य-काव्य-सम्बन्धी मध्यम काल ग्यारहवीं से चौदहवीं शताब्दी तक है। इस

समय श्रीहर्ष ने रत्नावली और नागानन्द लिखे; विशाखदत्त ने मुद्राराक्षस लिखा; कृष्ण मिश्र ने प्रबोधचन्द्रोदय लिखा; और जयदेव ने प्रसन्नराघव लिखा। इनमें से मुद्राराक्षस ऐतिहासिक नाटक है। संस्कृत में यही एक ऐसा नाटक है जिसमें राज-कर्म-सम्बन्धी गूढ़ मन्त्रणाओं का उद्घाटन हुआ है। इस काल के ग्रन्थों में से श्रीहर्ष की रत्नावली और विशाखदत्त का मुद्राराक्षस औरों से अधिक मनोहर और इसीलिए अधिक प्रसिद्ध हैं। नागानन्द में बौद्ध धर्म के अनुकूल बातों की अधिकता है; और प्रबोधचन्द्रोदय में वेदान्त के अनुकूल बातों की।

चौदहवीं शताब्दी के अनन्तर का काल अन्तिम है। उसे ह्रासकाल कहना चाहिए। इस काल में कई रूपक और उपरूपक बने; परन्तु उनमें से प्रायः एक भी उस स्थान के पाने योग्य नहीं जो आदिम और मध्यम काल के ग्रन्थों को मिला है।

बम्बई से प्रकाशित काव्यमाला में अनेक नाटक, प्रहसन और भाण निकले हैं और निकलते जा रहे हैं। उनमें से कई एक काश्मीर के पण्डितों के भी बनाये हुए हैं। परन्तु नाटक रचना में कालिदास और भवभूति की जो सफलता हो गई सो हो गई; उनकी बराबरी करने में अभी तक कोई दूसरा समर्थ नहीं हुआ।

आज तक संस्कृत में जितने रूपक और उपरूपकों का पता लगा है उनकी संख्या सौ से ऊपर है। परन्तु नाट्यशास्त्र की उन्नति का विचार करने से यह संख्या कुछ भी नहीं है। इस विषय के हजारों ग्रन्थ रचे गये होंगे, जिनका अधिकांश राज्यविप्लव आदि कारणों से नष्ट हो गया जान पड़ता है।

## उपसंहार

इस निबन्ध में विशेष करके प्राचीन नाट्यशास्त्र की हमने समीक्षा की है। परन्तु प्रसंग-वश, कहीं-कहीं हमने कुछ और भी कह दिया है। यहाँ पर, हिन्दी भाषा की नाटक-प्रणाली के विषय में हम कुछ नहीं कहना चाहते। अभाग्यवश हिन्दी में दो-चार को छोड़ कोई अच्छे रूपक ही नहीं। नाटक लिखना लोगों ने खेल समझ रक्खा है। नाटक लिखने की प्रणाली का जिन्हें अत्यल्प भी ज्ञान नहीं उन्होंने भी हिन्दी में नाटक लिखने की कृपा की है। ऐसे लोगों को समझना चाहिए कि, इस प्रकार, ऊटपटांग लिखकर उसे प्रकाशित करने से हिन्दी ही की नहीं, स्वयं उनकी भी हानि है। नाटक लिखना सब का काम नहीं; उसके लिए उपयुक्त विद्या-बुद्धि के अतिरिक्त लोक-व्यवहार और मनुष्य-प्रकृति का पूरा-पूरा ज्ञान होना चाहिए।

नाट्य-कला का फल उपदेश देना है। उसके द्वारा मनोरंजन भी होता है और उपदेश भी मिलता है। चाहे जैसा नाटक हो, और, चाहे उसे जिसने बनाया हो, उससे

कोई न कोई शिक्षा अवश्य मिलनी चाहिए। यदि ऐसा न हुआ तो नाटककार का प्रयत्न व्यर्थ है; अभिनेता का परिश्रम व्यर्थ है; और दर्शकों का नेत्र-व्यापार भी व्यर्थ है। जो लोग इन्द्रसभा और गुले-बकावली आदि खेल जो पारसी-थियेटर वाले आज कल प्रायः खेलते हैं, देखते जाते हैं उन्हें अपना हानि-लाभ सोच कर वहाँ पधारना चाहिए।

**[फरवरी, 1903 में लिखकर 'नाट्यशास्त्र' पूरा किया गया था, किन्तु यह 1910 ई. में इण्डियन प्रेस, इलाहाबाद द्वारा स्वतंत्र पुस्तक-रूप में प्रकाशित हुआ था।]**

●●●